Langenscheidt

Fit in 30 Tagen Italienisch

von Bettina Müller Renzoni

Langenscheidt

Fit in 30 Tagen – Italienisch

Autorin: Bettina Müller Renzoni
Fachlektorat: Cordula Schurig
Gestaltungskonzept: Farnschläder & Mahlstedt, Hamburg
Zeichnungen: Claas Janssen, Frankfurt/Main
Corporate Design Umschlag: KW43 BRANDDESIGN, Düsseldorf
Umschlaggestaltung: Mariela Schwerdt, Design & Feinschliff Studio

Kostenloser Download Ihres Bonusmaterials

1. Gehen Sie auf die Seite **www.langenscheidt.com/bonusmaterial**
2. Geben Sie dort den Code **kpi489** ein und klicken Sie auf „aktivieren".
3. Nun können Sie sich die MP3-Audiodateien herunterladen.

4. Auflage 2024

www.langenscheidt.com

Satz: Franzis print & media, München

ISBN: 978-3-12-563489-3

Benutzerhinweise

Herzlich willkommen zu Ihrem neuen Sprachkurs „Fit in 30 Tagen – Italienisch“. Wir freuen uns, dass Sie mit uns Italienisch lernen möchten. Wenn Sie diesen Sprachkurs erfolgreich durchgearbeitet haben, sind Sie in der Lage, sich zu allgemeinen Themen und in einfachen, alltäglichen und routinemäßigen Situationen auf Italienisch zu verständigen. Das entspricht dem Niveau A2 des europäischen Referenzrahmens.

Wie ist der Sprachkurs aufgebaut?

- Der Sprachkurs besteht aus **30 aufeinander aufbauenden Tagesportionen**, die in vier Abschnitte aus je sechs bis acht Tagen gegliedert sind. Durch die Lerneinheiten führt Sie eine unterhaltsame **Fortsetzungsgeschichte**.
- Martin und Linda aus Frankfurt besuchen eine befreundete Familie in Pisa. Hier lernen sie das italienische Alltagsleben kennen, machen Einkaufsbummel, Ausflüge, einen Kurztrip nach Venedig, fahren ans Meer, lernen neue Freunde kennen und erleben allerhand Abenteuer. Linda ist Personalchefin in einem großen Unternehmen, Martin führt ein Krawattengeschäft in Frankfurt. Zu ihrer Gastgeberfamilie gehören Bettina, Stefano, deren Tochter Livia und der Kater Gino.
- Bevor es losgeht, hilft Ihnen ein kleines **Quiz**, herauszufinden, welcher Lerntyp Sie sind.
- Der Sprachkurs startet mit dem Kapitel **Tipps zum Italienischlernen**. Hier verraten wir Ihnen nützliche Tipps, um das Hören, Lesen, Sprechen und Schreiben in der Fremdsprache zu erleichtern. Sollten Sie lieber gleich loslegen wollen, überspringen Sie das erste Kapitel einfach und starten direkt bei Tag 2.
- Übung macht bekanntlich den Meister, daher möchten wir Sie anregen, in regelmäßigen Abständen bereits Gelerntes zu wiederholen. Nach 5-7 Kapiteln finden Sie deshalb jeweils eine **Wiederholungseinheit** und einen kurzen **Zwischentest**. Hier können Sie selbst testen, inwieweit Sie den Stoff schon beherrschen oder herausfinden, wo noch etwas Übungsbedarf besteht. Nach 30 Tagen gibt es einen **Abschlusstest**, der den Stoff des gesamten Kurses testet.
- Um Sie beim Selbstlernen nicht alleine zu lassen, stellen wir Ihnen am Ende des Buches einen umfangreichen **Anhang** zur Verfügung. Sie finden dort eine systematische Kurzgrammatik zum Nachschlagen, praktische Verbtabellen, Lösungen zu allen Übungen und Tests, Transkriptionen der Hörtexte sowie ein alphabetisches Wörterverzeichnis aller im Kurs vorkommenden Wörter mit Angabe der Lautschrift.

Wie ist eine Lerneinheit aufgebaut?

Zu Beginn jedes Tages stellen wir Ihnen die **Lernziele** vor, damit Sie wissen, was Sie erwartet.

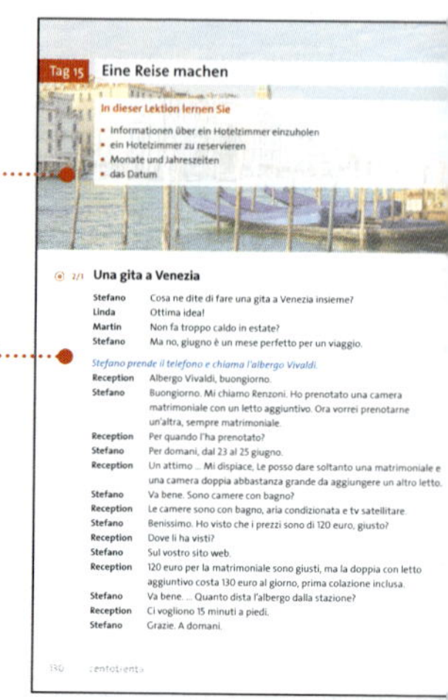
Tag 15 Eine Reise machen

In dieser Lektion lernen Sie
- Informationen über ein Hotelzimmer einzuholen
- ein Hotelzimmer zu reservieren
- Monate und Jahreszeiten
- das Datum

2/1 Una gita a Venezia

Stefano	Cosa ne dite di fare una gita a Venezia insieme?
Linda	Ottima idea!
Martin	Non fa troppo caldo in estate?
Stefano	Ma no, giugno è un mese perfetto per un viaggio.

Stefano prende il telefono e chiama l'albergo Vivaldi.

Reception	Albergo Vivaldi, buongiorno.
Stefano	Buongiorno. Mi chiamo Renzoni. Ho prenotato una camera matrimoniale con un letto aggiuntivo. Ora vorrei prenotarne un'altra, sempre matrimoniale.
Reception	Per quando l'ha prenotato?
Stefano	Per domani, dal 23 al 25 giugno.
Reception	Un attimo ... Mi dispiace, Le posso dare soltanto una matrimoniale e una camera doppia abbastanza grande da aggiungere un altro letto.
Stefano	Va bene. Sono camere con bagno?
Reception	Le camere sono con bagno, aria condizionata e tv satellitare.
Stefano	Benissimo. Ho visto che i prezzi sono di 120 euro, giusto?
Reception	Dove li ha visti?
Stefano	Sul vostro sito web.
Reception	120 euro per la matrimoniale sono giusti, ma la doppia con letto aggiuntivo costa 130 euro al giorno, prima colazione inclusa.
Stefano	Va bene. ... Quanto dista l'albergo dalla stazione?
Reception	Ci vogliono 15 minuti a piedi.
Stefano	Grazie. A domani.

130 centotrenta

Lesen Sie zuerst den **Dialog** und hören Sie sich dabei die Vertonung auf der CD an. Versuchen Sie, im ersten Schritt die Gesamtbedeutung des Dialogs zu erschließen, ohne sich an jedem noch unbekannten Wort aufzuhalten!

Im **Lernwortschatz** sind die wichtigsten neuen Vokabeln der Lektion übersichtlich in alphabetischer Reihenfolge dargestellt. Sie werden in den folgenden Lektionen als bekannt vorausgesetzt. Dieser Wortschatz ist auf CD 3 (MP3-CD) vertont, so dass Sie sich die richtige Aussprache anhören sowie Wörter und Wendungen auch unterwegs üben können.

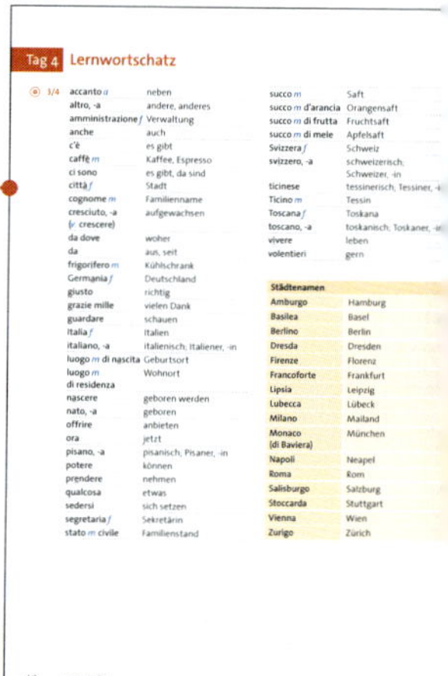
Tag 4 Lernwortschatz

3/4

accanto *a*	neben
altro, -a	andere, anderes
amministrazione *f*	Verwaltung
anche	auch
c'è	es gibt
caffè *m*	Kaffee, Espresso
ci sono	es gibt, da sind
città *f*	Stadt
cognome *m*	Familienname
cresciuto, -a (*v.* crescere)	aufgewachsen
da dove	woher
da	aus, seit
frigorifero *m*	Kühlschrank
Germania *f*	Deutschland
giusto	richtig
grazie mille	vielen Dank
guardare	schauen
Italia *f*	Italien
italiano, -a	italienisch; Italiener, -in
luogo *m* di nascita	Geburtsort
luogo *m* di residenza	Wohnort
nascere	geboren werden
nato, -a	geboren
offrire	anbieten
ora	jetzt
pisano, -a	pisanisch; Pisaner, -in
potere	können
prendere	nehmen
qualcosa	etwas
sedersi	sich setzen
segretaria *f*	Sekretärin
stato *m* civile	Familienstand
succo *m*	Saft
succo *m* d'arancia	Orangensaft
succo *m* di frutta	Fruchtsaft
succo *m* di mele	Apfelsaft
Svizzera *f*	Schweiz
svizzero, -a	schweizerisch; Schweizer, -in
ticinese	tessinerisch; Tessiner, -in
Ticino *m*	Tessin
Toscana *f*	Toskana
toscano, -a	toskanisch; Toskaner, -in
vivere	leben
volentieri	gern

Städtenamen	
Amburgo	Hamburg
Basilea	Basel
Berlino	Berlin
Dresda	Dresden
Firenze	Florenz
Francoforte	Frankfurt
Lipsia	Leipzig
Lubecca	Lübeck
Milano	Mailand
Monaco (di Baviera)	München
Napoli	Neapel
Roma	Rom
Salisburgo	Salzburg
Stoccarda	Stuttgart
Vienna	Wien
Zurigo	Zürich

40 quaranta

In der Rubrik **Übungen** können Sie das bisher Gelernte auf vielfältige Weise trainieren. Symbole signalisieren, welchen Schwerpunkt eine Übung verfolgt: Hören, Sprechen, Lesen oder Schreiben, sowie den Schwierigkeitsgrad.

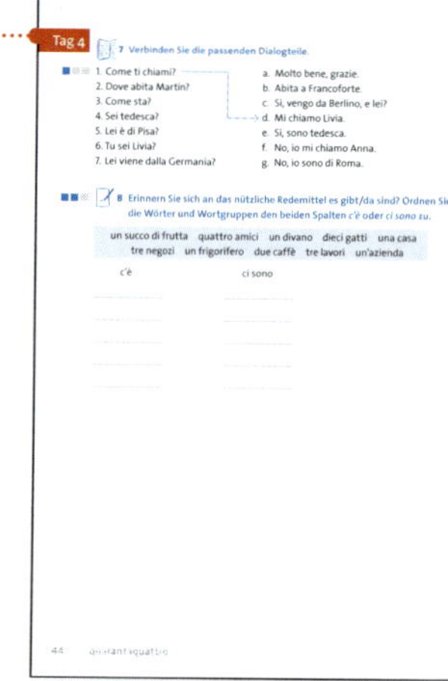
Tag 4

7 Verbinden Sie die passenden Dialogteile.

1. Come ti chiami?	a. Molto bene, grazie.
2. Dove abita Martin?	b. Abita a Francoforte.
3. Come sta?	c. Sì, vengo da Berlino, e lei?
4. Sei tedesca?	d. Mi chiamo Livia.
5. Lei è di Pisa?	e. Sì, sono tedesca.
6. Tu sei Livia?	f. No, io mi chiamo Anna.
7. Lei viene dalla Germania?	g. No, io sono di Roma.

8 Erinnern Sie sich an das nützliche Redemittel es gibt/da sind? Ordnen Sie die Wörter und Wortgruppen den beiden Spalten *c'è* oder *ci sono* zu.

un succo di frutta quattro amici un divano dieci gatti una casa tre negozi un frigorifero due caffè tre lavori un'azienda

c'è ci sono

44 quarantaquattro

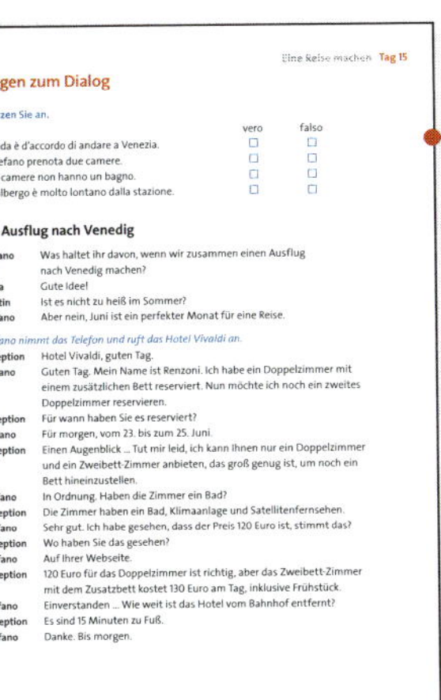

Eine Reise machen **Tag 15**

…gen zum Dialog

…zen Sie an.

	vero	falso
…da è d'accordo di andare a Venezia.	☐	☐
…efano prenota due camere.	☐	☐
…camere non hanno un bagno.	☐	☐
…albergo è molto lontano dalla stazione.	☐	☐

Ausflug nach Venedig

…ano	Was haltet ihr davon, wenn wir zusammen einen Ausflug nach Venedig machen?
…a	Gute Idee!
…tin	Ist es nicht zu heiß im Sommer?
…ano	Aber nein, Juni ist ein perfekter Monat für eine Reise.

…ano nimmt das Telefon und ruft das Hotel Vivaldi an.

…eption	Hotel Vivaldi, guten Tag.
…fano	Guten Tag. Mein Name ist Renzoni. Ich habe ein Doppelzimmer mit einem zusätzlichen Bett reserviert. Nun möchte ich noch ein zweites Doppelzimmer reservieren.
…eption	Für wann haben Sie es reserviert?
…fano	Für morgen, vom 23. bis zum 25. Juni.
…eption	Einen Augenblick … Tut mir leid, ich kann Ihnen nur ein Doppelzimmer und ein Zweibett-Zimmer anbieten, das groß genug ist, um noch ein Bett hineinzustellen.
…fano	In Ordnung. Haben die Zimmer ein Bad?
…eption	Die Zimmer haben ein Bad, Klimaanlage und Satellitenfernsehen.
…fano	Sehr gut. Ich habe gesehen, dass der Preis 120 Euro ist, stimmt das?
…eption	Wo haben Sie das gesehen?
…fano	Auf Ihrer Webseite.
…eption	120 Euro für das Doppelzimmer ist richtig, aber das Zweibett-Zimmer mit dem Zusatzbett kostet 130 Euro am Tag, inklusive Frühstück.
…fano	Einverstanden … Wie weit ist das Hotel vom Bahnhof entfernt?
…eption	Es sind 15 Minuten zu Fuß.
…fano	Danke. Bis morgen.

centotrentuno 131

Wenn Sie die anschließenden **Fragen zum Dialog** beantworten, werden Sie sehen, dass Sie schon eine ganze Menge verstanden haben.

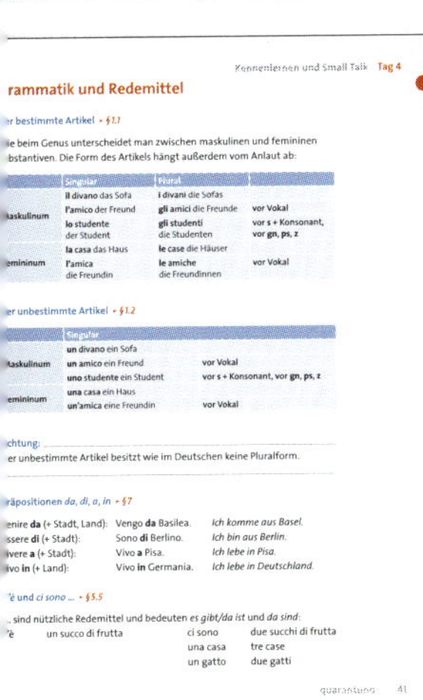

Kennenlernen und Small Talk **Tag 4**

…rammatik und Redemittel

…r bestimmte Artikel ▸ §1.1

…ie beim Genus unterscheidet man zwischen maskulinen und femininen …bstantiven. Die Form des Artikels hängt außerdem vom Anlaut ab:

	Singular	Plural	
…askulinum	**il divano** das Sofa	**i divani** die Sofas	
	l'amico der Freund	**gli amici** die Freunde	**vor Vokal**
	lo studente der Student	**gli studenti** die Studenten	**vor s + Konsonant, vor gn, ps, z**
…emininum	**la casa** das Haus	**le case** die Häuser	
	l'amica die Freundin	**le amiche** die Freundinnen	**vor Vokal**

…er unbestimmte Artikel ▸ §1.2

	Singular	
…askulinum	**un divano** ein Sofa	
	un amico ein Freund	**vor Vokal**
	uno studente ein Student	**vor s + Konsonant, vor gn, ps, z**
…emininum	**una casa** ein Haus	
	un'amica eine Freundin	**vor Vokal**

…chtung:
…er unbestimmte Artikel besitzt wie im Deutschen keine Pluralform.

…räpositionen *da, di, a, in* ▸ §7

…enire **da** (+ Stadt, Land):	Vengo **da** Basilea.	*Ich komme aus Basel.*
…ssere **di** (+ Stadt):	Sono **di** Berlino.	*Ich bin aus Berlin.*
…ivere **a** (+ Stadt):	Vivo **a** Pisa.	*Ich lebe in Pisa.*
…ivo **in** (+ Land):	Vivo **in** Germania.	*Ich lebe in Deutschland.*

…'è und *ci sono* … ▸ §5.5

… sind nützliche Redemittel und bedeuten *es gibt/da ist* und *da sind*:

…'è	un succo di frutta	ci sono	due succhi di frutta
	una casa		tre case
	un gatto		due gatti

quarantuno 41

In der Rubrik **Grammatik und Redemittel** werden die neuen Grammatikthemen in leicht verständlicher Weise erklärt. Verweise führen zur systematischen Kurzgrammatik im Anhang, wo Sie das jeweilige Grammatikthema bei Bedarf noch vertiefen können.

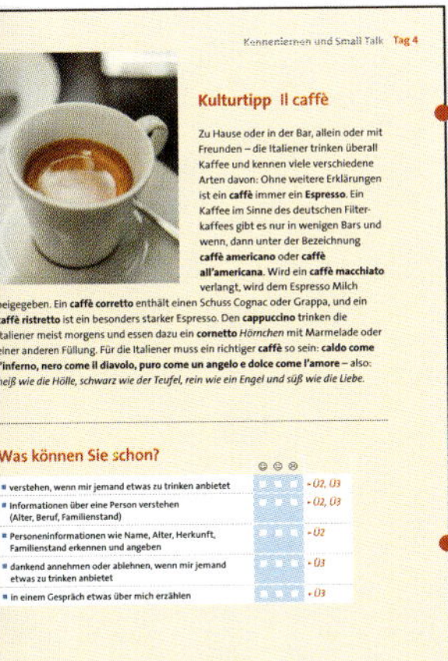

Kennenlernen und Small Talk **Tag 4**

Kulturtipp Il caffè

Zu Hause oder in der Bar, allein oder mit Freunden – die Italiener trinken überall Kaffee und kennen viele verschiedene Arten davon: Ohne weitere Erklärungen ist ein **caffè** immer ein **Espresso**. Ein Kaffee im Sinne des deutschen Filterkaffees gibt es nur in wenigen Bars und wenn, dann unter der Bezeichnung **caffè americano** oder **caffè all'americana**. Wird ein **caffè macchiato** verlangt, wird dem Espresso Milch …eigegeben. Ein **caffè corretto** enthält einen Schuss Cognac oder Grappa, und ein …**caffè ristretto** ist ein besonders starker Espresso. Den **cappuccino** trinken die …taliener meist morgens und essen dazu ein **cornetto** *Hörnchen* mit Marmelade oder …einer anderen Füllung. Für die Italiener muss ein richtiger **caffè** so sein: **caldo come l'inferno, nero come il diavolo, puro come un angelo e dolce come l'amore** – also: *…heiß wie die Hölle, schwarz wie der Teufel, rein wie ein Engel und süß wie die Liebe.*

Was können Sie schon?

	☺ ☹ ☹	
▪ verstehen, wenn mir jemand etwas zu trinken anbietet	☐ ☐ ☐	▸ Ü2, Ü3
▪ Informationen über eine Person verstehen (Alter, Beruf, Familienstand)	☐ ☐ ☐	▸ Ü2, Ü3
▪ Personeninformationen wie Name, Alter, Herkunft, Familienstand erkennen und angeben	☐ ☐ ☐	▸ Ü2
▪ dankend annehmen oder ablehnen, wenn mir jemand etwas zu trinken anbietet	☐ ☐ ☐	▸ Ü3
▪ in einem Gespräch etwas über mich erzählen	☐ ☐ ☐	▸ Ü3

quarantacinque 45

Der **Kulturtipp** bietet interessante und wissenswerte Informationen über Land und Leute.

Die Rubrik **Was können Sie schon?** hilft Ihnen, Ihren Lernerfolg selbst einzuschätzen: Kreuzen Sie an, was Ihnen schon leicht fällt, was einigermaßen klappt und was Sie noch weiter üben möchten.

So nutzen Sie Ihren persönlichen Lernplaner

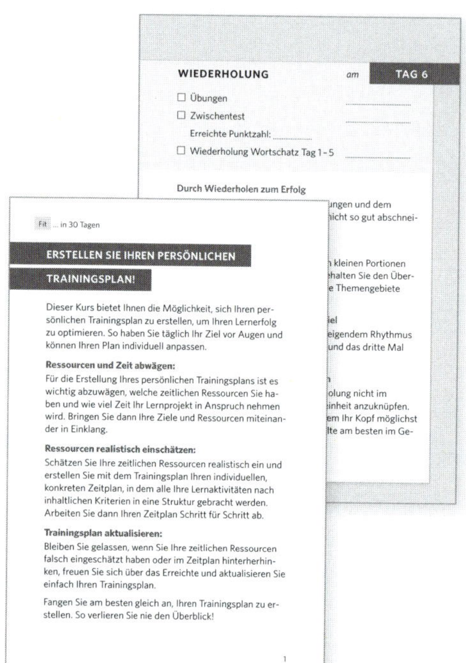

WIEDERHOLUNG am TAG 6

☐ Übungen
☐ Zwischentest
Erreichte Punktzahl: ....
☐ Wiederholung Wortschatz Tag 1 – 5

Durch Wiederholen zum Erfolg

Fit ... in 30 Tagen

ERSTELLEN SIE IHREN PERSÖNLICHEN TRAININGSPLAN!

Dieser Kurs bietet Ihnen die Möglichkeit, sich Ihren persönlichen Trainingsplan zu erstellen, um Ihren Lernerfolg zu optimieren. So haben Sie täglich Ihr Ziel vor Augen und können Ihren Plan individuell anpassen.

Ressourcen und Zeit abwägen:
Für die Erstellung Ihres persönlichen Trainingsplans ist es wichtig abzuwägen, welche zeitlichen Ressourcen Sie haben und wie viel Zeit Ihr Lernprojekt in Anspruch nehmen wird. Bringen Sie dann Ihre Ziele und Ressourcen miteinander in Einklang.

Ressourcen realistisch einschätzen:
Schätzen Sie Ihre zeitlichen Ressourcen realistisch ein und erstellen Sie mit dem Trainingsplan Ihren individuellen, konkreten Zeitplan, in dem alle Ihre Lernaktivitäten nach inhaltlichen Kriterien in eine Struktur gebracht werden. Arbeiten Sie dann Ihren Zeitplan Schritt für Schritt ab.

Trainingsplan aktualisieren:
Bleiben Sie gelassen, wenn Sie Ihre zeitlichen Ressourcen falsch eingeschätzt haben oder im Zeitplan hinterherhinken, freuen Sie sich über das Erreichte und aktualisieren Sie einfach Ihren Trainingsplan.

Fangen Sie am besten gleich an, Ihren Trainingsplan zu erstellen. So verlieren Sie nie den Überblick!

1

Erstellen Sie Ihren individuellen Lernplan, um Ihre persönlichen Ziele und Ressourcen in Einklang zu bringen und zu optimieren. Sie können sich hier Lernziele setzen und Ihren täglichen Lernfortschritt festhalten.

Zusätzliche Lerntipps zeigen Ihnen Strategien auf, wie Sie die Lerninhalte einer Lektion abwechslungsreich lernen und das Gelernte festigen können.

Online - Zusatzmaterial
Unter dem folgend Link **www.langenscheidt.com/bonusmaterial** (siehe Impressum S. 2) finden Sie auch nochmal alle Audiodateien im MP3-Format zum Herunterladen, damit Sie sich die Hördateien auch unterwegs anhören können.

Welche Symbole werden verwendet?

Dieser Text bzw. diese Übung befindet sich auf der CD. Die erste Zahl gibt die Nummer der CD an, die zweite Zahl die Tracknummer. Die Dialoge von Tag 2 bis 13 haben wir für Sie in zwei Sprechgeschwindigkeiten aufgenommen. Einmal in „normal schneller" Alltagssprache und einmal etwas langsamer. ⊙ 1/2

 Übung mit Schwerpunkt Sprechen

 Übung mit Schwerpunkt Hören

 Übung mit Schwerpunkt Lesen

 Übung mit Schwerpunkt Schreiben

 Schwierigkeitsgrad leicht

 Schwierigkeitsgrad mittel

 Schwierigkeitsgrad schwer

► *§ 1 Verweis zur Kurzgrammatik | Übung | Tag*

Achtung:
wichtiger Grammatikhinweis

Abkürzungen

dt.	deutsch	*m Pl*	Maskulinum Plural
f	Femininum	*Part. Perf.*	Partizip Perfekt
f Pl	Femininum Plural	*Pers.*	Person
inv.	unveränderlich	*Pl*	Plural
Lat.	Lateinisch	*Sg*	Singular
m	Maskulinum	*sig.*	signor *Herr*
m/f	Maskulinum oder Femininum	*v*	von

Viel Spaß und Erfolg beim Italienischlernen wünschen Ihnen die Autorin und Ihre Langenscheidt-Redaktion.

Inhalt

italiano

Alltag – Italienisch für jeden Tag

Reise – Italienisch für unterwegs

Beruf – Italienisch für den Beruf

Anhang

Aussprache

Vokale			
a	[a]	wie a in *Ampel*	amico, armadio
e	[e]	geschlossenes e wie in *Meer*	mese, bevo
	[ɛ]	offenes e wie in *essen*	bello, bene
i	[i]	wie i in *Igel*	isola, italiano
o	[o]	geschlossenes o wie in *wohnen*	sole, proporre
	[ɔ]	offenes o wie in *Schloss*	otto, modo
u	[u]	wie u in *nun*	uno, studente

Konsonanten			
c	[tʃ]	vor e/i wie tsch in *Tschechien*	cena, cinque
	[tʃ]	vor i + a/o/u (das i bleibt stumm) wie tsch in *Tschad*	ciao, cioccolata
	[k]	vor a/o/u wie k in *Katze*	casa, cosa
	[k]	vor h + e/i wie k in *Kino*	chi, anche
d	[d]	wie d in *Dom*	dare, domani
f	[f]	wie f in *Frucht*	fare, fine
g	[dʒ]	vor e/i wie g in *Gin*	gelato, gente
	[dʒ]	vor i + a/o/u (das i bleibt stumm) wie dsch in *Dschungel*	giallo, giugno
	[g]	vor a/o/u wie g in *gut*	gatto
	[g]	vor h + e/i wie g in *gehen*	spaghetti
	[ʎ]	vor li wie ll in *brillant*	figlio, moglie
	[ɲ]	vor n wie gn in *Cognac*	signore
h	[h]	(immer stumm)	hotel
l	[l]	wie l in *Licht*	latte, luce
m	[m]	wie m in *Meer*	mare, tempo
n	[n]	wie n in *Name*	nome, anno
p	[p]	wie p in *Platz* (wird im Gegensatz zum Deutschen nicht behaucht)	pasta, porta
qu	[ku]	wie qu in *Quadrat* (u wird als [u] ausgesprochen)	questo, acqua
r	[r]	gerollt	Roma, amore

Konsonanten			
s	[s]	am Wortbeginn, vor stimmlosem Konsonant und als Doppelkonsonant wie ss in *Kuss*	sole, stare, rosso
	[z]	zwischen Vokalen wie s in *Sommer*	casa, rosa
	[ʃ]	vor c + e/i wie sch in *schön*	sciare
	[sk]	vor c + h + e/i wie sk in *Skizze*	tedeschi
	[sk]	vor c + a/o/u wie sk in *Skat*	tedesco, scarpe
t	[t]	wie t in *Turm*	tutto, treno
v	[v]	wie w in *Wetter*	vino, inverno
z	[dz]	stimmhaft	zero
	[ts]	stimmlos wie z in *Zucker*	marzo, pizza

Welcher Lerntyp sind Sie?

Nicht jeder Mensch lernt gleich. Finden Sie anhand der vorgegebenen Aussagen heraus, welcher Lerntyp Sie sind, und gestalten Sie Ihr Lernverhalten entsprechend. Probieren Sie jedoch auch Lernmethoden anderer Lerntypen aus, auch wenn sie Ihnen zunächst fremd erscheinen. Das kann Sie zu unerwartet guten Lernergebnissen bringen. Kreuzen Sie an, was auf Sie zutrifft. Mehrere Aussagen sind dabei möglich.

Hörtyp

- ☐ Sie können Vorträgen gut folgen und merken sich den Inhalt.
- ☐ Sie hören gern Hörbücher oder lassen sich Dinge erklären.
- ☐ Sie hören sich schnell in eine gesprochene Fremdsprache ein.
- ☐ Sie haben im Deutschen wenig Probleme, verschiedene Dialekte zu verstehen.

Lese- und Sehtyp

- ☐ Sie lesen gern und nehmen den Inhalt über die Augen auf.
- ☐ Sie wissen, auf welcher Seite eine Vokabel steht und was vor ihr und nach ihr folgt.
- ☐ Sie prägen sich neue Wörter über visuelle Eselsbrücken ein.
- ☐ Sie lesen sich Grammatikregeln mehrmals durch.

Schreibtyp

- ☐ Sie markieren sich Stichwörter und schreiben sie heraus.
- ☐ Sie machen gern schriftliche Übungen.
- ☐ Sie möchten schnell E-Mails in der neuen Sprache schreiben können.
- ☐ Sie mögen Vokabellisten und Mindmaps (Gedankenkarten).

Handlungs- und Sprechtyp

- ☐ Sie möchten eine neue Sprache aktiv anwenden.
- ☐ Sie möchten gern Muttersprachler kennenlernen.
- ☐ Sie sprechen gern und kümmern sich zunächst nicht um die richtige Grammatik.
- ☐ Sie probieren neue Wörter und Sätze gern in Rollenspielen aus.

Lesen Sie im folgenden Kapitel, welche Lernmethoden für welchen Lerntypen besonders geeignet sind, damit Sie Ihre Lernziele schnell und effektiv erreichen können.

Tipps zum Italienischlernen
Tag 1
Begrüßungen & Verabschiedungen
Tag 2
Sich und andere vorstellen
Tag 3
Kennenlernen und Small Talk
Tag 4
Sie können schon mehr, als Sie denken!
Tag 5
Wiederholen und üben Sie
Tag 6

Tipps zum Italienischlernen

Tipps zum Wortschatzlernen

Sind Sie schon mal in einer Wohnung gewesen, in der an fast jedem Gegenstand ein kleines Zettelchen mit einem fremdsprachigen Begriff klebte? Hier versucht jemand sicherlich mit Erfolg, sich die Dinge des täglichen Gebrauchs in einer anderen Sprache einzuprägen. Die Technik hat Methode. Sie werden fortwährend an den fremden Begriff erinnert, indem Sie das Objekt anschauen oder in die Hand nehmen und das dazugehörige Wort im Kopf formulieren oder laut aussprechen. Es wird nicht lange dauern und Sie wissen, dass der Kühlschrank *frigorifero*, das Bett *letto* oder der Schrank *armadio* heißt.
Ist Ihnen diese Art des Vokabellernens ein wenig zu mühsam, können Sie auch auf das Lernen mit Vokabelheften, Karteikarten, Mindmaps oder Wortschatzbüchern zurückgreifen oder digitale Medien wie PC, Tablet und Smartphone zu Hilfe nehmen.
Eine effektive Methode ist das Vokabellernen mit Karteikasten. Auf Karteikärtchen geschriebene, noch nicht gelernte Begriffe bleiben im vorderen Fach; Wackelkandidaten in den mittleren. Erreicht ein Kärtchen das letzte Fach, sollte die Vokabel sicher im Gedächtnis verankert sein.

Tipps zum Lesen

Eine wichtige Aufgabe beim Erlernen einer neuen Sprache ist das Lesen. Besonders am Anfang sollte es bewusst durchgeführt und vor allem regelmäßig geübt werden. Sie haben drei Möglichkeiten, die Sie abwechselnd anwenden sollten.

Stellen Sie sich drei Autos vor: einen schnellen Sportwagen, einen großen Mittelklassewagen und ein kleines Stadtauto. Am Anfang Ihrer Lernkarriere können Sie sich erst einen Kleinwagen leisten: Sie lesen einzelne Begriffe langsam und sprechen sie wiederholt laut aus. Schauen Sie im Wörterverzeichnis oder in einem Wörterbuch nach, wenn Ihnen die Aussprache nicht geläufig ist – keine Angst vor der Lautschrift; die paar Sonderzeichen haben Sie schnell drauf –, oder lassen Sie sich die Begriffe in einem Wörterbuch mit Sprachausgabe vorsprechen. Überall und einfach verfügbar ist das Online-Wörterbuch von Langenscheidt. Sie können sich auf die Aussprache verlassen: Alle fremdsprachigen Stichwörter werden von Muttersprachlern gesprochen.

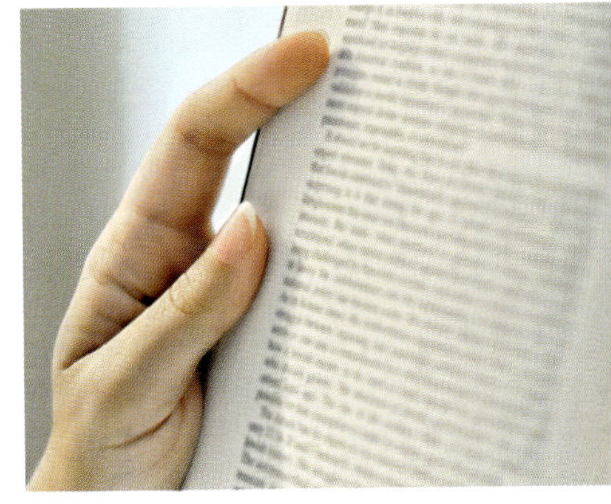

Warten Sie nicht zu lange mit dem Umsteigen auf den Mittelklassewagen und fangen Sie an, ganze Sätze, erst langsam, dann etwas schneller zu lesen, wobei es nicht schaden kann, schon gleich zu Beginn auf den landestypischen Sprachrhythmus zu achten. Fühlen Sie sich dann schon wohler auf den fremdländischen Straßen, lesen Sie größere Abschnitte am Stück und wagen – wenn Sie so wollen – als letztes den Schritt in den Sportwagen, Doch bedenken Sie: Es gibt keinen Grund, so schnell zu fahren wie die Einheimischen. Genießen Sie die Sprachlandschaft bei mittlerem Lesetempo und halten sie bei einzelnen Begriffen inne – es besteht sonst die Gefahr, dass Ihnen die Schönheit der individuellen Wörter entgeht – und lesen Sie zügig, um auch mal ein gutes Stück voranzukommen.

Tipps zum Sprechen

In engem Zusammenhang mit dem Lesen steht das Sprechen. Es ist der schwierigste Teil beim Erlernen einer fremden Sprache, da in der Regel kein Einheimischer in der Nähe ist, der mitfühlend die eigenen Fehler verbessert. Aber vielleicht gibt es einen Mitlerner in der Nähe, der sich glücklich schätzen würde, jemanden zum Wortaustausch zu haben. Treffen Sie

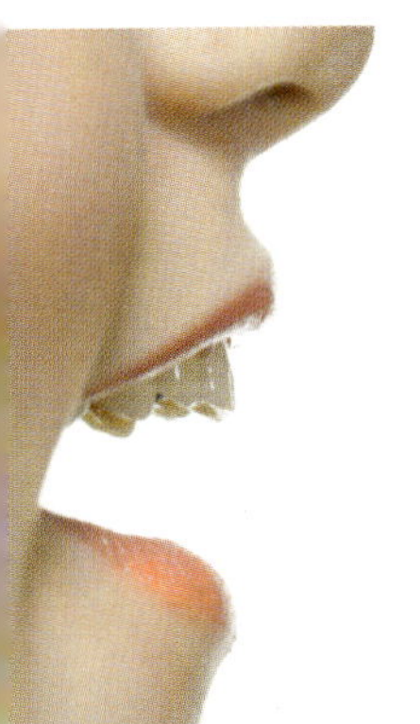

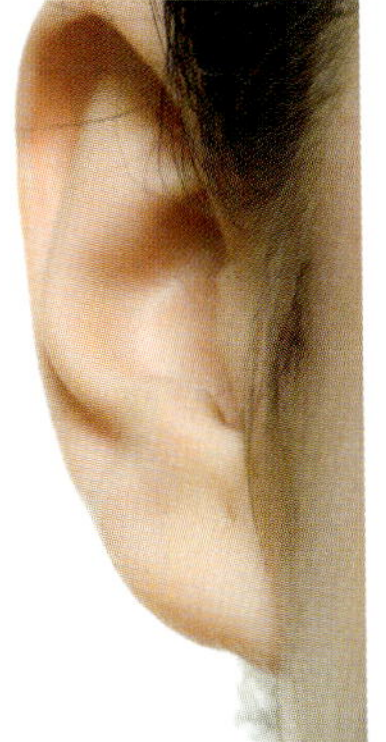

sich zu Hause oder in einem Café und versuchen Sie, etwas Small Talk in Ihrer „neuen“ Sprache zu betreiben. Nur Mut! Oder lesen Sie sich die Dialoge des Lehrbuchs gegenseitig laut vor und lernen Sie sie eventuell sogar auswendig. Sollte sich allerdings niemand finden, der die Dialoge mit Ihnen rollenverteilt einstudiert, tun Sie es selbst. Übernehmen Sie eine Rolle, überlegen Sie, was man in der jeweiligen Situation außerdem sagen könnte, und führen Sie Unterhaltungen mit imaginären Partnern. Wenn Ihnen das unangenehm sein sollte, probieren Sie es doch in unbeobachteten Momenten, wie z.B. morgens vor dem Badezimmerspiegel.

Warum versuchen Sie es nicht einmal mit Liedtexten oder Spielfilmen? Kaufen Sie sich Ihren italienischen Lieblingsfilm auf DVD, schauen Sie ihn auf Italienisch und klicken Sie vor allem die italienischen Untertitel an. Wenn Sie nun gelegentlich anhalten und einzelne Sätze oder Passagen herausschreiben und lernen, können Sie diese als Ansatzpunkt für ein kleines Rollenspiel nehmen. Versetzen Sie sich in die jeweilige Situation und „unterhalten“ Sie sich mit den Schauspielern. Diese Art der Kommunikation können Sie auch mit sich selbst betreiben, beim Joggen oder unter der Dusche.

Tipps zum Hören

Wesentlich einfacher als das Sprechen ist das Hören. Hier bieten die modernen Medien mittlerweile eine unglaubliche Fülle an Möglichkeiten, von denen man vor einigen Jahren kaum zu träumen wagte.

Mit wenigen Klicks können Sie im Internet einen ausländischen Radiosender anhören oder fremdsprachliche Podcasts abrufen. Auch wenn Sie zunächst wegen der Schnelligkeit des Gesprochenen nicht viel verstehen, akzeptieren Sie es. Wichtig ist zunächst nur, dass Sie der Sprache, die Sie erlernen wollen, lauschen und dass Sie ihren Klang hören. Sie werden unweigerlich – und das kann ja auch nicht schaden – in Urlaubsstimmung geraten.

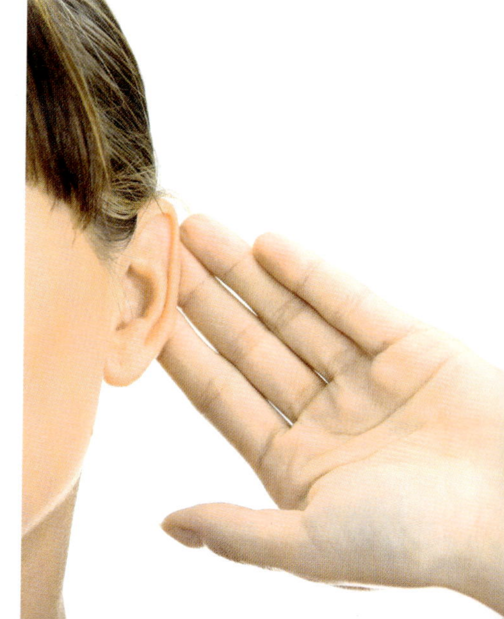

Hören und Verstehen ist wie Jogging. Wer sich als Anfänger einen Marathon zumutet, wird bald keuchend am Straßenrand stehen. Geben Sie sich Zeit und haben Sie Geduld: Steter Wortschwall trainiert das Hirn. Will heißen: Je mehr Sie sich der gesprochenen Sprache aussetzen, je mehr Sie mal konzentriert, mal beiläufig zuhören, desto schneller wird sich Ihr Hörverständnis verbessern. Sie bekommen ein Gefühl für Wörter und Sprachmelodie. Wenn Sie Hörbücher lieben oder gern DVDs schauen, machen Sie bewusst von der Stopp-Taste des Abspielgeräts Gebrauch und hören Sie einzelne Passagen gezielt mehrere Male hintereinander. Sie werden sehen: Schon beim dritten Mal verstehen Sie erheblich mehr. Und wenn Sie dazu noch den Text zu Hilfe nehmen – falls er Ihnen vorliegt – werden Sie einen wahren Verständnisschub erfahren.

Tipps zum Schreiben

Das Schreiben ist eine einfache, aber sehr effektive Lernübung. Schon das bloße Abschreiben von Vokabeln oder Dialogen verbessert nicht unwesentlich Ihr Sprachverständnis und hilft Ihnen, sich die jeweiligen Wörter oder Passagen einzuprägen.

Sie können zunächst die Übungen oder auch die Dialoge im Lehrbuch abschreiben. Diese kann man dann durchaus variieren oder ganz neu gestalten. Kleine Szenen in verschiedenen Situationen auf Papier zu bringen, ist eine hervorragende Übung nicht nur für angehende Dramatiker. Es sollte nur jemand gefunden werden, der das Geschriebene durchliest und auf eventuelle Fehler hinweist. Natürlich soll dies einem elektronischen Gedankenaustausch nicht im Wege stehen. Versuchen Sie im Internet, beispielsweise über soziale Netzwerke, Chatpartner zu finden und schreiben Sie sich regelmäßig kleine Botschaften. Das können ganz banale Alltagsdinge sein; Sie werden sehen, dass das gar nicht so einfach ist. Schon allein einen Einkaufszettel für Tochter oder Ehemann in der neuen Sprache zu verfassen, erfordert mitunter ein reges imaginäres Blättern im Wörterbuch. Machen Sie es sich zur Regel, kleine Mitteilungen an Familienmitglieder, Freunde oder Bekannte auf Italienisch zu schreiben oder schalten Sie die automatische Spracherkennung Ihres Handys um und überraschen Sie Ihre Freunde mit „ausländischen" SMS. Wer weiß, ob der eine oder andere nicht ebenso „ausländisch" zurückschreibt.

Tag 2

Begrüßungen & Verabschiedungen

In dieser Lektion lernen Sie

- Freunde oder Bekannte zu begrüßen und zu verabschieden
- nach dem Befinden zu fragen und zu antworten
- bejahend und verneinend zu antworten

1/2
1/3

Arrivo all'aeroporto di Pisa!

Bettina Linda! Martin! Sono qui! Venite!
Linda Eccoti! Ciao, cara!
Bettina Ciao, Linda! Ciao, Martin!
Che bello vedervi!
Benvenuti a Pisa! Come state?
Linda Bene, grazie.
Bettina Siete stanchi?
Linda Sì, siamo un po' stanchi per il viaggio ...
e fa molto caldo qui!
Bettina Sì, lo so. L'estate a Pisa è calda.
Ma domani andiamo al mare.
Linda Ah, per fortuna! Che bello!
Martin Dov'è Stefano?
Bettina Stefano non è venuto all'aeroporto.
Ci aspetta a casa con Livia. Andiamo.
Ho la macchina fuori nel parcheggio. Avete tutto?
Valigie, borse? Allora seguitemi!

Fragen zum Dialog

Beantworten Sie die Fragen.

1. Wo treffen sich Bettina und ihre Freunde Linda und Martin?

....

2. Wie geht es Linda und Martin nach dem Flug?

....

3. Wie ist das Klima im Sommer in Pisa?

....

4. Wo ist Stefano?

....

Ankunft am Flughafen von Pisa

Bettina Linda! Martin! Hier bin ich! Kommt!
Linda Da bist du ja! Hallo, meine Liebe!
Bettina Hallo, Linda! Hallo, Martin! Schön, euch zu sehen! Willkommen in Pisa! Wie geht es euch?
Linda Gut, danke.
Bettina Seid ihr müde?
Linda Ja, wir sind etwas müde von der Reise ... und es ist sehr heiß hier!
Bettina Ja, ich weiß. In Pisa ist der Sommer heiß. Aber morgen fahren wir ans Meer.
Linda Ah, zum Glück! Wie schön!
Martin Wo ist Stefano?
Bettina Stefano ist nicht zum Flughafen gekommen. Er wartet mit Livia zu Hause auf uns. Lasst uns gehen. Das Auto steht draußen auf dem Parkplatz. Habt ihr alles? Koffer, Taschen? Dann folgt mir!

Tag 2 Lernwortschatz

3/2

a	in, an, zu
aeroporto *m*	Flughafen
allora	dann
andare	gehen
andiamo! (*v.* andare)	gehen wir
aspettare	warten
avere	haben
avete (*v.* avere)	ihr habt
bello, -a	schön
bene	gut
benvenuto , -a	willkommen
borsa *f*	Tasche
caldo , -a	warm, heiß (Wetter)
caro, -a	lieb (hier: cara – meine Liebe)
casa *f*	Haus
che bello	wie schön
come	als, wie
con	mit
di	von
domani	morgen
dove	wo
è (*v.* essere)	er, sie, es ist
e	und
ecco	da (ist)
eccoti!	Da bist du ja!
essere	sein
estate *f*	Sommer
fa caldo	es ist heiß
fuori	draußen
grazie	danke
ho (*v.* avere)	ich habe
lo so	ich weiß
ma	aber
macchina *f*	Auto
mare *m*	Meer
molto	viel, sehr
no	nein
non	nicht
parcheggio *m*	Parkplatz
per fortuna	zum Glück
per il viaggio	von der Reise
qui	hier
seguitemi (*v.* seguire)	folgt mir
sì	ja
siamo (*v.* essere)	wir sind
siete (*v.* essere)	ihr seid
sono (*v.* essere)	ich bin
stanco, -a	müde
stare	sich befinden, bleiben
tutto bene	alles in Ordnung
tutto	alles, ganz
un po'	ein bisschen
valigia *f*	Koffer
vedere	sehen
venire	kommen
venite! (*v.* venire)	Kommt!
venuto	gekommen
viaggio *m*	Reise

Grammatik und Redemittel

Genus der Substantive ▸ *§2.1*

Im Italienischen gibt es nur zwei grammatische Geschlechter (Genera): Maskulinum und Femininum.

	Singular	Plural
Femininum	**casa** Haus	**case** Häuser
Maskulinum	**viaggio** Reise	**viaggi** Reisen

Substantive auf **-e** können maskulin oder feminin sein und erhalten im Plural die Endung **-i**.
mar**e** *Meer* – mar**i** *Meere*

Die Verben *essere, avere* und *stare* ▸ *§6.2*

	essere sein	**avere** haben	**stare** bleiben, sich befinden
io ich	sono	ho	sto
tu du	sei	hai	stai
lui/lei/Lei er, sie, Sie	è	ha	sta
noi wir	siamo	abbiamo	stiamo
voi ihr	siete	avete	state
loro sie	sono	hanno	stanno

Achtung:
Im Italienischen wird das Personalpronomen (**io**, **tu**, **lui** usw.) meist weggelassen:
Ho una macchina. *Ich habe ein Auto.* – Siamo stanchi. *Wir sind müde.*

Lei *Sie*: Für die höfliche Anrede einer Einzelperson (*m* und *f*) wird im Italienischen die 3. Person Singular verwendet.
È stanca, signora? *Sind Sie müde, Signora?*

Verneinung ▸ *§8.1*

Um einen Satz zu verneinen, setzen Sie **non** *nicht* unmittelbar vor das Verb:
Stefano **non** è all'aeroporto. *Stefano ist nicht am Flughafen.*

Tag 2 Nach dem Befinden fragen und antworten

Formell:

► Buongiorno, signora, come sta? *Guten Tag, Signora, wie geht es Ihnen?*

◄ Sto bene, grazie. *Mir geht es gut, danke.*

◄ Non c'è male. *Ich kann nicht klagen.*

Informell:

► Ciao, Livia, come stai? *Hallo, Livia, wie geht's dir?*

◄ Benissimo, e tu? *Sehr gut, und dir?*

Übungen

1 Setzen Sie die Verbformen von *essere*, *avere* bzw. *stare* in den Plural oder in den Singular.

1. io sono *noi siamo*
2. noi abbiamo ....
3. io sto ....
4. tu sei ....
5. tu hai ....
6. voi siete ....
7. lei è ....
8. voi avete ....
9. lei sta ....
10. loro sono ....
11. lui ha ....
12. voi state ....

1/4

2 Lesen Sie die Dialoge. In welchem Dialog duzen sich die Personen, in welchem siezen sie sich? Hören Sie dann die beiden Dialoge und übernehmen Sie jeweils die Rolle der Frau.

Dialog 1

Mann Buongiorno, signora!
Frau Buongiorno, dottor Neri. Come sta?
Mann Sto bene, grazie. E Lei?
Frau Non c'è male.

Dialog 2

Frau Ciao, Marco!
Mann Ciao, Anna! Come stai?
Frau Bene, grazie. E tu?
Mann Abbastanza bene.

1/5

3 Hören Sie den Dialog. Kreuzen Sie dann an.

	richtig	falsch
1. Linda geht es sehr gut.	☐	☐
2. Linda ist müde.	☐	☐
3. Linda und ihre Freunde fahren ans Meer.	☐	☐

4 Verbinden Sie die Dialogteile.

1. Ciao,
2. Buongiorno,
3. Dov'è

a) Signora, come sta?
b) Stefano?
c) Livia, che bello vederti!

5 Die folgenden Wörter haben mit dem Thema „Reisen“ zu tun. Welches Wort passt nicht in die Reihe? Unterstreichen Sie es.

1. aeroporto andare macchina fortuna
2. fuori viaggio casa valigia
3. aspettare parcheggio bene borsa
4. estate qui caldo mare

6 Vervollständigen Sie die Sätze.

1. Ciao! Come .... ? (stai – hai – sei)
2. Sto bene, ... E tu? (prego – grazie)

7 Setzen Sie die richtige Verbform von *essere, avere* oder *stare* ein.

1. Linda e Martin .... stanchi. (essere)
2. Stefano .... una macchina. (avere)
3. Livia non .... venuta all'aeroporto. (essere)
4. Buongiorno, signora, come .... ? (stare)

8 Kreuzen Sie die Wörter entsprechend dem angegebenen Genus an.

	Femininum	Maskulinum
1. aeroporto	☐	☐
2. borse	☐	☐
3. mare	☐	☐
4. casa	☐	☐
5. parcheggio	☐	☐
6. macchina	☐	☐
7. viaggi	☐	☐
8. fortuna	☐	☐

9 Erkennen Sie diese Wörter? Ordnen Sie die Wortteile.

1. ma-ni-do ....
2. gia-va-li ....
3. e-te-sta ....
4. dia-an-mo ....
5. ve-nu-ben-ti ....

Kulturtipp Ciao!

Die Du-Form ist in Italien verbreiteter als in Deutschland. Aber grundsätzlich gelten die Regeln: Man duzt sich unter Freunden, Verwandten und guten Bekannten. Im Gegensatz zum deutschen *Tschüss* wird **ciao** bei Personen benutzt, die man duzt. In formelleren Situationen sagt man **buongiorno** *Guten Tag*, **buonasera** *Guten Abend* oder **salve** *Grüß Gott*. Bei der Verabschiedung können Sie dieselben Ausdrücke verwenden wie bei der Begrüßung sowie **arrivederci** *auf Wiedersehen* oder **a presto** *bis bald*.

In Italien hat sich eine Art „Höflichkeitsform unter guten Bekannten" erhalten, die es in Deutschland so nicht gibt: Ältere Bekannte spricht man mit dem Vornamen an, siezt sie aber gleichzeitig: **Buongiorno, Maria, come sta?** *Guten Tag, Maria, wie geht es Ihnen?* Wenn also die Mutter eines italienischen Freunds sich vorstellt mit: **Sono Giovanna** *Ich bin Giovanna*, dann hat sie Ihnen damit noch nicht das Du angeboten!

Personen, die man nicht sehr gut kennt, gibt man zur Begrüßung die Hand, Freunde oder Verwandte dagegen geben sich zwei Küsse, auf jede Wange einen. Auch die Männer.

Was können Sie schon?

	☺	😐	☹	
■ verstehen, wenn mich jemand begrüßt oder wenn sich jemand von mir verabschiedet	■	■	■	▸ *Ü2, Ü3*
■ verstehen, wenn sich jemand nach meinem Befinden erkundigt	■	■	■	▸ *Ü2, Ü3*
■ verstehen, wenn mir jemand sagt, wie es ihm geht	■	■	■	▸ *Ü2, Ü3*
■ Begrüßungen und Verabschiedungen in der Du- und in der Sie-Form erkennen	■	■	■	▸ *Ü1, Ü2*
■ jemanden begrüßen und verabschieden	■	■	■	▸ *Ü2, Ü3*
■ mich bei jemandem nach seinem Befinden erkundigen	■	■	■	▸ *Ü2, Ü3*
■ sagen, wie es mir geht	■	■	■	▸ *Ü2, Ü3*
■ eine Aussage bejahen oder verneinen	■	■	■	▸ *Ü2, Ü3*

Tag 3 Sich und andere vorstellen

In dieser Lektion lernen Sie

- jemanden vorzustellen
- einfache Fragen nach dem Namen und dem Alter zu stellen und zu beantworten
- die Zahlen von 0 bis 30

1/6
A casa
1/7

Bettina Siamo a casa. Prego, entrate!
Linda Permesso?
Martin Permesso?
Bettina Stefano! Livia! Siamo arrivati! Dove siete?
Stefano Eccomi!
Bettina Ciao, Stefano, ti presento i miei amici tedeschi Linda e Martin. E questo è Stefano, mio marito.
Stefano Piacere! Benvenuti a Pisa!
Martin Buongiorno.
Linda Ciao, Stefano.
Bettina Martin e Linda abitano a Francoforte. Linda è direttrice del personale in una grande azienda e Martin ha un negozio di cravatte.
Linda E tu, Stefano, che lavoro fai?
Stefano Lavoro come insegnante al liceo classico.
Bettina Dov'è Livia? Liviaaaaa! Vieni!
Livia Eccomi, mamma.
Bettina Questa è mia figlia Livia.
Martin Ciao, Livia. Come stai?
Livia Molto bene, grazie.
Linda Livia è un bellissimo nome. Quanti anni hai?
Livia Io ho dieci anni. E tu?
Linda Ho 29 anni.
Stefano Prego, accomodatevi un attimo qui nel salotto.
Linda Come si chiama il bel gatto sul divano?
Stefano Questo è il nostro gatto Gino, è vecchio e timido.

Fragen zum Dialog

Was ist richtig? Kreuzen Sie an.

1. Wer ist Stefano?
   a) ☐ der Ehemann von Bettina b) ☐ der Bruder von Linda c) ☐ der Kater
2. Wie alt ist Livia?
   a) ☐ 29 b) ☐ 10 c) ☐ 11

Zu Hause

Bettina Wir sind zu Hause. Bitte tretet ein!
Linda Darf ich?
Martin Darf ich?
Bettina Stefano! Livia! Wir sind da! Wo seid ihr?
Stefano Hier bin ich!
Bettina Hallo Stefano, ich möchte dir meine deutschen Freunde Linda und Martin vorstellen. Und dies ist mein Mann Stefano.
Stefano Freut mich! Willkommen in Pisa!
Martin Guten Tag.
Linda Hallo Stefano.
Bettina Martin und Linda leben in Frankfurt. Linda ist Personalchefin in einem großen Unternehmen und Martin hat ein Krawattengeschäft.
Linda Und du, Stefano, was machst du beruflich?
Stefano Ich bin Lehrer am klassischen Gymnasium.
Bettina Wo ist Livia? Liviaaa! Komm her!
Livia Hier bin ich, Mama.
Bettina Das ist meine Tochter Livia.
Martin Hallo Livia. Wie geht's?
Livia Sehr gut, danke.
Linda Livia ist ein sehr schöner Name. Wie alt bist du?
Livia Ich bin zehn Jahre alt. Und du?
Linda Ich bin 29.
Stefano Bitte, nehmt einen Augenblick hier im Wohnzimmer Platz.
Linda Wie heißt die schöne Katze auf dem Sofa?
Stefano Das ist unser Kater Gino, er ist alt und schüchtern.

Tag 3 Lernwortschatz

3/3

abitare	wohnen
accomodatevi! (*v.* accomodarsi)	Nehmt Platz!
amica *f*	Freundin
amico *m*	Freund
anno *m*	Jahr
arrivati (*v.* arrivare)	angekommen
attimo *m*	Augenblick
azienda *f*	Unternehmen, Firma
chiamarsi	heißen
classico, -a	klassisch
conoscere	kennen, kennenlernen
direttrice *f* del personale	Personalchefin
divano *m*	Sofa
entrare	eintreten
entrate! (*v.* entrare)	Tretet ein!
famiglia *f*	Familie
fare	machen
figlia *f*	Tochter
figlio *m*	Kind, Sohn
gatto *m*	Katze, Kater
grande	groß
insegnante *m*/*f*	Lehrer/in
lavorare	arbeiten
lavoro *m*	Arbeit
lieto, -a	erfreut
mamma *f*	Mama
marito *m*	Ehemann
mio, -a	mein, meine
negozio *m*	Geschäft
nome *m*	Name
nostro, -a	unser, unsere
permesso?	Gestatten Sie? Darf ich?
piacere!	Freut mich! Angenehm!
prego	bitte
presentare	vorstellen
purtroppo	leider
quanto	wie viel
questo, -a	dieser, diese
salotto *m*	Wohnzimmer
salutare	grüßen, begrüßen
scusi!	Entschuldigung!
sposato, -a	verheiratet
su	auf
tedesco, -a	deutsch, Deutsche(r)
timido, -a	schüchtern
un, una	ein, eine
vecchio, -a	alt
vieni! (*v.* venire)	Komm her!

Zahlen von 0 bis 30

0	zero	16	sedici
1	uno	17	diciassette
2	due	18	diciotto
3	tre	19	diciannove
4	quattro	20	venti
5	cinque	21	ventuno
6	sei	22	ventidue
7	sette	23	ventitré
8	otto	24	ventiquattro
9	nove	25	venticinque
10	dieci	26	ventisei
11	undici	27	ventisette
12	dodici	28	ventotto
13	tredici	29	ventinove
14	quattordici	30	trenta
15	quindici		

Grammatik und Redemittel

Verben auf -are ▸ *§6.1*

Die regelmäßigen Verben werden in drei Gruppen unterteilt: Verben auf **-are**, **-ere** und **-ire**. Beginnen wir mit den Verben auf **-are**:

	lavorare arbeiten
io	lavoro
tu	lavori
lui/lei/Lei	lavora
noi	lavoriamo
voi	lavorate
loro	lavorano

Chiamarsi

Chiamarsi bedeutet *heißen*:
Come ti chiami? *Wie heißt du?*
Mi chiamo Stefano. *Ich heiße Stefano.*
Come si chiama il gatto? *Wie heißt die Katze?*

Jemanden vorstellen

Wenn Sie jemanden vorstellen möchten, sagen Sie:
Stefano, ti presento Martin. *Stefano, ich stelle dir Martin vor.*
oder einfach: Questo è Martin. *Das ist Martin.*
Questa è Linda. *Das ist Linda.*
oder formeller: Questa è la signora Licondi. *Das ist Frau Licondi.*

Jemandem vorgestellt werden

Wenn Sie jemandem vorgestellt werden, antworten Sie:
Piacere! *Angenehm!*
oder formeller: Molto lieto. *Sehr erfreut.*

Nach dem Alter fragen

Die Italiener fragen nicht, wie alt Sie sind, sondern wie viele Jahre Sie haben.
Quanti anni hai? *Wie alt bist du?*
Ho dieci anni. *Ich bin zehn Jahre alt.*

Tag 3 Übungen

1 Stellen Sie einer Gruppe von Bekannten Ihre Freundin Susanna vor. Ergänzen Sie dazu die Lücken.

Ciao, ragazzi! Vi .... (1. presentare, 1. Pers. Sg.) la mia amica. Si .... (2. chiamare, 3. Pers. Sg.) Susanna e .... (3. abitare, 3. Pers. Sg.) a Francoforte. Susanna ha .... (4. 28) anni, ... (5. lavorare, 3. Pers. Sg.) come insegnante, ... (6. essere, 3. Pers. Sg.) sposata e .... (7. avere, 3. Pers. Sg.) tre figli di .... (8. 2), ... (9. 5) e .... (10. 7) anni.

1/8

2 Lesen Sie den Dialog. Hören Sie ihn dann und übernehmen Sie die Rolle von Linda.

Linda	Ciao! Come ti chiami?
Livia	Mi chiamo Livia. E tu?
Linda	Io sono Linda, un'amica di tua mamma.
Livia	E lui, come si chiama?
Linda	Questo è mio marito Martin.
Livia	Quanti anni hai?
Linda	Ho ventinove anni. E tu?
Livia	Io ho dieci anni.
Linda	E come si chiama il gatto sul divano?
Livia	Questo è il nostro gatto Gino. Hai un gatto anche tu?
Linda	No, purtroppo no.

1/9

3 Hören Sie den Dialog und kreuzen Sie dann die richtigen Antworten an.

1. Wie heißt der Mann, der vorgestellt wird?
   a) ☐ Professor Marini b) ☐ Roberto Neri c) ☐ Norbert Wehli
2. Was ist er von Beruf?
   a) ☐ Er ist Arzt. b) ☐ Er ist Lehrer. c) ☐ Er ist Manager.

4 Hören Sie sich den Dialog von S. 30 noch einmal an und konzentrieren Sie sich auf Informationen zu Linda. Welche Aussagen sind richtig? Kreuzen Sie an. 1/7

1. Wohnort
   a) ☐ abita a Francoforte b) ☐ abita a Pisa c) ☐ abita a Berlino

2. Alter
   a) ☐ ha 10 anni b) ☐ ha 29 anni c) ☐ ha 40 anni

3. Beruf
   a) ☐ è insegnante b) ☐ ha un negozio di cravatte c) ☐ è direttrice del personale

5 Verbinden Sie das deutsche Wort mit der italienischen Entsprechung.

1. eintreten → c)	a) grande
2. Freund	b) salotto
3. deutsch	c) entrare
4. groß	d) figlia
5. Wohnzimmer	e) salutare
6. Tochter	f) lavoro
7. Arbeit	g) tedesco
8. begrüßen	h) amico

6 Wählen Sie den passenden Ausdruck und vervollständigen Sie die folgenden Sätze.

1. Come ti chiami? .... Anna. (Mi chiami, Mi chiamo, Io chiamo)
2. Sei italiana? ...., sono tedesca. (No, sì)
3. Quanti anni hai? .... ventitre anni. (Ha, Hai, Ho)

7 Lösen Sie das Kreuzworträtsel mit sieben Zahlen zwischen 0 und 30.

1) 30 – 1 = ...
2) 20 – 20 = ...
3) 5 + 2 = ...
4) 10 + 7 = ...
5) 2 x 4 = ...
6) 2 x 2 = ...
7) 5 x 1 = ...

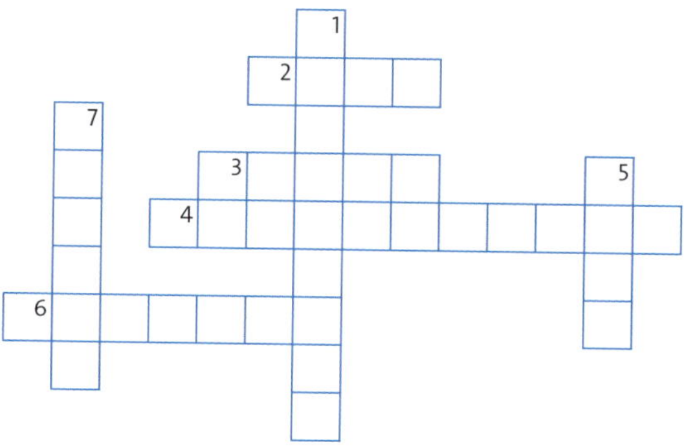

8 Lesen Sie den Steckbrief. Versetzen Sie sich in die Rolle der genannten Person und beantworten Sie folgende Fragen:

Nome: *Therese Felder*
Nazionalità: *tedesca*
Residenza: *Lipsia*
Anni: *30*
Professione: *insegnante*

1. Ciao, come ti chiami?

....

2. Dove abiti?

....

3. Quanti anni hai?

....

4. Che lavoro fai?

....

5. Di che nazionalità sei?

....

Kulturtipp Permesso!

Wenn Sie in Italien eine fremde Wohnung betreten, sagen Sie: **permesso?** *Gestatten Sie?* oder *Verzeihen Sie, wenn ich störe*. Wenn die Situation etwas förmlicher ist, zum Beispiel in einem Büro oder auf einem Amt, sagen Sie **permesso?** und verharren einen Augenblick auf der Schwelle und treten erst ein, wenn von drinnen der Ruf ertönt: **avanti!** *Herein!* oder: **prego, si accomodi!** *Bitte, treten Sie ein!*

Permesso ist ein Wort, das auch überall gebraucht wird, wo ein Menschengewühl ist, durch das man hindurch muss. Auf der Straße, in der Straßenbahn, im Kino, im Zug, im Supermarkt. Vor dem Wort **permesso** weichen alle Hindernisse zurück.

Was können Sie schon?

	☺	😐	☹	
■ Name, Alter und Beruf einer vorgestellten Person verstehen	■	■	■	▸ Ü2, Ü3
■ Informationen zu einer Person (Name, Alter, Wohnort, Beruf, Familienstand, Kinder) verstehen	■	■	■	▸ Ü1, Ü2
■ jemanden vorstellen	■	■	■	▸ Ü2, Ü3
■ auf eine Vorstellung reagieren	■	■	■	▸ Ü2, Ü3
■ in einem Gespräch einfache Fragen stellen und beantworten	■	■	■	▸ Ü2, Ü3

Kennenlernen und Small Talk

In dieser Lektion lernen Sie

- Ihre Personalien anzugeben
- in einem Gespräch etwas über sich selbst zu sagen
- Informationen über eine Person zu verstehen
- zu antworten, wenn Ihnen etwas zu trinken angeboten wird

1/10
1/11

Accomodatevi!

Stefano Prego, accomodatevi qui nel salotto.
Linda Grazie, mi siedo qui sul divano, accanto a Gino.
Stefano Posso offrirvi un caffè? O qualcos'altro?
Martin Sì, grazie. Prendo volentieri un caffè.
Linda No, grazie. C'è un succo di frutta?
Stefano Guardo nel frigorifero. Sì, ci sono due succhi di frutta; un succo d'arancia e un succo di mele.
Linda Prendo un succo d'arancia.
Livia Anch'io prendo un succo d'arancia.
Stefano Allora, voi due siete tedeschi e venite da Francoforte, giusto?
Linda No, io sono svizzera, sono nata a Basilea, ma vivo a Francoforte.
Livia Dov'è Francoforte?
Linda Francoforte è una città in Germania.
Livia E tu, Martin?
Martin Io sono tedesco. Vengo da Berlino, ma ora abito a Francoforte.
Stefano Ecco il caffè e i succhi di frutta.
Linda Grazie.
Martin Grazie mille.
Linda Stefano, tu sei toscano?
Stefano Sì. Sono nato a Pisa.
Livia Anch'io sono pisana! E mamma è ticinese.
Stefano È vero, viene dalla Svizzera italiana.

Fragen zum Dialog

Beantworten Sie die Fragen.

1. Wo sind die Personen?

....

2. Was trinkt Livia?

....

3. Woher kommt Martin?

....

Macht's euch bequem!

Stefano Bitte, nehmt hier im Wohnzimmer Platz.
Linda Danke, ich setze mich auf das Sofa neben Gino.
Stefano Kann ich euch einen Kaffee anbieten? Oder etwas anderes?
Martin Ja, danke. Ich nehme gern einen Kaffee.
Linda Nein, danke. Hast du einen Fruchtsaft?
Stefano Ich schaue mal im Kühlschrank nach. Ja, da sind zwei Fruchtsäfte; ein Orangensaft und ein Apfelsaft.
Linda Ich nehme einen Orangensaft.
Livia Ich nehme auch einen Orangensaft.
Stefano Nun, ihr beide seid also Deutsche und kommt aus Frankfurt, richtig?
Linda Nein, ich bin Schweizerin, ich bin in Basel geboren, lebe aber in Frankfurt.
Livia Wo liegt Frankfurt?
Linda Frankfurt ist eine Stadt in Deutschland.
Livia Und du, Martin?
Martin Ich bin Deutscher. Ich bin aus Berlin, aber jetzt wohne ich in Frankfurt.
Stefano Hier kommen der Kaffee und die Fruchtsäfte.
Linda Danke.
Martin Vielen Dank.
Linda Stefano, bist du Toskaner?
Stefano Ja. Ich bin in Pisa geboren.
Livia Ich bin auch Pisanerin! Und Mama ist Tessinerin.
Stefano Stimmt, sie kommt aus der italienischen Schweiz.

Tag 4 Lernwortschatz

3/4

accanto *a*	neben
altro, -a	andere, anderes
amministrazione *f*	Verwaltung
anche	auch
c'è	es gibt
caffè *m*	Kaffee, Espresso
ci sono	es gibt, da sind
città *f*	Stadt
cognome *m*	Familienname
cresciuto, -a (*v.* crescere)	aufgewachsen
da dove	woher
da	aus, seit
frigorifero *m*	Kühlschrank
Germania *f*	Deutschland
giusto	richtig
grazie mille	vielen Dank
guardare	schauen
Italia *f*	Italien
italiano, -a	italienisch; Italiener, -in
luogo *m* di nascita	Geburtsort
luogo *m* di residenza	Wohnort
nascere	geboren werden
nato, -a	geboren
offrire	anbieten
ora	jetzt
pisano, -a	pisanisch; Pisaner, -in
potere	können
prendere	nehmen
qualcosa	etwas
sedersi	sich setzen
segretaria *f*	Sekretärin
stato *m* civile	Familienstand
succo *m*	Saft
succo *m* d'arancia	Orangensaft
succo *m* di frutta	Fruchtsaft
succo *m* di mele	Apfelsaft
Svizzera *f*	Schweiz
svizzero, -a	schweizerisch; Schweizer, -in
ticinese	tessinerisch; Tessiner, -in
Ticino *m*	Tessin
Toscana *f*	Toskana
toscano, -a	toskanisch; Toskaner, -in
vivere	leben
volentieri	gern

Städtenamen	
Amburgo	Hamburg
Basilea	Basel
Berlino	Berlin
Dresda	Dresden
Firenze	Florenz
Francoforte	Frankfurt
Lipsia	Leipzig
Lubecca	Lübeck
Milano	Mailand
Monaco (di Baviera)	München
Napoli	Neapel
Roma	Rom
Salisburgo	Salzburg
Stoccarda	Stuttgart
Vienna	Wien
Zurigo	Zürich

Grammatik und Redemittel

Der bestimmte Artikel ▸ *§1.1*

Wie beim Genus unterscheidet man zwischen maskulinen und femininen Substantiven. Die Form des Artikels hängt außerdem vom Anlaut ab:

	Singular	Plural	
Maskulinum	**il divano** das Sofa	**i divani** die Sofas	
	l'amico der Freund	**gli amici** die Freunde	vor Vokal
	lo studente der Student	**gli studenti** die Studenten	vor **s** + Konsonant, vor **gn**, **ps**, **z**
Femininum	**la casa** das Haus	**le case** die Häuser	
	l'amica die Freundin	**le amiche** die Freundinnen	vor Vokal

Der unbestimmte Artikel ▸ *§1.2*

	Singular	
Maskulinum	**un divano** ein Sofa	
	un amico ein Freund	vor Vokal
	uno studente ein Student	vor **s** + Konsonant, vor **gn**, **ps**, **z**
Femininum	**una casa** ein Haus	
	un'amica eine Freundin	vor Vokal

Achtung:
Der unbestimmte Artikel besitzt wie im Deutschen keine Pluralform.

Präpositionen *da, di, a, in* ▸ *§7*

venire **da** (+ Stadt, Land):	Vengo **da** Basilea.	*Ich komme aus Basel.*
essere **di** (+ Stadt):	Sono **di** Berlino.	*Ich bin aus Berlin.*
vivere **a** (+ Stadt):	Vivo **a** Pisa.	*Ich lebe in Pisa.*
vivo **in** (+ Land):	Vivo **in** Germania.	*Ich lebe in Deutschland.*

C'è und *ci sono* ... ▸ *§5.5*

... sind nützliche Redemittel und bedeuten *es gibt/da ist* und *da sind*:

c'è	un succo di frutta	ci sono	due succhi di frutta
		una casa	tre case
		un gatto	due gatti

Übungen

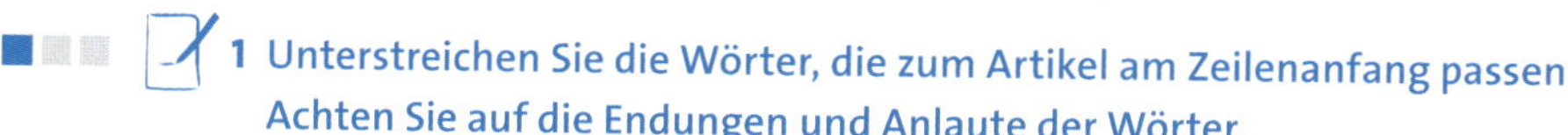

1 Unterstreichen Sie die Wörter, die zum Artikel am Zeilenanfang passen. Achten Sie auf die Endungen und Anlaute der Wörter.

1. **la**	lavoro	famiglia	marito	figlia
2. **il**	casa	amico	frigorifero	caffè
3. **una**	gatto	macchina	cravatta	luogo
4. **le**	famiglie	succhi	mariti	amiche
5. **l'**	luogo	aeroporto	negozio	estate
6. **i**	viaggi	nome	cognome	salotti
7. **un**	lavoro	azienda	amica	anno

1/12

2 Hören und lesen Sie die folgende Personenbeschreibung. Füllen Sie dann das Formular mit den Personalien aus.

Mi presento: mi chiamo Maria Licondi. Il mio nome è Maria, il mio cognome è Licondi. Sono nata in Italia del Sud, il mio luogo di nascita è Napoli. Ma ora lavoro e vivo in Toscana, il mio luogo di residenza è Pisa. Sono sposata e ho due figli. Lavoro nell'amministrazione dell'aeroporto di Pisa, cioè sono segretaria.

1. Nome: ....
2. Cognome: ....
3. Luogo di nascita: ....
4. Luogo di residenza: ....
5. Stato civile: ....
6. Figli: ....
7. Lavoro: ....

1/13

3 Beantworten Sie die Fragen, indem Sie die Antwort-Satzteile in die richtige Reihenfolge bringen. Hören Sie die Sätze zur Kontrolle.

1. ► Come ti chiami ◄ chiamo – mi – Linda
2. ► Da dove vieni? ◄ Germania – vengo – dalla
3. ► Come stai? ◄ grazie – bene, – molto
4. ► Sei di Amburgo, vero? ◄ No, – di Francoforte – non sono – di Amburgo, – sono
5. ► Ti chiami Livia, vero? ◄ Sì, – Livia – mi – chiamo
6. ► Quanti anni ha il gatto? ◄ undici – il – ha – gatto – anni

4 Lösen Sie das Geografie-Kreuzworträtsel.

1) Hauptstadt Österreichs
2) Deutsche Stadt mit großem Hafen
3) Größte Stadt von Schleswig Holstein
4) Die Geburtsstadt der Renaissance
5) Italienischsprachige Schweiz
6) Italienische Stadt der Mode
7) Hauptstadt Italiens
8) Italienische Stadt mit einem aktiven Vulkan
9) Deutsche Hauptstadt

5 Hören Sie sich den Dialog von S. 38 noch einmal an und kreuzen Sie dann die Wörter an, in denen Sie den Laut [k] wie in *caffè* hören.

1.	☐ casa	☐ amici	☐ tedeschi	☐ piacere
2.	☐ buongiorno	☐ Francoforte	☐ cravatte	☐ liceo
3.	☐ ciao	☐ dieci	☐ prego	☐ chiama
4.	☐ gatto	☐ Gino	☐ vecchio	☐ viaggio

6 Ersetzen Sie den bestimmten Artikel durch den unbestimmten.
Beispiel: la casa → una casa

1. il caffè	.... caffè	8. la città	.... città
2. l'amministrazione	.... amministrazione	9. il succo	.... succo
3. il frigorifero	.... frigorifero	10. l'anno	.... anno
4. lo studente	.... studente	11. il divano	.... divano
5. il tedesco	.... tedesco	12. la famiglia	.... famiglia
6. il luogo	.... luogo	13. l'amica	.... amica
7. il gatto	.... gatto	14. l'azienda	.... azienda

7 Verbinden Sie die passenden Dialogteile.

1. Come ti chiami? → d
2. Dove abita Martin?
3. Come sta?
4. Sei tedesca?
5. Lei è di Pisa?
6. Tu sei Livia?
7. Lei viene dalla Germania?

a. Molto bene, grazie.
b. Abita a Francoforte.
c. Sì, vengo da Berlino, e lei?
d. Mi chiamo Livia.
e. Sì, sono tedesca.
f. No, io mi chiamo Anna.
g. No, io sono di Roma.

8 Erinnern Sie sich an das nützliche Redemittel es gibt/da sind? Ordnen Sie die Wörter und Wortgruppen den beiden Spalten *c'è* oder *ci sono* zu.

un succo di frutta quattro amici un divano dieci gatti una casa
tre negozi un frigorifero due caffè tre lavori un'azienda

c'è	ci sono
....	....
....	....
....	....
....	....
....	....

Kulturtipp Il caffè

Zu Hause oder in der Bar, allein oder mit Freunden – die Italiener trinken überall Kaffee und kennen viele verschiedene Arten davon: Ohne weitere Erklärungen ist ein **caffè** immer ein **Espresso**. Ein Kaffee im Sinne des deutschen Filterkaffees gibt es nur in wenigen Bars und wenn, dann unter der Bezeichnung **caffè americano** oder **caffè all'americana**. Wird ein **caffè macchiato** verlangt, wird dem Espresso Milch beigegeben. Ein **caffè corretto** enthält einen Schuss Cognac oder Grappa, und ein **caffè ristretto** ist ein besonders starker Espresso. Den **cappuccino** trinken die Italiener meist morgens und essen dazu ein **cornetto** *Hörnchen* mit Marmelade oder einer anderen Füllung. Für die Italiener muss ein richtiger **caffè** so sein: **caldo come l'inferno, nero come il diavolo, puro come un angelo e dolce come l'amore** – also: *heiß wie die Hölle, schwarz wie der Teufel, rein wie ein Engel und süß wie die Liebe.*

Was können Sie schon?

	☺	😐	☹	
■ verstehen, wenn mir jemand etwas zu trinken anbietet	■	■	■	▸ Ü2, Ü3
■ Informationen über eine Person verstehen (Alter, Beruf, Familienstand)	■	■	■	▸ Ü2, Ü3
■ Personeninformationen wie Name, Alter, Herkunft, Familienstand erkennen und angeben	■	■	■	▸ Ü2
■ dankend annehmen oder ablehnen, wenn mir jemand etwas zu trinken anbietet	■	■	■	▸ Ü3
■ in einem Gespräch etwas über mich erzählen	■	■	■	▸ Ü3

Tag 5 Sie können schon mehr, als Sie denken!

In dieser Lektion lernen Sie

- dass Sie schon viele italienische Wörter kennen
- unbekannte mit bekannten italienischen Wörtern zu verbinden
- Strategien, mit deren Hilfe Sie sprachliche Schwierigkeiten überwinden

1/14
1/15

Ho capito!

Stefano Tu sei Martin, il marito di Linda, vero?
Martin Come? Non ho capito. Puoi ripetere, per favore?
Stefano Scusa, ti chiami Martin, giusto?
Martin Sì, mi chiamo Martin.
Stefano E sei il marito di Linda.
Martin Che cosa vuol dire "marito"?
Stefano Significa che sei sposato con Linda.
Martin Ah, ho capito. Sì, sono il marito di Linda. Siamo sposati.
Stefano Bettina dice che hai una boutique di cravatte a Francoforte ...
Martin Puoi parlare più lentamente, per favore? Non capisco.
Stefano Scusa. Hai un negozio, vero?
Martin Sì, è vero. Ho un negozio di cravatte.
Stefano Vendi solo cravatte?
Martin No, vendo cravatte e ... come si dice "foulard" in italiano?
Stefano "Foulard". L'italiano usa la parola francese. Come anche per "papillon".
Martin Sì, ci sono anche foulard e papillon nel mio negozio. E cinture.
Stefano Quindi vendi cravatte e accessori di moda.
Martin Come hai detto, scusa? Puoi ripetere, per favore?
Stefano Accessori di moda: per esempio cinture, papillon e foulard.
Martin Ah, ora ho capito.

Fragen zum Dialog

Was ist richtig? Kreuzen Sie an.

1. Wer ist Martin?
   a) ☐ der Bruder von Livia b) ☐ der Bruder von Stefano c) ☐ der Ehemann von Linda
2. Was macht Martin beruflich? Er arbeitet ...
   a) ☐ in einem Krawattengeschäft b) ☐ als Modeschöpfer c) ☐ als Modeverkäufer

Ich habe verstanden!

Stefano Du bist also Martin, Lindas Ehemann.
Martin Wie bitte? Ich habe es nicht verstanden. Kannst du bitte wiederholen?
Stefano Entschuldige, du heißt Martin, richtig?
Martin Ja, ich heiße Martin.
Stefano Und du bist Lindas Ehemann.
Martin Was heißt „marito"?
Stefano Es bedeutet, dass du mit Linda verheiratet bist.
Martin Aha, ich habe verstanden. Ja, ich bin Lindas Ehemann. Wir sind verheiratet.
Stefano Bettina sagt, dass du in Frankfurt einen Krawatten-Shop hast.
Martin Kannst du bitte langsamer sprechen? Ich verstehe es nicht.
Stefano Entschuldige. Du hast ein Geschäft, richtig?
Martin Ja, das stimmt. Ich habe ein Krawattengeschäft.
Stefano Verkaufst du nur Krawatten?
Martin Nein, ich verkaufe Krawatten und ... wie sagt man „Foulard" auf Italienisch?
Stefano „Foulard". Man gebraucht im Italienischen das französische Wort. Ebenso wie für „Fliege".
Martin Ja, genau, es gibt auch Foulards und Fliegen in meinem Geschäft. Und Gürtel.
Stefano Du verkaufst also Krawatten und Mode-Accessoires.
Martin Entschuldige, was hast du gesagt? Kannst du bitte wiederholen?
Stefano Mode-Accessoires, zum Beispiel Gürtel, Fliegen, Foulards usw.
Martin Aha, jetzt habe ich es verstanden.

Tag 5 Lernwortschatz

3/5

accessori *mPl* di moda	Mode-Accessoires
banca *f*	Bank
bancarotta *f*	Konkurs
boutique *f*	Boutique, Shop
centro *m*	Zentrum
Cina *f*	China
cinema *m*	Kino
cintura *f*	Gürtel
concorso *m*	Wettbewerb, Wettkampf
Cuba *f*	Kuba
davvero	tatsächlich
dice (*v.* dire)	sagt
dire	sagen
ditta *f*	Firma
firma *f*	Unterschrift
formaggio *m*	Käse
foulard *m*	Foulard
francese	französisch, Franzose
fungo *m*	Pilz
gelato *m*	Eis
ha ragione	Sie haben recht
operatore *m* turistico	Reiseveranstalter
organizzare	organisieren
papillon *m*	Fliege
parmigiano *m*	Parmesankäse
parola *f*	Wort
per così dire	sozusagen
per esempio	zum Beispiel
per favore	bitte
quindi	also, demnach
ricerca *f*	Suche
rotto, -a	kaputt
scusa!	entschuldige!
significare	bedeuten
solo	nur
soprattutto	vor allem
successo *m*	Erfolg
usare	(ge)brauchen
vendere	verkaufen
vero?	richtig? stimmt's? ist es wahr?
viaggio *m* culturale	Kulturreise
vino *m*	Wein
yogurt *m*	Joghurt

Sprechstrategien	
Come?	Wie bitte?
Puoi ripetere, per favore?	Kannst du bitte wiederholen?
Che cosa vuol dire … ?	Was heißt … ?
Puoi parlare più lentamente, per favore?	Kannst du bitte langsamer sprechen?
Come si dice … in italiano?	Wie sagt man … auf Italienisch?
Che cosa significa … ?	Was bedeutet … ?
(Non) ho capito.	Ich habe es (nicht) verstanden.
(Non) capisco.	Ich verstehe es (nicht).

Grammatik und Redemittel

Italienische Wörter im Alltagsdeutsch

Sie bestellen in der **Bar** einen **Cappuccino**, essen **Tiramisù**, lesen in der Zeitung von der **Mafia** – Sie kennen bereits viele italienische Wörter!

Bekanntes in Unbekanntem finden

Viele italienische Wörter können Sie aus bekannten Wörtern oder Wortstämmen herleiten:

la parola → *die Parole, das Wort*
il bilancio → *die Bilanz*
abitare *wohnen* → **l'abitante** *der Bewohner*
il viaggio *die Reise* → **viaggiare** *reisen*

Falsche Freunde

Firma bezeichnet in Italien kein Handelsunternehmen, sondern die *Unterschrift*. Das italienische Wort für *Firma* ist **ditta**. Und um beim Geschäft zu bleiben: Wenn eine Bank vor dem *Konkurs* steht, so heißt das nicht **concorso** *Wettbewerb*, sondern **bancarotta** *Bankrott*, aus **banca** *Bank* und **rotta** *kaputt = die zerbrochene Bank*, weil man früher den zahlungsunfähigen Bankleuten ihre Wechslerstände zerschlug.

Sprache und Aussprache

Die italienische Sprache lebt vom Klang. Deshalb: Sprechen Sie beim Lesen laut mit. Sie müssen reden, als ständen Sie vor einer Volksversammlung. So sprechen nämlich auch die Italiener! Rollen Sie das [r] und lassen Sie das [tʃ] in **ciao** explodieren!

Übungen

1 Einige Buchstabenkombinationen spricht man im Italienischen anders aus als im Deutschen. Hören Sie die Wörter und sprechen Sie sie nach. Dann ordnen Sie sie in die Tabelle ein und ergänzen die Regel. 1/16

Ciao **ca**ffè **Ci**na la**go** di **Ga**rda fun**ghi** **ghe**tto formag**gio**
yo**gu**rt arrivede**rci** spa**ghe**tti **co**me **ce**ntro buon**gio**rno
prose**cco** **Ge**rmania ami**che** **ge**lato parmi**gi**ano mac**chi**na
Cuba Ambur**go** aran**ci**a **Gi**ro d'Italia **ci**nema

[tʃ] wie **Tsch**üss	[k] wie **k**urz	[dʒ] wie **J**eans	[g] wie **g**ut
....	....	....	....
....	....	....	....
....	....	....	....
....	....	....	....
....	....	....	....
....	....	....	....
....	....	....	....

Die Aussprache von **c** ist [tʃ] vor .... oder ...., aber [k] vor ...., ... oder .... – oder eingeschobenem ....
Die Aussprache von **g** ist [dʒ] vor .... oder ...., aber [g] vor ...., ... oder .... – oder eingeschobenem ....

2 Ordnen Sie die Wörter den Zeichnungen zu.

pizza spaghetti vino cravatta

1. .... 2. .... 3. .... 4. ....

1/17

3 Lesen Sie den folgenden Dialog. Hören Sie ihn dann und übernehmen Sie die Rolle von Maria Licondi.

Maria Licondi	Che lavoro fa, signor Marchi?
Filiberto Marchi	Sono tour operator.
M. Licondi	Come, scusi? Non ho capito.
F. Marchi	Lavoro come tour operator.
M. Licondi	Che cosa significa "tour operator"?
F. Marchi	Significa operatore turistico.
M. Licondi	Aha, ho capito: Lei organizza viaggi.
F. Marchi	Sì, giusto, organizzo viaggi, soprattutto in Italia, per esempio viaggi culturali ...
M. Licondi	Come, scusi? Può parlare più lentamente, per favore?
F. Marchi	Ha ragione, mi scusi.

4 Ordnen Sie den deutschen Wörter die italienische Entsprechung zu.

1. Bank	a) azienda
2. Gürtel	b) successo
3. Firma	c) gelato
4. Unterschrift	d) cintura
5. Pilz	e) significare
6. Käse	f) formaggio
7. Erfolg	g) fungo
8. Suche	h) ricerca
9. Eis	i) firma
10. Konkurs	j) banca
11. Bedeuten	k) bancarotta
12. Brauchen	l) usare

5 Lösen Sie das Kreuzworträtsel. Die markierten Kästchen ergeben ein Wort, das die Gefühle der Italiener für ihren Kaffee ausdrückt.

1. Was bestellen Sie in Italien, wenn Sie einen Espresso möchten?
2. Wenn Sie dem italienischen Kaffee etwas Milch beigeben, wird er ....
3. Was trinken die Italiener nur am Morgen?
4. Den Filterkaffee nennen die Italiener caffè ....
5. Wenn der Espresso ganz stark sein soll, wird er .... genannt.

Lösungswort: ....

6 Wenn Sie die grammatikalische Regel zur Form des unbestimmten Artikels aufmerksam gelesen haben, sind Sie in der Lage, auch bei Wörtern, die Sie noch gar nicht kennen, den richtigen Artikel einzusetzen. Wollen wir wetten?

1. .... tavolo .... macchina .... sedia
2. .... treno .... ombrello .... isola
3. .... psicologo .... ora .... libro
4. .... moneta .... albero .... inverno

7 Was sagen Sie, wenn ...

1. ... Sie möchten, dass etwas wiederholt wird?
   a) ☐ Puoi parlare più lentamente, per favore?
   b) ☐ Puoi ripetere, per favore?
   c) ☐ Grazie.

2. ... Sie nicht wissen, wie man „Eis“ auf Italienisch sagt?
   a) ☐ Come ti chiami?
   b) ☐ Sei italiano?
   c) ☐ Come si dice „Eis“ in italiano?

3. ... Sie sagen möchten, dass Sie nicht verstanden haben?
   a) ☐ Non ho capito.
   b) ☐ Ha ragione.
   c) ☐ Ho capito.

8 Bringen Sie die Satzteile in die richtige Reihenfolge.

1. la figlia – e sono – mi chiamo – Livia – di Stefano

   ....

2. Gino – il gatto – si chiama

   ....

3. a Basilea – a Francoforte – ma vive – è nata – Linda

   ....

4. succo di frutta – prende – Stefano – un

   ....

Kulturtipp
Pazienza!

La pazienza heißt *die Geduld*. Wenn die Italiener auf der Bank oder am Postschalter wieder einmal stundenlang in der Schlange stehen, seufzen sie und sagen: **ci vuole pazienza!** *Geduld braucht's!* Mit demselben Wort können sie aber auch zur Nachsicht aufrufen. Unterläuft einem Italiener ein Fehler, dann wird er sagen: **pazienza!** Damit meint er: *Hab Geduld mit mir! Nimm's mir nicht übel.* Machen Sie sich das Wort **pazienza** ebenfalls zu eigen. Wenn Sie sich einen italienischen Ausdruck partout nicht merken können, wenn Ihnen eine grammatikalische Regel nicht einleuchten will, wenn Sie einen Satz nicht verstehen, sagen Sie **pazienza!** – und versuchen es am nächsten Tag noch einmal.

Was können Sie schon?

	☺	😐	☹	
■ Italienische Wörter, die es auch im Deutschen gibt, erkennen und verstehen	■	■	■	▸ Ü2
■ neue Wörter von bekannten italienischen Wörtern herleiten	■	■	■	▸ Ü2
■ nachfragen, wenn ich etwas nicht verstanden habe	■	■	■	▸ Ü1, Ü3
■ Buchstaben **c** und **g** richtig aussprechen	■	■	■	▸ Ü1, Ü3

Tag 6 Wiederholen und üben Sie

Hier wiederholen Sie

- bejahende und verneinende Aussagen
- Begrüßungen und Verabschiedungen
- sich und jemanden vorzustellen oder jemandem vorgestellt zu werden
- einfache Fragen zu stellen und zu beantworten
- die Aussprache im Italienischen
- nach dem Befinden zu fragen
- Zahlen

1 Schreiben Sie die Sätze richtig.

1. LindaeMartinarrivanoall'aeroportodiPisa.

....

2. Liviahadiecianni.

....

3. Cisonoduesucchidifruttanelfrigorifero.

....

4. Ginoèungattovecchioetimido.

....

5. BuongiornodottorNericomesta?

....

1/18  

2 Antworten Sie für die Personen auf die Frage: *Come stai?* Hören Sie dann die Antworten zur Kontrolle auf der CD.

1. Come stai?

....

....

....

2. Come stai?

....

....

....

3 Füllen Sie den Steckbrief für sich aus.

1. Nome: ....
2. Cognome: ....
3. Luogo di nascita: ....
4. Luogo di residenza: ....
5. Stato civile: ....
6. Figli: ....
7. Lavoro: ....

4 Schreiben Sie zu Ihrem Steckbrief einen kurzen Text. Die Satzanfänge helfen Ihnen.

Mi chiamo ...

Vivo a ...

Vengo da ...

(Non) sono sposato/a

Lavoro come ...

Ho ... figli. Non ho figli.

....

....

....

....

....

....

5 Maria und Susanna treffen Roberto auf der Straße. Lesen Sie den Dialog. Hören Sie ihn dann und übernehmen Sie die Rolle von Roberto.

1/19

Maria Ciao, Roberto!
Roberto Ciao! Come stai?
Maria Benissimo, e tu?
Roberto Abbastanza bene, grazie.
Maria Roberto, voglio presentarti la mia amica Susanna. Susanna, questo è Roberto.
Roberto Piacere.
Susanna Ciao, Roberto.
Roberto Di dove sei?
Susanna Sono di Monaco in Germania. Ma studio italiano all'Università di Pisa. E tu? Sei di Pisa?
Roberto No, io sono napoletano, ma vivo e lavoro a Pisa.
Susanna Che lavoro fai?
Roberto Sono medico. Ora devo andare al lavoro. A presto!
M. + S. Ciao, Roberto! A presto!

6 Schreiben Sie die Substantive mit dem richtigen bestimmten Artikel in den passenden Schiefen Turm.

negozio azienda famiglie viaggi lavoro casa gatto aeroporto salotti amiche figlia macchine accessori borsa

Männlich	Weiblich
il negozio	....
....	....
....	....
....	....
....	....
....	....
....	....

7 Ergänzen Sie die Fragewörter. Die Wörter im Kasten können mehrmals vorkommen.

quanti come dove che cosa da dove

1. .... stai?
2. .... abita Martin?
3. .... si chiama la tua amica?
4. .... anni ha Gino?
5. .... si dice „Fruchtsaft“ in italiano?
6. .... viene Linda?
7. .... vuol dire “gatto”?
8. Scusi, ... è il suo nome? Non ho capito bene.
9. .... significa “aeroporto”?

8 Lösen Sie die Rechenaufgaben. Tragen Sie die Lösungen dann in Worten in das Kreuzworträtsel ein.

waagerecht:

1. 7 + 5 = ...
5. 21 : 3 = ...
6. 5 × 6 = ...
7. 27 – 14 = ...
8. 9 + 14 = ...
10. 7 – 1 = ...
11. 5 × 4 = ...

senkrecht:

1. 10 + 7 = ...
2. 2 × 4 = ...
3. 20 : 10 = ...
4. 15 : 3 = ...
9. 30 – 11 = ...

1/20 

9 Hören Sie die Personenvorstellung. Kreuzen Sie dann an.

	richtig	falsch
1. Il suo cognome è Croce.	☐	☐
2. Vive in Sicilia.	☐	☐
3. È nato a Roma.	☐	☐
4. È sposato.	☐	☐
5. Non ha figli.	☐	☐
6. Lavora come pilota*.	☐	☐

* pilota: Pilot

10 Setzen Sie die richtigen Verbformen ein.

1. Linda .... (essere) un'amica di Bettina.
2. Livia .... (amare) i gatti.
3. Bettina .... (avere) una figlia di dieci anni.
4. Stefano e Livia .... (arrivare) all'aeroporto.
5. Ci .... (essere) due succhi di frutta nel frigorifero.
6. La signora .... (stare) bene.
7. Tu .... (parlare) tedesco.
8. Linda e Martin .... (lavorare) in Germania.
9. Martin .... (studiare) l'italiano.

11 Verneinen Sie die Sätze aus Übung 10.

1. Linda *non è* un'amica di Bettina.
2. Livia .... i gatti.
3. Bettina .... una figlia di dieci anni.
4. Stefano e Livia .... all'aeroporto.
5. .... ci .... due succhi di frutta nel frigorifero.
6. La signora .... bene.
7. Tu .... tedesco.
8. Linda e Martin .... in Germania.
9. Martin .... l'italiano.

12 Lesen Sie folgende Wörter laut vor. Kontrollieren Sie dann Ihre Aussprache mithilfe der CD.

1/21

ghetto caffè Germania yogurt arrivederci
Amburgo Zurigo spaghetti maccheroni come buongiorno
prosecco gelato macchina arancia cinema

13 Bringen Sie die Satzteile in die richtige Reihenfolge.

1. Lei – Scusi, – Filiberto Marchi – è ? io sono – No, – Manuel Croce.

   ....

2. a casa – Stefano – Livia – è – con.

   ....

3. all'aeroporto – Maria – segretaria – è – lavora – e.

   ....

4. Il signor – viaggi – Marchi – organizza.

   ....

5. succhi – di frutta – Ci sono? – c'è – Sì, – un succo – d'arancia.

   ....

6. tre – sposata – Susanna – e – è – figli – ha.

   ....

7. divano – Sul – gatto – c'è – un.

   ....

Zwischentest 1

1 Einer Frau werden vier Fragen zu ihrer Person gestellt. Welche Antwort ist richtig?

1. Come si chiama?
   a) ☐ Chiamo Maria Licondi.
   b) ☐ Mi chiamo Maria Licondi.
   c) ☐ Mi chiama Maria Licondi.

2. Dove abita?
   a) ☐ Abito a Zurigo.
   b) ☐ Abito in Zurigo.
   c) ☐ Abita a Zurigo.

3. Quanti anni ha?
   a) ☐ Sono 43 anni.
   b) ☐ Ho 43 anni.
   c) ☐ Ho 43.

4. Lei è sposata?
   a) ☐ No, non sono sposata.
   b) ☐ No, non è sposata.
   c) ☐ No, non sono sposato.

__/4

2 Beantworten Sie die Fragen. Es sind immer zwei Antworten richtig.

1. Come stai?
   a) ☐ Sto bene, grazie.
   b) ☐ Sono di Berlino.
   c) ☐ Benissimo, grazie. E tu?

2. Dov'è Stefano?
   a) ☐ Stefano è a casa con Livia.
   b) ☐ Stefano è all'aeroporto.
   c) ☐ Stefano è di Roma.

3. Che lavoro fa, signora?
   a) ☐ Sono insegnante.
   b) ☐ Lavoro a Pisa.
   c) ☐ Lavoro come segretaria.

4. Questa è Linda?
   a) ☐ Sì, Linda è tedesca.
   b) ☐ Sì, questa è Linda.
   c) ☐ No, questa non è Linda, questa è Livia.

5. Dove abitano Linda e Martin?
   a) ☐ Abitano a Francoforte.
   b) ☐ Arrivano a Pisa.
   c) ☐ Abitano in Germania.

6. Ci sono dei succhi di frutta?
   a) ☐ Sì, grazie.
   b) ☐ No, non ci sono succhi di frutta.
   c) ☐ Sì, ci sono due succhi di frutta.

__/12

3 Setzen Sie die richtige Verbform ein.

1. Linda ha 29 anni ed .... sposata.
   a) ha b) è c) sono

2. Filiberto e Manuel .... 35 anni.
   a) hanno b) sono c) ci sono

3. Sul divano .... un gatto.
   a) è b) ha c) c'è

4. Martin .... lentamente.
   a) parla b) sta c) abita

5. Ciao, ragazzi, vi .... la mia amica Susanna.
   a) presento b) presenti c) presentiamo

6. Noi siamo tour operator e .... viaggi.
   a) siamo b) organizziamo c) organizza

__/6

4 Unterstreichen Sie die Zahlen, die Sie hören.

1/22

12 – 5 – 0 – 13 – 30 – 2 – 7 – 19 – 25 – 17 – 16 – 9 – 29 – 14 – 24 – 6 – 27 –
8 – 15 – 3 – 4 – 10 – 11

__/12

5 Kreuzen Sie den richtigen Artikel an.

1. aeroporto a) ☐ un' b) ☐ uno c) ☐ l'
2. famiglie a) ☐ le b) ☐ la c) ☐ una
3. casa a) ☐ le b) ☐ un c) ☐ la
4. gatto a) ☐ lo b) ☐ il c) ☐ uno
5. figlia a) ☐ le b) ☐ un' c) ☐ una
6. lavori a) ☐ i b) ☐ gli c) ☐ le
7. borsa a) ☐ un b) ☐ la c) ☐ le
8. viaggio a) ☐ il b) ☐ uno c) ☐ i

__/8

6 Lesen Sie den Text und kreuzen Sie die richtigen Antworten an.

Linda e Martin arrivano a Pisa. Bettina dice: "Vi presento mio marito Stefano e mia figlia Livia". Stefano dice: "Piacere! Accomodatevi nel salotto!" Linda si siede sul divano accanto a un gatto. E Livia dice: "Questo è Gino, ha undici anni. E tu? Quanti anni hai?" Linda dice: "Io ho ventinove anni. Abito con mio marito Martin a Francoforte." Stefano offre a tutti un caffè e succhi di frutta.

1. Stefano è ...
   a) ☐ un amico di Linda.
   b) ☐ il marito di Bettina.
   c) ☐ il figlio di Martin.

2. Quanti anni ha Linda?
   a) ☐ 11
   b) ☐ 29
   c) ☐ 30

3. Da dove vengono Linda e Martin?
   a) ☐ da Pisa
   b) ☐ da Francoforte
   c) ☐ in Germania

4. Che cosa offre Stefano a tutti?
   a) ☐ cappuccino
   b) ☐ vino
   c) ☐ caffè e succhi di frutta

__/4

1/23 **7 Radio Torre steht am Flughafen von Pisa und macht Interviews mit neu ankommenden Touristen. Hören Sie das Interview. Welche Aussagen sind richtig?**

1. a) ☐ La signora si chiama Daniela Buri.
   b) ☐ La signora si chiama Pamela Torre.

2. a) ☐ La signora sta benissimo.
   b) ☐ La signora sta abbastanza bene.

3. a) ☐ La signora viene da Pisa.
   b) ☐ La signora viene da Milano.

4. a) ☐ La signora lavora come segretaria.
   b) ☐ La signora lavora come insegnante.

5. a) ☐ La signora ha cinque figli.
   b) ☐ La signora ha due figli.

__/5

__/51

Tag 7

Einkaufen

In dieser Lektion lernen Sie

- Lebensmittel einzukaufen
- nach dem Preis zu fragen
- die gewünschte Ware in der gewünschten Menge zu benennen

1/24 1/25

Al mercato

Bettina Qui siamo al mercato rionale nel centro storico di Pisa.
Linda Compriamo un po' di frutta, verdura e del formaggio.
Fruttivendolo A chi tocca?
Linda A me.
Fruttivendolo Buongiorno, signora. Che cosa desidera?
Linda Vorrei mezzo chilo di pomodori e un'insalata.
Fruttivendolo Questi pomodori qui?
Linda No, preferisco quei pomodori là. Mi sembrano più maturi.
Fruttivendolo Qualcos'altro? Ho un ottimo pecorino in offerta.
Linda Bene, ne prendo un pezzo. E poi vorrei anche della rucola e tre etti di prosciutto crudo.
Fruttivendolo Ecco a Lei. Desidera altro?
Linda Che bella frutta! Bettina, quale frutta mangi volentieri?
Bettina Mi piacciono le ciliegie.
Fruttivendolo Queste ciliegie sono dolcissime! Ne vuole assaggiare una?
Linda Sì, grazie. Mmhh, sono davvero buonissime! Quanto costano?
Fruttivendolo 5 euro al chilo.
Linda Accidenti! Sono carissime!
Fruttivendolo Ma no, per le ciliegie è un prezzo molto conveniente.
Linda Va bene, me ne dia un chilo.
Fruttivendolo È tutto?
Linda Sì, grazie. Quant'è?
Fruttivendolo Sono 9,70 euro.
Bettina Bene, ora andiamo in panetteria e compriamo del pane.

Fragen zum Dialog

Kreuzen Sie an.

	richtig	falsch
1. Linda, Martin und Bettina sind beim Bäcker.	☐	☐
2. Linda kauft Tomaten und Salat.	☐	☐
3. Linda findet den Schafskäse sehr teuer.	☐	☐

Auf dem Markt

Bettina	Hier sind wir auf dem Straßenmarkt in der Altstadt von Pisa.
Linda	Lasst uns etwas Obst, Gemüse und Käse kaufen!
Verkäufer	Wer ist an der Reihe?
Linda	Ich.
Verkäufer	Guten Tag, Signora. Was wünschen Sie?
Linda	Ich hätte gern ein halbes Kilo Tomaten und einen Salat.
Verkäufer	Diese Tomaten hier?
Linda	Nein, lieber die Tomaten dort. Sie scheinen reifer zu sein.
Verkäufer	Sonst noch etwas? Ich habe einen hervorragenden Schafskäse im Sonderangebot.
Linda	Gut, ich nehme ein Stück (davon). Und dann hätte ich gern noch (etwas) Rucola und dreihundert Gramm Rohschinken.
Verkäufer	Hier, bitte. Wünschen Sie sonst noch etwas?
Linda	Was für herrliches Obst! Bettina, welches Obst isst du besonders gern?
Bettina	Ich mag Kirschen sehr gern.
Verkäufer	Diese Kirschen sind wunderbar süß! Möchten Sie eine probieren?
Linda	Ja, danke. Mmhh, sie sind tatsächlich sehr gut! Was kosten sie?
Verkäufer	5 Euro das Kilo.
Linda	Hoppla! Die sind aber sehr teuer!
Verkäufer	Aber nein, für Kirschen ist das ein sehr guter Preis.
Linda	Na gut, geben Sie mir ein Kilo.
Verkäufer	Ist das alles?
Linda	Ja, danke. Wie viel macht das?
Verkäufer	9,70 Euro.
Bettina	Gut, jetzt gehen wir in die Bäckerei und kaufen Brot.

Lernwortschatz

3/6

a chi tocca?	Wer ist dran? Wer ist an der Reihe?
accidenti!	hoppla!
arancia *f*	Orange
assaggiare	kosten, probieren
banana *f*	Banane
bottiglia *f*	Flasche
buono, -a	gut
caro, -a	teuer
cena *f*	Abendessen
che cosa	was
chilo *m*	Kilo
ciliegia *f*	Kirsche
cipolla *f*	Zwiebel
comprare	kaufen
conveniente	(preis-)günstig
costare	kosten
crudo, -a	roh
dare	geben
desiderare	wünschen
dia (*v.* dare)	geben Sie
dolce	süß
etto *m*	hundert Gramm
euro	Euro
fare la spesa	einkaufen
fragola *f*	Erdbeere
frutta *f*	Obst
fruttivendolo *m*	Obsthändler
insalata *f*	Salat
là	dort
litro *m*	Liter
mangiare	essen
maturo, -a	reif
mercato *m*	Markt
mercato *m* rionale	Straßenmarkt
mezzo	halb
ne	davon
offerta *f*	Sonderangebot
ottimo, -a	hervorragend
pacco *m*	Paket
pane *m*	Brot
panetteria *f*	Bäckerei
patata *f*	Kartoffel
pecorino *m*	Schafskäse
pezzo *m*	Stück
piacere	gefallen, mögen
poi	dann
pomodoro *m*	Tomate
preferire	vorziehen
prezzo *m*	Preis
prosciutto *m*	Schinken
quale	welcher, welches
quello, -a	jener, jene
rucola *f*	Rucola, Rauke
sembrare	scheinen
uva *f*	Traube
va bene	okay
verdura *f*	Gemüse
vino rosso *m*	Rotwein
volere	möchten, wollen
vorrei (*v.* volere)	ich möchte, ich hätte gern

Grammatik und Redemittel

Unregelmäßige Verben auf *-are*: *andare* und *fare*

	andare gehen	**fare** machen
io	vado	faccio
tu	vai	fai
lui/lei/Lei	va	fa
noi	andiamo	facciamo
voi	andate	fate
loro	vanno	fanno

Teilungsartikel ▸ *§1.3*

Eine unbestimmte Menge drücken Sie mit dem Teilungsartikel, d.h. mit der Präposition **di + bestimmtem Artikel**, aus:
Compriamo **del** formaggio. *Wir kaufen Käse.*

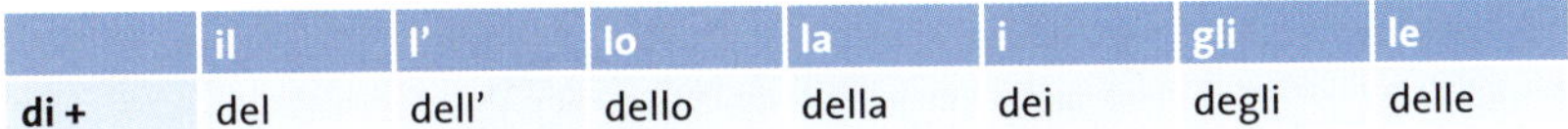

	il	l'	lo	la	i	gli	le
di +	del	dell'	dello	della	dei	degli	delle

Vorrei **del** pane. *Ich hätte gern (etwas) Brot.*
della rucola. *(etwas) Rucola.*

Mengenangaben

un chilo *ein Kilo*
un litro *ein Liter*
un pacco *eine Packung*
mezzo chilo *ein Pfund*
un bicchiere *ein Glas*
un etto *hundert Gramm*
una bottiglia *eine Flasche*

Achtung:
Nach Mengenangaben steht immer die Präposition **di**:
Vorrei mezzo chilo **di** pomodori. *Ich möchte ein Pfund Tomaten.*

Ne ▸ *§5.5*

Ne *davon* bezeichnet die Teilmenge einer zuvor erwähnten Sache:
▸ Ho un ottimo pecorino. *Ich habe hervorragenden Schafskäse.*
◂ **Ne** prendo un pezzo. *Davon nehme ich ein Stück.*

Übungen

1 Bitte setzen Sie die richtigen Verbformen und die Maßeinheiten aus dem Schüttelkasten ein.

chilo   etti   litro   pacco

Noi .... (1. fare) la spesa per la cena: io .... (2. comprare) un .... (3.) di spaghetti. Voi .... (4. andare) al mercato e .... (5. comprare) un .... (6.) di pomodori, tre .... (7.) di prosciutto e un .... (8.) di vino rosso. Linda .... (9. comprare) dell'uva e del formaggio. Il formaggio e l'uva .... (10. costare) circa 3 euro. Stefano e Livia .... (11. fare) la pasta al pomodoro. Poi .... (12. mangiare) tutti insieme.

1/26

2 Hören Sie die Namen der Obst- und Gemüsesorten. Versuchen Sie dann, die Wörter den Bildern zuzuordnen.

1. 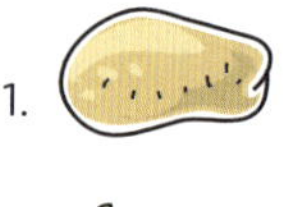
2.  
3. 
4. 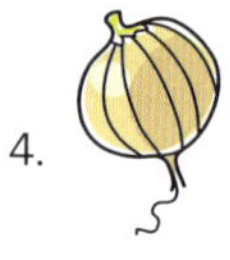
5. 
6. 

a) l'arancia   b) la patata   c) l'insalata
d) la cipolla   e) l'uva   f) il pomodoro

1/27

3 Lesen Sie den Dialog und übernehmen Sie die Rolle von Maria.

Fruttivendolo	Cosa desidera?
Maria	Vorrei delle patate.
Fruttivendolo	Quante?
Maria	Un chilo.
Fruttivendolo	Desidera altro?
Maria	Sì, mi dia anche quattro pomodori e mezzo chilo d'uva.
Fruttivendolo	È tutto?
Maria	Sì, grazie. Quant'è?
Fruttivendolo	Sono 7,50 euro.

4 Hören Sie sich den Dialog von S. 64 noch einmal an beantworten Sie die Fragen mit richtig oder falsch.

1/25

	richtig	falsch
1. Linda compra insalata e pomodori.	☐	☐
2. Linda non compra il pecorino perché è carissimo.	☐	☐
3. Bettina compra della rucola e del prosciutto crudo.	☐	☐
4. A Bettina piacciono le ciliegie.	☐	☐
5. Linda compra due chili di ciliegie.	☐	☐
6. Le ciliegie costano 5 euro al chilo.	☐	☐

5 Erstellen Sie eine Einkaufsliste, wobei Sie das Obst in der linken und das Gemüse in der rechten Spalte auflisten.

insalata ciliegie rucola uva arancia
banana cipolla fragola patata pomodoro

frutta	*verdura*
....	....
....	....
....	....
....	....
....	....

6 Wer sagt das? Der Verkäufer oder der Kunde?

	Verkäufer	Kunde
1. Ho delle ottime banane in offerta.	☐	☐
2. A chi tocca?	☐	☐
3. Quanto costa il formaggio?	☐	☐
4. Ne prendo mezzo chilo.	☐	☐
5. Serve altro?	☐	☐
6. Sono 7,50 euro.	☐	☐

7 Vervollständigen Sie die Sätze mit dem passenden Teilungsartikel.

1. Linda compra .... latte (del, della, dell').
2. Vorrei un chilo .... patate, per favore (del, di, delle).
3. Mi dia .... uva (del, di, dell').
4. Prendiamo tre etti .... prosciutto (di, del, della).
5. Stefano compra .... formaggio (del, dello, della) e una bottiglia .... vino rosso (del, dello, di).

8 Hören Sie sich vom Dialog auf S. 64 die ersten sechs Zeilen noch einmal an. Dann lesen Sie selbst diese Zeilen laut vor. Achten Sie dabei insbesondere auf die unterschiedliche Aussprache der Wörter im Kasten.

mercato	centro	compriamo	formaggio
tocca	buongiorno	cosa	chilo

1. Wie oft kommt [k] wie **k**urz vor? ....
2. Wie oft kommt [tʃ] wie **Tsch**üss vor? ....
3. Wie oft kommt [dʒ] wie **J**eans vor? ....

Kulturtipp
Orari di apertura

Obwohl **supermercati** *Supermärkte* und **grandi magazzini** *Kaufhäuser* immer häufiger von 9.00 bis 20.00 Uhr durchgehend geöffnet sind, gelten noch immer für die meisten anderen Geschäfte **orari di apertura** *Öffnungszeiten* von 8.00 bis 13.00 Uhr und nachmittags von 15.30 / 16.00 bis 19.30 / 20.00 Uhr. Je nach Region und Jahreszeit ist die Mittagspause unterschiedlich lang: Im Hochsommer öffnen viele Geschäfte am Nachmittag erst um 17.00 Uhr. Auch in Italien können Sie am Samstag bis 19.30 / 20.00 Uhr shoppen. Vor allem in Urlaubsgebieten und Badeorten sind die meisten **negozi di alimentari** *Lebensmittelgeschäfte* im Hochsommer sogar am Sonntagvormittag offen. Postämter sind im Gegensatz zu Deutschland nur vormittags geöffnet. Die größeren Banken öffnen nachmittags noch einmal für rund eine Stunde. In allen italienischen Städten gibt es regelmäßig Wochen- und Straßenmärkte (**mercato**). Doch obwohl *preisgünstig* auf Italienisch **a buon mercato** heißt, ist das Einkaufen auf dem Markt heute nicht mehr preisgünstiger als im Supermarkt.

Was können Sie schon?

	☺	😐	☹	
■ Lebensmittel verstehen und benennen	□	□	□	► Ü2
■ nach Preisen fragen und diese verstehen	□	□	□	► Ü3
■ die Menge der gewünschten Ware benennen	□	□	□	► Ü1, Ü3

Tag 8

Essen & Trinken

In dieser Lektion lernen Sie

- die italienische Esskultur kennen
- etwas zu essen oder zu trinken zu bestellen
- Italienische Gerichte kennen

1/28

Ho fame!

1/29

Martin	Uff, ho una sete!
Linda	E io ho fame.
Bettina	Qui vicino c'è un'osteria. Andiamo a mangiare qualcosa.
Cameriere	Buongiorno. Vi porto il menù?
Bettina	No, grazie. Che cosa avete come primi piatti?
Cameriere	Oggi abbiamo tagliatelle al sugo di cinghiale, penne al ragù, lasagne oppure un risotto ai funghi.
Martin	Vorrei una pizza.
Bettina	Questa è un'osteria, non è una pizzeria. Qui non fanno la pizza.
Linda	C'è della carne nelle lasagne?
Cameriere	Sì, le lasagne contengono della carne.
Linda	Io sono vegetariana. Quindi prendo il risotto.
Martin	Anch'io prendo il risotto. Mi piacciono i funghi.
Bettina	Io invece prendo le lasagne.
Cameriere	Bene. E da bere?
Martin	Vorrei una birra piccola.
Linda	Per me acqua minerale.
Bettina	Acqua minerale anche per me.
Cameriere	Gassata o naturale?
Bettina	Naturale, per favore.
Cameriere	Desiderate qualcos'altro?
Bettina	No, grazie. Va bene così. Ci porti tre caffè e il conto, per favore.
Cameriere	Subito.

Fragen zum Dialog

Beantworten Sie die Fragen.

1. Warum nimmt Linda keine Lasagne?

   ....

2. Warum bekommt Martin keine Pizza?

   ....

3. Was trinken Linda und Bettina?

   ....

Ich habe Hunger!

Martin	Uff, ich habe vielleicht einen Durst!
Linda	Und ich habe Hunger.
Bettina	Hier in der Nähe ist ein Wirtshaus. Gehen wir etwas essen.
Kellner	Guten Tag. Möchten Sie die Speisekarte?
Bettina	Nein, danke. Was haben Sie als ersten Gang?
Kellner	Heute haben wir Tagliatelle mit Tomatensoße und Wildschweinfleisch, Penne mit Hackfleischsoße, Lasagne oder einen Pilzrisotto.
Martin	Ich hätte gern eine Pizza.
Bettina	Das ist ein Wirtshaus, keine Pizzeria. Hier machen sie keine Pizza.
Linda	Ist Fleisch in der Lasagne?
Kellner	Ja, die Lasagne enthält Fleisch.
Linda	Ich bin Vegetarierin. Daher nehme ich den Risotto.
Martin	Ich nehme auch den Risotto. Mir schmecken Pilze.
Bettina	Ich dagegen nehme die Lasagne.
Kellner	Gut. Und zu trinken?
Martin	Ich hätte gern ein kleines Bier.
Linda	Für mich Mineralwasser.
Bettina	Mineralwasser auch für mich.
Kellner	Mit oder ohne Kohlensäure?
Bettina	Ohne Kohlensäure, bitte.
Kellner	Wünschen Sie sonst noch etwas?
Bettina	Danke, es ist gut so. Bringen Sie uns bitte drei Kaffee und die Rechnung.
Kellner	Sofort.

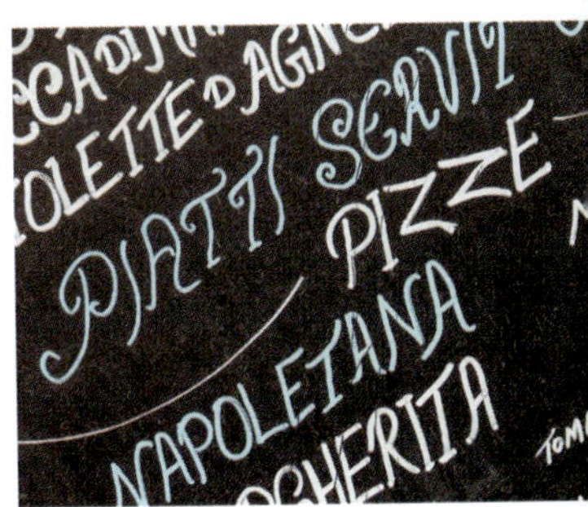

Tag 8 Lernwortschatz

3/7

acqua *f* minerale	Mineralwasser
analcolico, -a	alkoholfrei
bere	trinken
birra *f*	Bier
cameriere *m*	Kellner
carne *f*	Fleisch
chiedere	fragen, bitten um
cinghiale *m*	Wildschwein
come	hier: als
consigliare	raten, empfehlen
contenere	enthalten
conto *m*	Rechnung
così	so
dessert *m*	Nachspeise
fame *f*	Hunger
frutti *mPl* di mare	Meeresfrüchte
gassato, -a	mit Kohlensäure
invece	dagegen
lattina *f*	Dose
menù *m*	Speisekarte
mi dispiace	es tut mir leid
naturale	natürlich (stilles Wasser)
oggi	heute
oppure	oder
ordinare	bestellen
pagare	zahlen
pesce *m*	Fisch
piccolo, -a	klein
portare	bringen
pranzo *m*	Mittagessen
primo (piatto) *m*	erster Gang
ragù *m*	Hackfleischsoße
senza	ohne
sete *f*	Durst
subito	sofort
sugo *m*	Soße
vegetariano, -a	Vegetarier, -in
vicino	nahe, in der Nähe
vongola *f*	Venusmuschel

Wo isst man was?		
bar *m*	Bar	Getränke, Sandwichs, Snacks
paninoteca *f*	Snackbar	Getränke, Brötchen, Sandwichs, Snacks
osteria *f*	Wirtshaus	Getränke, kalte und warme Speisen
trattoria *f*	Gaststätte	Getränke, kalte und warme Speisen
ristorante *m*	Restaurant	Getränke, kalte und warme Speisen
pizzeria *f*	Pizzeria	Getränke, Pizza
tavola calda *f*	Schnellimbiss	Getränke, kleine Imbisse

Grammatik und Redemittel

Verben auf *-ere*: *prendere* und *bere* ▸ *§6.6*

	prendere nehmen	**bere** trinken
io	prend**o**	bev**o**
tu	prend**i**	bev**i**
lui/lei/Lei	prend**e**	bev**e**
noi	prend**iamo**	bev**iamo**
voi	prend**ete**	bev**ete**
loro	prend**ono**	bev**ono**

Unbetonte indirekte Personalpronomen ▸ *§5.3*

Sie stehen direkt vor dem Verb und entsprechen dem deutschen Dativ:

mi	*mir*	**Mi** piacciono i funghi.	*Mir schmecken Pilze.*
ti	*dir*	Non **ti** credo.	*Ich glaube dir nicht.*
gli	*ihm*	**Gli** porto un gelato.	*Ich bringe ihm ein Eis.*
le	*ihr*	**Le** porto un gelato.	*Ich bringe ihr ein Eis.*
ci	*uns*	**Ci** porti tre caffè.	*Bringen Sie uns drei Kaffee.*
vi	*euch*	**Vi** compro un dolce.	*Ich kaufe euch eine Süßspeise.*
gli	*ihnen*	**Gli** porto il menù.	*Ich bringe ihnen die Speisekarte.*

Achtung:

Le und **Vi** sind auch die Höflichkeitsformen im Singular und Plural.
Che cosa **Le** porto, signora? *Was darf ich Ihnen (Singular) bringen, Signora?*
Vi porto il menù. *Ich bringe Ihnen (Plural) die Karte.*

Piacere

Das Verb **piacere** *gefallen, gern mögen, schmecken* wird im Italienischen mit einem **indirekten Pronomen** gebildet:

Mi piace la pizza. *Mir schmeckt Pizza.*
Mi piacciono i funghi. *Mir schmecken Pilze.*
Ci piace viaggiare. *Wir reisen gern.*

Tag 8 Übungen

1/30

1 Stefano bestellt beim Pizzakurier zwei Pizzen. Lesen Sie den Dialog und übernehmen Sie die Rolle von Stefano.

Pizzeria Pizzeria "Bella Napoli", buonasera. Che cosa desidera?
Stefano Buonasera. Vorrei ordinare due pizze.
Pizzeria Benissimo. Mi dica.
Stefano Vorrei una pizza Margherita e una pizza con i funghi, ma senza pomodori.
Pizzeria Va bene. E da bere?
Stefano Avete la birra analcolica?
Pizzeria No, mi dispiace.
Stefano Allora due lattine di coca-cola.
Pizzeria Bene. Va bene per le otto?
Stefano Va benissimo. Grazie e arrivederci.

2 Setzen Sie die richtigen indirekten Personalpronomen ein.

1. Ti piace la pizza? – Sì, ... piace molto.
2. Dai da mangiare al gatto? – Sì, ... do da mangiare.
3. Linda, mi prendi un dessert, per favore? – Sì, ... prendo una macedonia.
4. Ciao, ragazzi, ... presento la mia amica Susanna.
5. Piacciono le banane a Linda e Martin? – No, non .... piacciono le banane.

1/31

3 Hören Sie den Text. Kreuzen Sie dann an.

	richtig	falsch
1. Il cameriere gli consiglia gli spaghetti al pomodoro.	☐	☐
2. A Roberto piacciono i frutti di mare.	☐	☐
3. A Maria piacciono le penne al pomodoro.	☐	☐
4. Maria e Roberto bevono vino.	☐	☐
5. Maria non mangia il dessert.	☐	☐

4 Hören Sie sich die ersten 10 Zeilen des Dialogs von S. 72 noch einmal an und sprechen Sie dann die Sätze nach. Finden Sie die Wörter, die mit einem „gerollten r“ gesprochen werden.

....

....

....

....

5 In diese Speisekarte sind fünf Begriffe hineingeraten, die nicht auf eine Speisekarte gehören. Unterstreichen Sie sie.

Primi piatti
Lasagne
Penne al ragù
Risotto ai funghi
Cameriere

Pizze
Pizza Margherita
Piazza Regina Margherita
Pizza ai funghi
Prezzo conveniente

Contorni
Patate
Paninoteca
Insalata
Mercoledì

Bevande
Birra
Vino
Acqua minerale
Coca-cola

6 Livia hat einen Mordshunger. Ergänzen Sie die Pluralformen.

Sono Livia e ho tanta fame. Oggi mangio tre panin....... (1), due pizz....... (2) e due piatt....... (3) di pasta. Poi bevo tre lattin....... (4) di coca-cola, due litr....... (5) di acqua minerale e quattro birr....... (6) .

7 Sie sitzen im Restaurant und möchten essen und trinken. Was sagen Sie? Kreuzen Sie dich richtige Aussage an und lesen Sie sie laut vor.

1. Sie bitten den Kellner um die Speisekarte.
   a) ☐ Cosa desidera?
   b) ☐ Mi porta il menù, per favore?
   c) ☐ Vorrei un bicchiere di vino.

2. Der Kellner empfiehlt Ihnen Fisch oder Meeresfrüchte. Sie wählen die Meeresfrüchte.
   a) ☐ Preferisco il piatto con i frutti di mare.
   b) ☐ Prendo il pesce.
   c) ☐ Mi piacciono le vongole.

3. Als Beilage möchten Sie Kartoffeln bestellen.
   a) ☐ Come contorno prendo delle patate.
   b) ☐ Come primo prendo delle patate.
   c) ☐ Per me niente dessert, grazie.

4. Sie möchten zum Schluss noch einen Kaffee trinken.
   a) ☐ Vorrei un dessert, per favore.
   b) ☐ Mi piace il caffè.
   c) ☐ Vorrei un caffè, per favore.

5. Sie möchten bezahlen.
   a) ☐ Quanto costa una bottiglia di vino?
   b) ☐ Mi porta il conto, per favore?
   c) ☐ Vorrei un caffè, per favore.

8 In der Buchstabenschlange sind einige Wörter versteckt. Finden Sie sie und unterstreichen Sie sie. Die restlichen Buchstaben ergeben eine wichtige Zutat in jeder italienischen Soße.

birrapcinghialeodessertmfameopranzodragùopizzarsugoosete

Lösungswort: ....

Kulturtipp Come, quando e dove si mangia in Italia

Am Morgen nach dem Aufstehen trinken viele Italiener zu Hause nur einen **caffè** *Espresso*, kehren dann auf dem Weg zur Arbeit in einer Bar ein und frühstücken dort. Die traditionellen Essenszeiten sind in Italien 13.00 Uhr für das Mittagessen und 20.00 Uhr für das Abendessen. Doch nur noch in den Kleinstädten und auf dem Land ist es den Angestellten möglich, das Mittagessen zu Hause einzunehmen. In den größeren Städten essen sie ein **panino** *Sandwich* in einer **paninoteca** *Snackbar* oder etwas Warmes in einer **trattoria** *Wirtshaus* oder einer **tavola calda** *Schnellimbiss*. Für ein vollständiges Menü, das traditionell aus **antipasto** *Vorspeise*, **primo (piatto)** *erster Gang: Teigwaren oder Reis*, **secondo (piatto)** *zweiter Gang: Fleisch oder Fisch* mit **contorno** *Beilage* sowie einem **dolce** *Süßspeise* besteht, reicht die Zeit über Mittag nicht. Selbst beim Abendessen zu Hause in der Familie beschränkt sich das Alltagsmenü heute normalerweise auf einen **primo** oder einen **secondo** und Obst zum Nachtisch.

Was können Sie schon?

	☺	😐	☹	
■ etwas zu essen und zu trinken bestellen und um die Rechnung bitten	■	■	■	▸ Ü1, Ü3
■ Italienische Gerichte benennen	■	■	■	▸ Ü3
■ die italienische Esskultur verstehen	■	■	■	▸ Ü3

Tag 9 Ein Ausflug zum Schiefen Turm

In dieser Lektion lernen Sie

- tägliche Gewohnheiten zu formulieren
- einen Tagesablauf zu verstehen und zu beschreiben
- Wochentage und Uhrzeit

Sulla Torre Pendente

1/32
1/33

Bettina Domani è sabato.
Di solito il sabato mattina vado in centro, faccio colazione in un bar e leggo i giornali. Avete voglia di venire con me in città e salire sulla Torre Pendente?

Linda Ottima idea.

Bettina Quindi ci alziamo alle 8.00 e facciamo colazione, alle 9.00 usciamo e prendiamo l'autobus per il centro storico. D'accordo?

Linda Alzarsi alle 8.00? Sei matta? Il sabato non mi alzo mai così presto. Dal lunedì al venerdì mi alzo tutti i giorni alle 6.30 e torno a casa la sera tardi. Il fine settimana mi piace dormire fino alle 11.00.

Martin Non siamo a Pisa per dormire.

Linda È vero, ma non possiamo andarci un po' più tardi?

Bettina Ti capisco. Se vuoi, ci alziamo alle 9.00. Usciamo subito e facciamo colazione al bar "La Torre". Così possiamo salire sulla Torre alle 10.00. Prima bisogna comprare i biglietti. Poi, una volta ogni ora, fanno salire la gente in piccoli gruppi.

Linda Va bene per le 9.00.

Martin Sono d'accordo anch'io.

Linda Ma fatemi almeno bere un caffè prima di uscire, altrimenti non mi sveglio.

Fragen zum Dialog

Kreuzen Sie die richtige Antwort an.

1. Welches Ausflugsziel schlägt Bettina ihren Gästen vor?
   a) ☐ eine Bar b) ☐ den Schiefen Turm c) ☐ das Meer
2. Was macht Linda normalerweise am Samstagmorgen? Sie ...
   a) ☐ frühstückt b) ☐ schläft bis 11.00 Uhr. c) ☐ shoppt
3. Um wie viel Uhr steht Linda jeden Mittwoch auf?
   a) ☐ um 8.00 Uhr b) ☐ um 9.00 Uhr c) ☐ um 6.30 Uhr

Auf dem Schiefen Turm

Bettina Morgen ist Samstag. Am Samstagvormittag gehe ich normalerweise in die Stadt, frühstücke und lese Zeitung. Habt ihr Lust, mit mir in die Stadt zu kommen und auf den Schiefen Turm zu steigen?

Linda Sehr gute Idee.

Bettina Wir stehen um 8.00 Uhr auf und frühstücken, um 9.00 Uhr gehen wir aus dem Haus und nehmen den Bus in die Altstadt. Einverstanden?

Linda Um 8.00 Uhr aufstehen? Bist du verrückt? Am Samstag stehe ich nie so früh auf. Von Montag bis Freitag stehe ich jeden Tag um 6.30 Uhr auf und komme am Abend spät nach Hause. Am Wochenende schlafe ich gerne bis 11.00 Uhr.

Martin Wir sind nicht zum Schlafen in Pisa.

Linda Das ist wahr, aber können wir nicht etwas später gehen?

Bettina Ich verstehe dich. Wenn du willst, stehen wir um 9.00 Uhr auf. Wir gehen gleich ins Zentrum und frühstücken in der Bar „La Torre“. Dann können wir um 10.00 Uhr auf den Turm. Erst muss man Eintrittskarten kaufen. Dann werden die Leute in kleinen Gruppen einmal pro Stunde eingelassen und können auf den Turm.

Linda Gut, dann um 9.00 Uhr.

Martin Ich bin ebenfalls einverstanden.

Linda Aber lasst mich zumindest einen Espresso trinken, bevor wir aus dem Haus gehen, sonst werde ich nicht wach.

Tag 9 Lernwortschatz

3/8

almeno	zumindest
altrimenti	sonst, andernfalls
alzarsi	aufstehen
amore *m*	Liebe, hier: Schatz
attività *f*	Tätigkeit
autobus *m*	Autobus
avere voglia di	Lust haben zu
bambino *m*	Kind
biglietto *m*	Ticket, Eintrittskarte
bisogna	man muss
cenare	zu Abend essen
d'accordo	einverstanden
di solito	normalerweise
dormire	schlafen
fare colazione	frühstücken
fino a	bis
gente *fSg*	Leute
giornale *m*	Zeitung
giorno *m*	Tag
gruppo *m*	Gruppe
intorno a	um, um ... herum
lavarsi	waschen
leggere	lesen
leggo (*v.* leggere)	ich lese
letto *m*	Bett
mattina *f*	Morgen
matto, -a	verrückt
musica *f*	Musik
nuoto *m*	Schwimmen
ora *f*	Stunde
pomeriggio *m*	Nachmittag
preparare	vorbereiten
presto	früh
prima	vorher, hier: erst
salire	(hinauf)steigen
scuola *f*	Schule
sera *f*	Abend
svegliarsi	aufwachen
tardi	spät
tornare	zurückkehren
uscire	(heraus) ausgehen
verso le	hier: gegen ... Uhr
vestirsi	sich anziehen
vista *f*	Aussicht
volta *f*	Mal

Die Woche	
lunedì *m*	Montag
martedì *m*	Dienstag
mercoledì *m*	Mittwoch
giovedì *m*	Donnerstag
venerdì *m*	Freitag
sabato *m*	Samstag
domenica *f*	Sonntag
settimana *f*	Woche
fine settimana *m*	Wochenende

Grammatik und Redemittel

Verben auf *-ire* ▸ *§6.6*

Die Verben auf **-ire** werden nicht alle gleich konjugiert. Bei einigen (z.B. **capire** *verstehen*, **finire** *beenden*) schiebt sich im Singular und in der 3. Pers. Plural die Silbe **-isc-** vor der Endung ein.

	dormire schlafen	**capire** verstehen
io	dorm**o**	cap**isco**
tu	dorm**i**	cap**isci**
lui/lei/Lei	dorm**e**	cap**isce**
noi	dorm**iamo**	cap**iamo**
voi	dorm**ite**	cap**ite**
loro	dorm**ono**	cap**iscono**

Reflexive Verben ▸ *§5.4, §6.4*

	alzarsi aufstehen, sich erheben
io	**mi** alzo
tu	**ti** alzi
lui/lei/Lei	**si** alza
noi	**ci** alziamo
voi	**vi** alzate
loro	**si** alzano

Achtung:

Die Reflexivpronomen (**mi**, **ti**, **si** ...) stehen vor dem Verb.
Ci alziamo alle 8.00. *Wir stehen um 8.00 Uhr auf.*
Nur im Infinitiv werden sie angehängt: alzar**si**, preparar**si**.

Nach der Uhrzeit fragen

Che ora è? oder Che ore sono? *Wir spät ist es?*
10.00: sono le dieci. *Es ist zehn Uhr.*
10.15: sono le dieci e un quarto. *Es ist Viertel nach zehn.*
10.30: sono le dieci e mezza. *Es ist halb elf.*
10.45: sono le undici meno un quarto. *Es ist Viertel vor elf.*
12.00: è mezzogiorno. *Es ist zwölf Uhr (mittags).*
24.00: è mezzanotte. *Es ist Mitternacht.*

Tag 9 Übungen

1/34

1 Lesen und hören Sie den Tagesablauf. Kreuzen Sie dann an.

Mi alzo alle sette, sveglio la famiglia e facciamo colazione. Poi tutti si lavano e si vestono. Alle otto usciamo di casa. Arrivo al lavoro intorno alle nove. Alle quattro e mezza del pomeriggio prendo i bambini a scuola e torniamo a casa. Verso le sette torna a casa mio marito e poi ceniamo tutti insieme. Due volte la settimana faccio un corso di aerobica.

	richtig	falsch
1. Susanna si alza alle 7.00.	☐	☐
2. La famiglia esce* di casa alle 9.00	☐	☐
3. Tutte le sere Susanna fa sport.	☐	☐

*esce: *geht aus* (v. uscire)

2 Zeichnen Sie die richtige Uhrzeit in die Uhren.

1. le nove e cinque
2. mezzogiorno
3. le sette meno dieci
4. le tre e venti
5. le undici meno cinque
6. le dieci e un quarto
7. le sei e mezza
8. le otto meno un quarto

3 Livia erzählt ihren Tagesablauf. Setzen Sie die richtigen Verbformen ein.

Dal lunedì al sabato io .... (1. alzarsi) sempre alle 7.30. Poi .... (2. fare) colazione. Alle 8.00 (io) .... (3. lavarsi) e .... (4. vestirsi). Alle 8.25 .... (5. andare) a scuola. Dopo la scuola .... (6. tornare) a casa. Tutta la famiglia .... (7. essere) a tavola per il pranzo. Nel pomeriggio ho diverse attività: il lunedì musica, il martedì hip-hop e il sabato nuoto. Alle 21.00 .... (8. andare) a letto, ... (9. leggere) un po' e alle 21.30 .... (10. dormire).

4 Vervollständigen Sie die Reihe.

1. lunedì 2. .... 3. .... 4. giovedì

5. .... 6. sabato 7. ....

 5 Bringen Sie die Uhrzeiten in die richtige Reihenfolge.

1. è mezzogiorno
2. sono le dodici meno dieci
3. sono le undici e un quarto
4. sono le undici e venticinque
5. è mezzanotte
6. sono le dodici meno venti
7. sono le undici e dieci
8. sono le undici e trentacinque
9. sono le otto e un quarto
10. sono le cinque del pomeriggio

6 Alfonso erzählt, wie sein Alltag aussieht. Vervollständigen Sie den Text mit den Wörtern im Schüttelkasten.

faccio chiamo mezzogiorno lavoro tempo esco
dormo sera mi sveglio dormire l'autobus

Mi .... Alfonso e .... in una panetteria. La mattina .... presto, alle tre e mezza, ... colazione e verso le quattro .... di casa. Prendo .... delle quattro e un quarto per andare al lavoro. Io lavoro fino a .... (12.00), poi vado a casa. Nel pomeriggio .... un'ora e poi ho .... per i figli. La .... preparo la cena per la famiglia. Non vado a .... tardi, ma sempre verso le 22.00.

7 So sieht der Arbeitstag von Antonio aus. Bringen Sie die Satzteile in die richtige Reihenfolge.

.... l'autobus e vado al lavoro.

.... mangio il pranzo e

1 Alle sette mi sveglio, ma

.... Poi mi vesto e

.... Alle otto meno un quarto prendo

.... Lavoro cinque ore,

.... faccio una bella colazione con

.... dormo un'ora.

.... mi alzo alle sette e mezza.

.... un cappuccino e un cornetto.

.... poi torno a casa,

8 Welche Aktivität passt zu welcher Uhrzeit? Verbinden Sie.

1. 7.30
2. 17.00
3. 10.00
4. 13.00
5. 13.30
6. 21.00
7. 20.00
8. 7.45

a) Linda beve un tè.
b) Stefano prende l'autobus.
c) Linda fa colazione al bar.
d) Stefano esce dal lavoro.
e) La famiglia pranza .
f) Livia si alza.
g) Stefano e Bettina vanno a cena.
h) Livia va al cinema.

Kulturtipp
Vivere in Italia oggi

Auch in Italien gilt es, Job und Familienleben zu vereinbaren. Ein Großteil der Italienerinnen ist berufstätig, auch wenn sie Kinder haben. Teilzeitarbeit ist jedoch weniger verbreitet als in Deutschland. Glücklicherweise ist das Kinderbetreuungsangebot im Allgemeinen gut. Doch wie überall gibt es Engpässe beim Chaosmanagement des Alltags. Und deshalb leisten viele italienische Großeltern einen verdienstvollen Fulltime-Job als Tagesgroßmütter, Babysitter, Begleitservice, Chauffeur und Hausaufgabenhilfe.

Was können Sie schon?

	☺	😐	☹	
■ tägliche Gewohnheiten formulieren	■	■	■	▸ Ü1, Ü3
■ Tagesabläufe verstehen und beschreiben	■	■	■	▸ Ü1, Ü3
■ Fragen, wie spät es ist, und eine Frage nach der Uhrzeit beantworten	■	■	■	▸ Ü2

Tag 10 Hobbys & Freizeitbeschäftigungen

In dieser Lektion lernen Sie

- Fragen nach Hobbys und Freizeitbeschäftigungen zu stellen
- auszudrücken, was Sie können, müssen oder wollen
- zu sagen, was Sie gern oder nicht gern machen

1/35 1/36 Una giornata al mare

Bettina Siete pronti per una gita al mare? Viene con noi anche la mia amica Annarella. Annarella, questa è Linda, e questo è Martin, suo marito.

Linda Piacere.

Martin Ciao, Annarella.

Annarella Buongiorno. Sono contenta di venire al mare con voi. Fa troppo caldo per rimanere in città.

Linda Io adoro il mare. Anche tu?

Annarella A dire il vero, preferisco la montagna. Ma oggi voglio fare un tuffo in mare, prendere il sole e rilassarmi.

Bettina Io voglio sdraiarmi sul mio lettino e leggere un bel libro sotto l'ombrellone.

Linda Sì, un giallo è perfetto per una giornata al mare.

Annarella Io preferisco un romanzo d'avventura o un divertente romanzo femminile. E tu, Martin? Ti piacciono di più i gialli o i romanzi d'avventura?

Martin Non mi piace leggere al mare, mi addormento subito. Preferisco lo sport: nuoto, windsurf, jogging sulla spiaggia. Oppure fare un sudoku.

Linda Non so fare il windsurf, e se al posto del jogging possiamo fare una passeggiata, ti accompagno.

Bettina Avete preso tutto? Il vostro costume da bagno, il telo, la vostra crema solare? Dovete portare gli infradito, oggi la sabbia brucia!

Fragen zum Dialog

Kreuzen Sie an.

	richtig	falsch
1. Linda, Martin und Bettina fahren ans Meer. Annarella bleibt zu Hause.	☐	☐
2. Linda liebt das Meer.	☐	☐
3. Auch Martin liest gern am Meer.	☐	☐

Ein Tag am Meer

Bettina Seid ihr bereit für einen Ausflug ans Meer? Es kommt auch meine Freundin Annarella mit. Annarella, das ist Linda, und ihr Mann heißt Martin.

Linda Freut mich.

Martin Hallo, Annarella.

Annarella Guten Tag. Ich bin froh, dass ich mit euch ans Meer mitkommen kann. Es ist zu heiß, um in der Stadt zu bleiben.

Linda Ich liebe das Meer. Du auch?

Annarella Ehrlich gesagt, ziehe ich die Berge vor. Aber heute will ich baden, in der Sonne liegen und mich entspannen.

Bettina Ich will mich auf meiner Liege ausstrecken und unter dem Sonnenschirm ein schönes Buch lesen.

Linda Ja, ein Krimi ist ideal für einen Tag am Meer.

Annarella Ich mag einen Abenteuerroman oder einen amüsanten Frauenroman lieber. Und du, Martin? Magst du lieber Krimis oder Abenteuerromane?

Martin Ich lese nicht gern am Meer, ich schlafe immer gleich ein.
Ich treibe lieber Sport: schwimmen, Windsurfing, am Strand joggen.
Oder löse ein Sudoku.

Linda Ich kann nicht windsurfen, und wenn wir statt Joggen einen Spaziergang machen können, begleite ich dich.

Bettina Habt ihr alles? Eure Badesachen, das Strandtuch, eure Sonnencreme? Ihr solltet die Flip-Flops mitnehmen, der Sand ist heute sehr heiß!

Tag 10 Lernwortschatz

3/9

accompagnare	begleiten
addormentarsi	einschlafen
adorare	lieben, bewundern
al posto di	anstelle von
avventura *f*	Abenteuer
bruciare	brennen
contento, -a	froh, zufrieden
costume da bagno *m*	Badeanzug, Badehose
crema solare *f*	Sonnencreme
divertente	amüsant, vergnüglich
dizionario *m*	Wörterbuch
dovere	müssen
femminile	weiblich
giallo *m*	Krimi
giocare	spielen
giornata *f*	Tag
gita *f*	Ausflug
gusto *m*	Geschmack
infradito *m/f inv*	Flip-Flops
lettino *m*	Liege
limone *m*	Zitrone
montagna *f*	Gebirge, Berg
museo *m*	Museum
nuotare	schwimmen
ombrellone *m*	Sonnenschirm
passeggiata *f*	Spaziergang
perfetto, -a	perfekt
preferito, -a	bevorzugt
prendere il sole	sonnenbaden
pronto, -a	fertig, bereit
rilassarsi	sich entspannen
rimanere	bleiben
romanzo *m*	Roman
sabbia *f*	Sand
sdraiarsi	sich hinlegen
sotto	unter
spiaggia *f*	Strand
sport *m*	Sport
telo *m*	Badetuch
troppo	allzu
tuffo *m*	Kopfsprung, Sprung ins Wasser

Vorlieben und Abneigungen	
Ti piace il mare?	Gefällt dir das Meer?
Mi piace di più la montagna.	Ich mag die Berge lieber.
Non mi piace il mare.	Ich mag das Meer nicht.
Le piace di più il tè o il caffè?	Mögen Sie lieber Tee oder Kaffee?
Preferisco il caffè.	Ich ziehe Kaffee vor.
Anche a me piace di più il caffè.	Ich mag auch lieber Kaffee.

Grammatik und Redemittel

Die Possessivpronomen ▸ §5.7

	Singular		Plural	
	m	*f*	*m*	*f*
mein (e)	mio	mia	miei	mie
dein (e)	tuo	tua	tuoi	tue
sein (e) /Ihr (e)	suo/Suo	sua/Sua	suoi/Suoi	sue/Sue
unser (e)	nostro	nostra	nostri	nostre
euer (e)	vostro	vostra	vostri	vostre
ihr (e)	loro	loro	loro	loro

Achtung:

Im Gegensatz zum Deutschen steht vor dem Possessivpronomen der bestimmte Artikel:

il suo libro *sein/ihr Buch*

la sua crema solare *seine/ihre Sonnencreme*

il nostro ombrellone *unser Sonnenschirm*

Die Modalverben *potere*, *volere* und *dovere* ▸ §6.3

	potere können	**volere** wollen	**dovere** müssen
io	posso	voglio	devo
tu	puoi	vuoi	devi
lui/lei/Lei	può	vuole	deve
noi	possiamo	vogliamo	dobbiamo
voi	potete	volete	dovete
loro	possono	vogliono	devono

Das Verb *sapere*

sapere wissen			
io	so	noi	sappiamo
tu	sai	voi	sapete
lui/lei/Lei	sa	loro	sanno

Im Gegensatz zum Deutschen wird bei gelerntem *Können* nicht *können* (**potere**), sondern *wissen* (**sapere**) verwendet:

Linda non **sa** fare il windsurf. *Linda kann nicht windsurfen.*

Tag 10 Übungen

1 Setzen Sie die richtige Form der Modalverben ein.

1. (Io) .... (volere) andare in spiaggia. 2. Martin e Linda .... (potere) fare un tuffo in mare perché .... (sapere) nuotare. 3. (Tu) .... (potere) leggere un libro sotto l'ombrellone. 4. (Noi) .... (dovere) portare il costume da bagno. 5. Martin .... (dovere) comprare un dizionario perché non .... (sapere) bene l'italiano. 6. Se (voi) .... (volere), vi prendo un gelato. 7. Mi dispiace, (io) non .... (potere) venire al mare, ... (dovere) lavorare.

1/37

2 Hören Sie den Text und kreuzen Sie an, was die Personen gern machen.

	mare	montagna	nuotare	leggere	musei	jogging	passeggiate	tennis
Livia	☐	☐	☐	☐	☐	☐	☐	☐
Stefano	☐	☐	☐	☐	☐	☐	☐	☐
Annarella	☐	☐	☐	☐	☐	☐	☐	☐
Martin	☐	☐	☐	☐	☐	☐	☐	☐
Linda	☐	☐	☐	☐	☐	☐	☐	☐

3 Ordnen Sie die Fragen und Antworten richtig zu.

1. Vieni al mare domani? → b)
2. Adoro andare al mare. E tu?
3. Ti piace il gelato alla fragola?
4. Faccio un tuffo in mare. Venite anche voi?
5. Ti piacciono i concerti rock?
6. Volete una pizza o un risotto?

a) Preferiamo il risotto.
b) No, mi dispiace, devo lavorare.
c) Sì, ma il mio gusto preferito è il gelato al limone.
d) Preferisco la musica classica.
e) Mi piace di più la montagna.
f) No, non abbiamo i costumi da bagno.

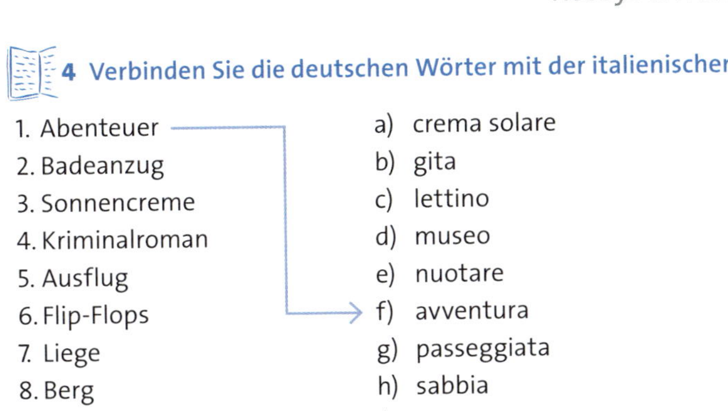

4 Verbinden Sie die deutschen Wörter mit der italienischen Entsprechung.

1. Abenteuer	a) crema solare
2. Badeanzug	b) gita
3. Sonnencreme	c) lettino
4. Kriminalroman	d) museo
5. Ausflug	e) nuotare
6. Flip-Flops	f) avventura
7. Liege	g) passeggiata
8. Berg	h) sabbia
9. Museum	i) romanzo
10. Schwimmen	j) ombrellone
11. Sonnenschirm	k) costume da bagno
12. Spaziergang	l) infradito
13. Roman	m) montagna
14. Sand	n) giallo

5 Hören Sie sich den Dialog von S. 88 noch einmal an und vervollständigen Sie dann die folgenden Sätze.

1/36

1. Linda .... (adorare) il mare.
2. Annarella .... (preferire) la montagna.
3. Bettina .... (volere) leggere un libro.
4. A Martin non .... (piacere) leggere al mare, perché .... (addormentarsi) subito.
5. Livia .... (amare) nuotare nel mare.
6. Stefano .... (preferire) visitare musei.

6 Welches Wort passt nicht in die Reihe? Unterstreichen Sie es.

1. mattina, giorno, nuoto, pomeriggio, sera
2. windsurf, leggere, jogging, sabato, passeggiata
3. infradito, crema solare, lettino, sabbia, limone
4. Toscana, città, mare, frigorifero, montagna

7 Vervollständigen Sie die Sätze mit dem richtigen Possessivpronomen.

1. Livia ha un bel gatto. .... gatto è vecchio e timido.
2. Noi abbiamo una macchina. .... macchina è nera.
3. Stefano e Bettina hanno una casa. .... casa è nel centro della città.
4. Prendete .... costume da bagno, andiamo al mare!
5. Oggi vado in spiaggia con .... amici.

8 Annarella und Martin unterhalten sich über ihre Freizeit. Ordnen Sie den Fragen die richtigen Antworten zu.

1. Annarella, sai nuotare? → c)
2. Adoro il mare. E tu?
3. Ti piace leggere un romanzo?
4. Vieni a fare una passeggiata?
5. Quale sport preferisci?

a) Mi piace fare jogging sulla spiaggia.
b) Sì, certo. A che ora?
c) No, non so nuotare.
d) No, preferisco fare un sudoku.
e) Io preferisco la montagna.

Kulturtipp
Gli italiani in vacanza

Die meisten Italiener nehmen ihren Jahresurlaub im August. Am 15. August, dem **Ferragosto** *Mariä Himmelfahrt*, kommt in Italien alles zum Erliegen, die Städte sind wie ausgestorben und man kann nur beten, dass man sich keinen Computervirus einfängt und keine Wasserleitung platzt. Denn in diesen Tagen findet man keinen Techniker oder Klempner. Nach dem 20. August beleben sich die Städte langsam wieder. Die Italiener verbringen ihren Urlaub größtenteils in Italien. Italien ist klimatisch und geographisch so abwechslungsreich, dass eigentlich jeder Urlaubswunsch befriedigt werden kann: In den Bergen kann man *Ski fahren* (**sciare**) oder *wandern* (**fare trekking**), die weiten Ebenen sind ideal für *Radtouren* (**gite in bicicletta**) oder *Reiten* (**andare a cavallo**) und am Meer kann man *sonnenbaden* (**prendere il sole**) oder *Wassersportarten* (**sport acquatici**) ausprobieren.

Was können Sie schon?

	☺	😐	☹	
■ ausdrücken, dass Sie etwas können, müssen oder wollen	■	■	■	▸ Ü1
■ Vorlieben und Abneigungen ausdrücken	■	■	■	▸ Ü2, Ü3
■ Hobbys und Freizeitbeschäftigungen nennen	■	■	■	▸ Ü1, Ü3

Tag 11

Eine Einladung bei Freunden

In dieser Lektion lernen Sie

- eine Einladung anzunehmen
- zu fragen, wann und wo man sich trifft
- Zustimmung und Einwände auszudrücken

1/38 1/39

Un invito a cena

Linda Pronto!

Annarella Ciao Linda. Sono Annarella.

Linda Ciao, Annarella. Come va?

Annarella Benissimo, grazie. Oggi è la festa di San Ranieri qui a Pisa e, come ogni anno, faccio una cena con qualche amico. Avete voglia di venire anche voi?

Linda Grazie dell'invito, ma mi sento un po' in imbarazzo: non conosciamo nessuno.

Annarella Ma figurati, i nostri amici sono tutti simpatici, e poi ci sono Stefano, Livia e Bettina.

Linda Abbiamo un altro problema: Martin non parla bene l'italiano.

Annarella Non ti preoccupare. C'è anche il fratello di Ettore che sa molto bene il tedesco.

Linda Va bene, veniamo volentieri. Quando?

Annarella Alle otto e mezza. Va bene?

Linda Sì, certo. E dove?

Annarella Abitiamo nel centro storico. Mettetevi d'accordo con Stefano e venite tutti insieme. È più facile. Tutto il quartiere è chiuso al traffico. Stefano sa dove si può parcheggiare ... oppure venite tutti in bici.

Linda D'accordo. Ci vediamo stasera.

Annarella Benissimo. Sono proprio contenta. A stasera. Ciao!

Fragen zum Dialog

Beantworten Sie die Fragen.

1. Warum ruft Annarella Linda an?

....

2. Welche Bedenken hat Linda?

....

3. Wann und wo ist das Essen?

....

Eine Einladung zum Abendessen

Linda Hallo?

Annarella Hallo Linda. Hier ist Annarella.

Linda Hallo, Annarella. Wie geht's?

Annarella Bestens, danke. Heute ist hier in Pisa das Fest des Heiligen Ranieri* und wie jedes Jahr lade ich einige Freunde zum Abendessen ein. Habt ihr auch Lust zu kommen?

Linda Vielen Dank für die Einladung, aber es ist mir etwas unangenehm; wir kennen doch niemanden.

Annarella Aber ich bitte dich! Alle unsere Freunde sind sehr nett und außerdem sind ja Stefano, Livia und Bettina da.

Linda Dann haben wir noch ein Problem: Martin spricht nicht gut Italienisch.

Annarella Mach dir keine Sorgen. Ettores Bruder ist ebenfalls dabei, und er spricht sehr gut Deutsch.

Linda Gut, dann kommen wir gern. Wann?

Annarella Um halb neun. Okay?

Linda Ja, klar. Und wo?

Annarella Wir wohnen in der Altstadt. Sprecht euch mit Stefano ab und kommt alle zusammen. Das ist einfacher. Das ganze Stadtviertel ist für den Autoverkehr gesperrt. Stefano weiß, wo man parken kann ... oder ihr kommt alle mit dem Rad.

Linda Einverstanden. Dann sehen wir uns heute Abend.

Annarella Sehr gut. Ich freue mich sehr. Bis heute Abend. Ciao!

* San Ranieri ist der Stadtheilige von Pisa und wird am 17. Juni gefeiert.

Tag 11 Lernwortschatz

3/10

bici *f*	Rad
certo	sicher, gewiss
chiuso, -a	geschlossen
chiuso al traffico	für den Autoverkehr gesperrt, verkehrsfrei
dietro	hinter
dolce *m*	Nachtisch; hier: Kuchen
facile	leicht
far piacere	Freude bereiten
festa *f*	Fest
figurati! (*v.* figurarsi)	Keine Ursache! Ich bitte dich!
fratello *m*	Bruder
grazie dell'invito	danke für die Einladung
invito *m*	Einladung
mai	nie
meglio	besser
mettersi d'accordo	sich absprechen
nessuno, -a	niemand
niente	nichts
ogni	jede, jeder
ognuno, -a	jeder, jede
parcheggiare	parken
parlare	sprechen
partire	abfahren
piazza *f*	Platz
problema *m*	Problem
pronto!	Hallo! (am Telefon)
proprio	wirklich
qualche	einige
qualcosa	etwas
qualcuno	jemand
quando	wann
quartiere *m*	Stadtviertel
sentire	fühlen
simpatico, -a	sympathisch
stasera	heute Abend
stazione *f*	Bahnhof
traffico *m*	Verkehr
tutto, -a	jeder, jede, jedes
tutti, -e	alle

Gefühle ausdrücken	
mi farebbe piacere	es würde mich freuen
mi sento in imbarazzo	es ist mir unangenehm, ich fühle mich unwohl
non ti preoccupare!	Mach dir keine Sorgen!
sono contento, -a	ich freue mich
ho voglia di ...	ich habe Lust zu ...

Grammatik und Redemittel

Indefinitpronomen ▸ *§5.10*

qualche *einige* – Invito qualche amico. *Ich lade einige Freunde ein.*
qualcuno *jemand* – Qualcuno viene. *Jemand kommt.*
qualcosa *etwas* – Compro qualcosa. *Ich kaufe etwas.*

Achtung:
Das unveränderliche **qualche** verlangt immer den Singular, obwohl es einen Plural beschreibt.

ogni (+ Substantiv) *jede/r* – ogni anno *jedes Jahr*
ognuno *jede/r* – Ognuno porta qualcosa. *Jeder bringt etwas mit.*
tutto *ganz* – Tutto **il** quartiere è chiuso. *Das ganze Viertel ist gesperrt.*
tutto, tutti *alle* – Tutti **gli** amici sono simpatici. *Alle Freunde sind symphatisch.*

Achtung:
Im Gegensatz zum Deutschen steht zwischen **tutto** und dem Substantiv ein Artikel.

Die doppelte Verneinung mit *nessuno, mai, niente* ▸ *§8.2*

nessuno *niemand* – **Non** conosciamo **nessuno**. *Wir kennen niemanden.*
nessuno *kein* – **Non** compro **nessun** dolce. *Ich kaufe keinen Kuchen.*
mai *nie* – **Non** bevo **mai** vino. *Ich trinke nie Wein.*
niente *nichts* – **Non** compro **niente**. *Ich kaufe nichts.*

Achtung:
Nessuno, **mai** und **niente** verlangen eine doppelte Verneinung.
Stehen sie jedoch am Satzanfang, wird **non** weggelassen:
Nessuno ha telefonato. *Niemand hat angerufen.*

Übungen

1 Lesen Sie den Text und ergänzen Sie das richtige Indefinitpronomen.

1. Stasera viene .... (tutti/qualche) amico a cena. 2. Porti .... (qualcosa/ognuno) da bere? 3. Non compro .... (nessuno/niente), ma preparo un dolce. 4. Lavoro .... (ogni/tutto) il giorno. 5. Ho un problema; non conosco .... (nessuno/niente).

1/40

2 Hören Sie den Dialog und kreuzen Sie die richtigen Antworten an.

1. Manuel wird zu einem ... eingeladen.
   a) ☐ Geburtstagsfest b) ☐ Abendessen
2. Wo treffen sich die Freunde?
   a) ☐ in der Pizzeria „Margherita" b) ☐ bei Margherita
3. Wann treffen sie sich?
   a) ☐ um 18.00 Uhr b) ☐ um 20.00 Uhr

1/41

3 Lesen Sie den Dialog. Hören Sie ihn dann und übernehmen Sie die Rolle von Linda.

Linda Pronto!
Annarella Ciao Linda, sono Annarella.
Linda Ciao, Annarella. Come va?
Annarella Bene, grazie. Senti, mi piacerebbe andare al mare. Vieni con me?
Linda Volentieri. A che ora?
Annarella A mezzogiorno?
Linda No, mezzogiorno è troppo presto. Possiamo fare a mezzogiorno e mezza?
Annarella Va bene.
Linda Dove?
Annarella In Piazza Sant'Antonio, dove parte l'autobus.
Linda Dov'è la piazza?
Annarella Dietro la stazione.
Linda Ho capito. A dopo!
Annarella A dopo. Ciao.

4 Sie erhalten eine SMS von Anna. Lesen Sie den Text und antworten Sie dann unter Verwendung der Textelemente.

Ciao,
come stai? Hai voglia di venire a cena con me? Venerdì sera non posso perché devo lavorare, ma sabato sera possiamo andare a un ristorante dove si mangia un ottimo pesce. Il ristorante si chiama "Moby Dick" e si trova in Piazza Garibaldi. Se per te va bene, ci troviamo alle otto e mezza, okay? Mi farebbe molto piacere.
Anna

con te   Ciao   andare   a cena   mi farebbe piacere

1. Sie schreiben Anna, dass Sie sich freuen, mit ihr essen zu gehen.

....

perchè   mi sento in imbarazzo   mangiare
ma non posso   il pesce   sono vegetariana

2. Sie schreiben, dass es Ihnen etwas unangenehm ist, aber Sie können keinen Fisch essen, weil Sie Vegetarierin sind.

....

a mangiare   possiamo   una pizza   andare

3. Sie schlagen als Alternative vor, eine Pizza zu essen.

....

"Bella Napoli"   alle otto   Ci troviamo   alla pizzeria   okay?

4. Sie schlagen vor, dass Sie sich um 20 Uhr in der Pizzeria „Bella Napoli" treffen.

....

5 Hören Sie den Dialog von S. 96 noch einmal und sprechen Sie ihn dann selber nach. Achten Sie dabei insbesondere auf die Aussprache von [ku], z. B. in *qui, qualche, quando* und *quartiere*.

6 Schreiben Sie die Uhrzeit in Ziffern.

1. le sette meno un quarto ....
2. le nove e trentacinque di sera ....
3. le sei e quaranta ....
4. venti alle sette ....
5. le cinque e un quarto del pomeriggio ....
6. le undici e venti di sera ....

7 Welche Antwort auf die folgenden Fragen ist richtig? Kreuzen Sie an.

1. Ciao, vieni al cinema con noi?
   a) ☐ Sì, volentieri. Mi farebbe molto piacere.
   b) ☐ Sì, mi piace la pizza.

2. Possiamo andare lunedì sera?
   a) ☐ No, lunedì non posso venire.
   b) ☐ Sì, mercoledì va bene.

3. Ci troviamo alle 21.00?
   a) ☐ Sì, va bene, e dove?
   b) ☐ Sì, grazie.

Kulturtipp
Inviti & regalini

Wenn Italiener von Bekannten oder Freunden zum Mittag- oder Abendessen eingeladen werden, bringen sie normalerweise etwas Kleines, **un regalino** *ein Mitbringsel* mit, zum Beispiel **una bottiglia di vino** *eine Flasche Wein* oder **un dolce** *einen Kuchen*. Die Nachspeise kann eine selbst gemachte *Torte* (**una torta**), Eis für alle aus der **gelateria** oder Gebäck aus der **pasticceria** sein. Blumen bringt man mit, wenn die Einladung etwas formeller ist oder wenn der Gastgeber oder die Gastgeberin Geburtstag hat.

Was können Sie schon?

	☺	😐	☹	
■ eine Einladung aussprechen und annehmen	☐	☐	☐	▸ Ü2
■ Ort und Zeit eines Treffpunktes ausmachen	☐	☐	☐	▸ Ü3
■ Freude über eine Einladung ausdrücken oder Bedenken äußern	☐	☐	☐	▸ Ü2, Ü3

Tag 12 Von vergangenen Erlebnissen berichten

In dieser Lektion lernen Sie

- zu erzählen, was Sie erlebt haben
- das Erzählte in eine zeitliche Abfolge zwischen Gegenwart und Vergangenheit zu bringen

1/42

1/43

Che cosa avete fatto?

Stefano Allora, raccontatemi un po'.
Siete a Pisa da una settimana. Che cosa avete fatto in questi giorni?

Linda È stata una settimana intensa.

Martin Venerdì mattina abbiamo visitato il centro storico di Pisa. Siamo stati al mercato rionale e abbiamo fatto la spesa per la cena. Poi siamo tornati a casa e la sera abbiamo cucinato per tutti.

Linda Il giorno dopo siamo saliti sulla Torre Pendente. Una bella fatica, ma dalla cima abbiamo goduto di un panorama meraviglioso su tutta la città!

Martin Martedì abbiamo deciso di passare una giornata al mare.

Linda Mi sono rilassata, prima ho nuotato, dopo ho letto un libro sotto l'ombrellone ...

Martin ... e abbiamo fatto una passeggiata sulla spiaggia ...

Stefano Inoltre avete preso il sole, come vedo. Siete belli abbronzati.

Linda Certo, in una bella giornata di sole è naturale.

Martin E ieri è stata la festa di San Ranieri qui a Pisa ...

Stefano ... e la cena da Annarella, lo so. Vi siete divertiti in questi giorni?

Linda Sì, molto. Abbiamo visto tante cose e cominciamo a conoscere meglio Pisa e la vita quotidiana degli italiani.

Fragen zum Dialog

Kreuzen Sie die richtige Antwort an.

1. Wann waren Linda und Martin auf dem Markt?
   a) ☐ Donnerstagmorgen b) ☐ Freitagmorgen c) ☐ Freitagnachmittag
2. Wo waren Linda und Martin am Samstag?
   a) ☐ auf dem Schiefen Turm b) ☐ am Meer c) ☐ in der Altstadt von Pisa
3. Was hat Martin am Meer gemacht?
   a) ☐ schwimmen b) ☐ lesen c) ☐ einen Strandspaziergang

Was habt ihr gemacht?

Stefano Nun, erzählt mal ein bisschen. Ihr seid nun seit einer Woche in Pisa. Was habt ihr in diesen Tagen gemacht?

Linda Es war eine intensive Woche.

Martin Freitagvormittag haben wir die Altstadt von Pisa besucht. Wir sind auf dem Straßenmarkt gewesen und haben für das Abendessen eingekauft. Dann sind wir nach Hause zurückgekehrt und am Abend haben wir für alle gekocht.

Linda Am nächsten Tag sind wir auf den Schiefen Turm gestiegen. Ein anstrengender Aufstieg, aber von der Turmspitze haben wir ein herrliches Panorama über die ganze Stadt genossen!

Martin Dienstag haben wir entschieden, einen Tag am Meer zu verbringen.

Linda Ich habe mich entspannt, zuerst bin ich geschwommen, danach habe ich unter dem Sonnenschirm ein Buch gelesen ...

Martin ... und wir haben einen Strandspaziergang gemacht ...

Stefano Außerdem habt ihr ein Sonnenbad genommen, wie ich sehe. Ihr seid schön braun geworden.

Linda Natürlich, an einem so schön sonnigen Tag ist das doch klar.

Martin Dann war gestern das Fest des San Ranieri hier in Pisa ...

Stefano ... und das Abendessen bei Annarella, ich weiß. Hattet ihr Spaß in diesen Tagen?

Linda Ja, sehr. Wir haben viele Dinge gesehen und fangen an, Pisa und das Alltagsleben der Italiener besser zu kennen.

Tag 12 Lernwortschatz

3/11

abbronzarsi	sich bräunen
barca *f*	Boot
cominciare	anfangen
concerto *m*	Konzert
cucinare	kochen
decidere	entscheiden
divertirsi	sich amüsieren
dopo	nach, danach
fatica *f*	Mühe, Mühsal
godere	genießen
ieri	gestern
inoltre	außerdem
intenso, -a	intensiv
meraviglioso, -a	wunderbar, herrlich
panorama *m*	Aussicht
passare	verbringen
prossimo, -a	nächster, nächste
quotidiano, -a	täglich, alltäglich
raccontare	erzählen
romantico, -a	romantisch
sole *m*	Sonne
suonare	spielen (Musik)
tempo *m*	Zeit, Wetter
visitare	besuchen
vita *f*	Leben

Zeitangaben für die Vergangenheit	
un'ora fa	vor einer Stunde
ieri mattina	gestern Vormittag
ieri pomeriggio	gestern Nachmittag
l'altro ieri	vorgestern
tre giorni fa	vor drei Tagen
una settimana fa	vor einer Woche

Achtung:
„Vor“ steht danach! **Fa** *vor* steht immer nach der Zeitangabe.

Grammatik und Redemittel

Das Perfekt ▸ *§ 6.7.1*

	visitare besuchen		**andare** gehen	
io	**ho**	visit**ato**	**sono**	and**ato/a**
tu	**hai**	visit**ato**	**sei**	and**ato/a**
lui/lei/Lei	**ha**	visit**ato**	**è**	and**ato/a**
noi	**abbiamo**	visit**ato**	**siamo**	and**ati/e**
voi	**avete**	visit**ato**	**siete**	and**ati/e**
loro	**hanno**	visit**ato**	**sono**	and**ati/e**

Achtung:

Das mit **avere** verbundene Partizip bleibt unverändert, mit **essere** richtet es sich in Genus und Numerus nach dem Subjekt:
Linda **ha** lett**o** un libro. *Linda hat ein Buch gelesen.*
Linda e Martin **sono** stat**i** al mercato. *Linda und Martin sind auf dem Markt gewesen.*

Die Verwendung von **essere** oder **avere** als Hilfsverben bei der Bildung des Perfekts entspricht mit wenigen Ausnahmen dem deutschen Perfekt.

Das **Partizip Perfekt** leitet sich aus dem Stamm des Infinitivs ab:

Verben	auf **-are**	tornare	→ torn**ato**
	auf **-ere**	conoscere	→ conosc**iuto**
	auf **-ire**	salire	→ sal**ito**

Zahlreiche Verben haben ein unregelmäßiges Partizip:
fare → **fatto** leggere → **letto** prendere → **preso** decidere → **deciso**

Übungen

1 Setzen Sie die Verben in die Vergangenheitsform und ordnen Sie die Sätze nach dem Zeitablauf.

☐ Come tutti i giorni, (io, Manuel) .... (fare) colazione alle 7.00.

☐ Alle 22.30 (io) .... (essere/andare) a letto.

☐ Alle 16.30 (io) .... (prendere) la figlia a scuola e (noi) .... (essere/tornare) a casa.

☐ Oggi (io) .... (avere) una giornata intensa.

☐ Dopo (io) .... (giocare) con mia figlia fino all'ora di cena.

☐ Alle 8.00 (io) .... (essere/uscire) di casa, ... (portare) mia figlia a scuola e .... (essere/andare) al lavoro.

1/44 **2 Lesen und hören Sie den Dialog. Übernehmen Sie dann die Rolle von Maria.**

Roberto Ciao, Maria, come stai?
Maria Sto bene, grazie. E tu?
Roberto Non c'è male. Sei stata al mare? Ti vedo bella abbronzata.
Maria Sì, sono stata al mare nel fine settimana. Sabato ho fatto una gita in barca con amici. Dopo siamo andati sulla spiaggia, dove c'è stato un concerto.
Roberto Che romantico!
Maria Romantico? Ma no! Hanno suonato hard rock. Il giorno dopo ho dormito fino a mezzogiorno. E tu? Come hai passato il fine settimana?
Roberto Purtroppo ho lavorato tutto il tempo.
Maria Mi dispiace. Ma il prossimo fine settimana vieni con me al cinema?
Roberto Volentieri.

3 Verbinden Sie die deutschen Wörter mit der italienischen Entsprechung.

1. vor einer Stunde
2. gestern
3. anfangen
4. nachher
5. vorgestern
6. Zeit
7. Leben
8. vor einer Woche
9. am nächsten Tag
10. verbringen

a) vita
b) il giorno dopo
c) passare
d) ieri
e) tempo
f) cominciare
g) una settimana fa
h) un'ora fa
i) ieri l'altro
j) dopo

4 Setzen Sie im folgenden Lückentext das Hilfsverb *essere* oder *avere* ein.

Alfonso viaggia molto. Ieri .... (1.) partito per Milano verso le otto del mattino ed .... (2.) arrivato a mezzogiorno. Prima .... (3.) andato in albergo, poi .... (4.) visto qualche negozio. A pranzo .... (5.) mangiato in un ristorante. Nel pomeriggio .... (6.) telefonato a un cliente, poi .... (7.) uscito per andare a cena da amici. Verso mezzanotte .... (8.) andato a dormire.

Flavia ieri non .... (9.) uscita. Lei .... (10.) stata a casa tutto il giorno. La mattina .... (11.) dormito molto, poi .... (12.) fatto colazione. Nel pomeriggio .... (13.) andata al cinema. Poi .... (14.) fatto una gita in città con la sua amica Paola.

5 Bringen Sie die Zeitangaben in die richtige chronologische Reihenfolge.

.... domani a mezzanotte
.... una settimana fa
.... l'altro ieri
.... questa mattina
.... ieri
.... oggi a mezzogiorno

.... l'anno prossimo
.... questo pomeriggio
1 un anno fa
.... stasera
.... un mese fa
.... domani mattina

6 Lesen Sie die Ansichtskarte, die Linda ihrer Freundin Catia schreibt. Unterstreichen Sie alle Verbformen im Perfekt, die Sie im Text finden.

Ciao Catia,
Pisa è molto bella!
Ho fatto una passeggiata nel centro storico e sono salita sulla Torre Pendente. Che bel panorama!
Ieri siamo stati al mare. Mi sono rilassata, ho fatto una passeggitata sulla spiaggia e ho letto un libro sotto l'ombrellone. Abbiamo anche fatto una gita in barca. E mi sono abbronzata!
Poi siamo stati a cena da Annarella, un'amica di Bettina e Stefano, e se abbiamo tempo, domani visitiamo Firenze.
Linda

7 In Verbindung mit *essere* richtet sich das Partizip Perfekt nach dem Subjekt. Ergänzen Sie die Verben in den Klammern und achten Sie dabei auf das Geschlecht (männlich/weiblich) und die Zahl (Einzahl/Mehrzahl).

1. Linda .... (venire) a cena da noi.
2. Martin, tu .... (andare) al cinema ieri?
3. Martina e Linda .... (salire) sulla Torre Pendente.
4. Stefano .... (uscire) con gli amici.
5. Bettina e Livia .... (andare) in centro per fare shopping.
6. Voi .... (essere) a Pisa?

Kulturtipp Italia: oggi un paese d'immigrazione

Fast jeder Italiener hat Verwandte, die aus wirtschaftlichen Gründen vorwiegend in die USA oder nach Argentinien ausgewandert sind. Zwischen 1950 und 1970 erlebte Italien eine Binnenwanderung riesigen Ausmaßes: Rund vier Millionen Italiener wanderten aus dem armen Süden nach Norden, ins Piemont und in die Lombardei, aber auch über die Alpen in die Schweiz und nach Deutschland. Heute jedoch ist Italien zu einem **paese d'immigrazione** *Einwanderungsland* geworden. Junge Männer aus Afrika, Osteuropa und Asien arbeiten in den großen Fabriken Norditaliens oder in der Landwirtschaft, und in vielen italienischen Familien ist eine (osteuropäische, lateinamerikanische oder philippinische) **badante** *Altenpflegerin* oder Haushaltshilfe beschäftigt. Auf den Straßen und am Strand begegnet man zahlreichen **venditori ambulanti** *fliegenden Händlern*, die ihre Ware feilbieten. Dabei handelt es sich oft um illegale Einwanderer.

Was können Sie schon?

	☺ 😐 ☹	
■ mit einfachen Sätzen etwas Vergangenes ausdrücken		▸ *Ü1*
■ Vergangenes in eine zeitliche Abfolge zwischen Gegenwart und Vergangenheit bringen		▸ *Ü2*

Tag 13 Freizeit in der Stadt

In dieser Lektion lernen Sie

- jemandem einen Vorschlag zu machen
- auf Vorschläge zustimmend oder ablehnend zu reagieren
- ein Ticket für eine Veranstaltung zu reservieren

1/45 1/46

Stasera si esce!

Stefano Stasera si esce! Che ne dite di andare al cinema?

Linda Mi piace molto il cinema, ma Martin non sa abbastanza bene l'italiano. Mi dispiace. Non potremmo andare a un concerto invece che al cinema?

Stefano Hai ragione. Ho un'idea: vi porto al "Borderline", un locale, dove stasera suona un gruppo jazz. Avete voglia di venire?

Martin Sì, volentieri.

Linda Ottima idea. Che tipo di musica suona questo gruppo?

Stefano È una formazione jazz che suona new tango, nella tradizione di Astor Piazzolla.

Linda Bello. Mi piace. A che ora inizia lo spettacolo?

Stefano Ora guardo sul giornale ... inizia alle 22.00.

Martin Così tardi?

Stefano Sì, i concerti al "Borderline" iniziano sempre molto tardi, spesso verso le 23.00.

Linda Dobbiamo prenotare i biglietti?

Stefano Sì. Lo faccio io. Conosco l'organizzatore dei concerti. Lo chiamo subito. ... Pronto ... pronto! Carlo, mi senti? ... Sono Stefano. ... pronto! ... Ora ti sento meglio. Ascolta, vorrei prenotare quattro biglietti per il concerto di stasera. Li prendo nel pomeriggio. Va bene? A dopo, ciao.

Fragen zum Dialog

Kreuzen Sie an.

1. Stefano, Linda und Martin gehen heute Abend ...
   a) ☐ in einen Jazzclub. b) ☐ ins Kino. c) ☐ ins Theater.
2. Die Band spielt ...
   a) ☐ Hard Rock. b) ☐ Free Jazz. c) ☐ New Tango.
3. Die Veranstaltung beginnt um ...
   a) ☐ 21.00 Uhr. b) ☐ 22.00 Uhr. c) ☐ 23.00 Uhr.

Heute Abend gehen wir aus!

Stefano Heute Abend gehen wir aus! Was meint ihr, wollen wir ins Kino gehen?

Linda Ich gehe sehr gern ins Kino, aber Martin spricht nicht gut genug Italienisch. Tut mir leid. Könnten wir nicht in ein Konzert gehen statt ins Kino?

Stefano Du hast recht. Ich habe eine Idee: Ich bringe euch ins „Borderline", wo heute Abend eine Jazzband spielt. Habt ihr Lust mitzukommen?

Martin Ja, gern.

Linda Sehr gute Idee. Was für eine Art Musik spielt diese Band?

Stefano Es ist eine Jazzformation, und sie spielt New Tango in der Tradition von Astor Piazzolla.

Linda Schön. Das gefällt mir. Um wie viel Uhr beginnt die Veranstaltung?

Stefano Ich schaue kurz in der Zeitung nach ... sie beginnt um 22.00 Uhr.

Martin So spät?

Stefano Ja, die Konzerte im „Borderline" beginnen immer sehr spät, oft erst gegen 23.00 Uhr.

Linda Müssen wir Tickets vorbestellen?

Stefano Ja. Das mache ich. Ich kenne den Organisator der Konzerte. Ich rufe ihn gleich an. ... Hallo ... Hallo! Carlo, hörst du mich? ... Ich bin Stefano. ... Hallo! ... Jetzt verstehe ich dich besser. Hör mal, ich möchte gern vier Tickets für das Konzert heute Abend reservieren. Ich hole sie am Nachmittag ab. Okay? Bis später, Tschüss.

Tag 13 Lernwortschatz

3/12

a dopo	bis später
abbastanza	genügend
ascoltare	(zu)hören
che ne dite?	Was meint ihr?
chiamare	anrufen
commedia *f*	Komödie
danza *f* classica	klassisches Ballett
famoso, -a	berühmt
formazione *f*	Formation
gruppo *m*	Gruppe, Band
idea *f*	Idee
iniziare	anfangen, beginnen
locale *m*	Lokal
mi senti?	Hörst du mich?
organizzatore *m*	Organisator, Veranstalter
sempre	immer
spesso	oft
tipo *m*	Art, Typ
tradizione *f*	Tradition
ultimo, -a	letzte, letzer

Reservierungen	
Theater, Kino, Konzert:	
vorrei prenotare	ich möchte reservieren
tre biglietti per ...	drei Tickets für ...
lo spettacolo delle ...	die Veranstaltung um ... Uhr
a nome ...	auf den Namen ...
Restaurant:	
vorrei prenotare	ich möchte reservieren
un tavolo	einen Tisch
per quattro persone	für vier Personen
per domani alle ...	für morgen um ... Uhr
a nome ...	auf den Namen ...

Grammatik und Redemittel

Unbetonte direkte Personalpronomen ▸ *§5.2*

Sie stehen direkt vor dem Verb und entsprechen dem deutschen Akkusativ.

mi	*mich*	**Mi** senti? *Hörst du mich?*
ti	*dich*	Ora **ti** sento meglio. *Jetzt höre ich dich besser.*
lo	*ihn*	**Lo** chiamo subito. *Ich rufe ihn sofort an.*
la	*sie*	La carne? Non **la** mangio. *Fleisch? Das esse ich nicht.*
La	*Sie*	**La** aspetto, signora. *Ich erwarte Sie, Signora.*
ci	*uns*	**Ci** sentite? *Hört ihr uns?*
vi	*euch*	**Vi** porto al "Borderline". *Ich bringe euch zum „Borderline".*
li	*sie (m)*	I biglietti? **Li** prendo nel pomeriggio. *Die Tickets? Ich hole sie am Nachmittag.*
le	*sie (f)*	Laura e Maria? **Le** conosco. *Laura und Maria? Ich kenne sie.*

Die *si*-Konstruktion

Das italienische **si** + Verb in der 3. Person steht für das unpersönliche *man* oder für ein kollektives *wir*:
Stasera **si** esce! *Heute Abend gehen wir aus!*
Qui **si** parla tedesco. *Hier spricht man Deutsch.*

Aussprache von *gl*, *gn* und *h*

gl im Italienischen wird wie im deutschen Fremdwort *brillant* ausgesprochen: me**gl**io [mɛːʎo] *besser*
gn wird ähnlich wie im Wort *Kognak* ausgesprochen: accompa**gn**are [akkompaɲaːre] *begleiten*
h wird grundsätzlich nicht gesprochen: **h**anno [anno] *sie haben.*

Tag 13 Übungen

1/47

1 Hören Sie den Dialog und kreuzen Sie an.

	richtig	falsch
1. Maria möchte mit Roberto ins Theater gehen.	☐	☐
2. Roberto möchte lieber ins Kino.	☐	☐
3. Maria möchte gern den James-Bond-Film sehen.	☐	☐
4. Der Film beginnt um 20.00 Uhr.	☐	☐
5. Maria und Roberto treffen sich direkt im Kino.	☐	☐

2 Setzen Sie die richtigen Personalpronomen ein.

1. Chi compra i gelati? .... compra Stefano.
2. Ci avete capito? Sì, ... abbiamo capito.
3. Chi porta Livia a scuola domani? .... porta Martin.
4. Pronto, mi senti? Sì, ____________ sento benissimo.
5. Abbiamo voglia di ascoltare un po' di musica. Va bene, ... porto a un concerto.

1/48

3 Lesen Sie die folgenden Sätze laut. Hören Sie dann und kontrollieren Sie Ihre Aussprache.

1. I bambini hanno fame.
2. Pronto? ... Ora ti sento meglio.
3. Vogliamo andare al cinema stasera. Ma chi compra i biglietti?
4. La famiglia abita a Bologna.
5. Mia figlia ha tre insegnanti.
6. Signore e signori, stasera si esce!
7. Ho voglia di un gelato.
8. Annarella fa una passeggiata in montagna.
9. Ti piacciono gli gnocchi?

4 Hören Sie sich die letzten fünf Zeilen des Dialogs von S. 112 noch einmal an und dann sprechen Sie sie laut vor. Achten Sie dabei insbesondere auf die Aussprache von „gli“ im Gegensatz zu „li“, wie zum Beispiel in *biglietti, meglio* und *li prendo*.

5 Lösen Sie das Kreuzworträtsel.

1. Bühnenstück mit heiterem Inhalt
2. Aufführung eines Bühnenwerks
3. Musikstil, aus der Volksmusik der afro-amerikanischen Bevölkerung entstanden
4. Lichtspieltheater
5. Aufführung eines Musikwerks
6. Körperlicher Zeitvertreib

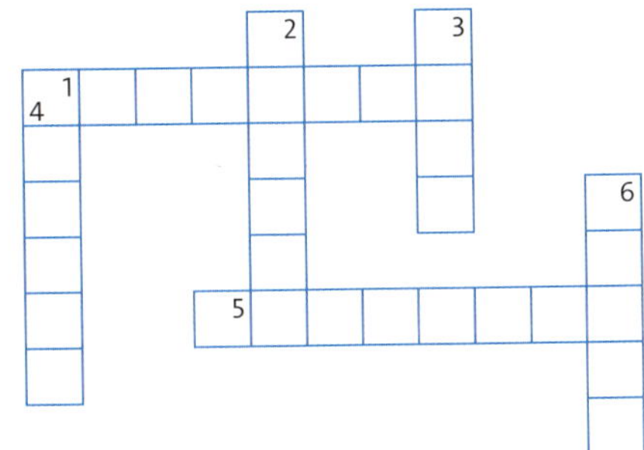

6 Vervollständigen Sie die folgenden Sätze mit dem passenden Fragewort.

cosa quando qual quante quanto dove

1. .... è il tuo nome?
2. Da .... vieni?
3. .... persone ci sono a cena?
4. .... sei arrivata?
5. .... prendi da bere?
6. .... costa questo vino rosso?

7 Kreuzen Sie an, was Sie in den folgenden Situationen sagen würden, und lesen Sie dann Ihre Aussage laut vor.

1. Sie möchten zwei Tickets für das Konzert vom Samstagabend reservieren.
   a) ☐ Vorrei prenotare tre biglietti per il concerto di sabato sera.
   b) ☐ Vorrei prenotare due biglietti per il concerto di domenica sera.
   c) ☐ Vorrei prenotare due biglietti per il concerto di sabato sera.

2. Sie möchten für Dienstag um 12.30 Uhr in einem Restaurant einen Tisch für vier Personen reservieren
   a) ☐ Vorrei prenotare un tavolo per quattro persone per martedì a mezzogiorno e mezza.
   b) ☐ Vorrei prenotare un tavolo per quattro persone per mercoledì a mezzogiorno e mezzo.
   c) ☐ Vorrei prenotare un tavolo per cinque persone per martedì alle dodici e trenta.

3. Sie heißen Bruno Manzoni und möchten ein Ticket für die Nachmittagsvorstellung.
   a) ☐ Vorrei prenotare due biglietti per lo spettacolo del pomeriggio, a nome di Bruno Manzoni.
   b) ☐ Vorrei prenotare un biglietto per lo spettacolo di domani pomeriggio, a nome di Bruno Manzoni.
   c) ☐ Vorrei prenotare un biglietto per lo spettacolo del pomeriggio, a nome di Bruno Ma nzoni.

8 Vervollständigen Sie die Sätze, indem Sie die *si*-Konstruktion für „man“ benutzen.

1. Stasera *si va* (andare) al cinema.
2. La sera .... (cenare) alle otto e mezza.
3. Il sabato .... (mangiare) sempre la pizza.
4. In Italia .... (parlare) italiano.
5. D'estate .... (andare) al mare.

Kulturtipp
Il cinema italiano

Das italienische Kino ist verbunden mit großen Namen: Filmregisseure wie **Federico Fellini** oder **Luchino Visconti**, der Filmkomponist **Ennio Morricone**, Schauspiellegenden wie **Sophia Loren**, **Isabella Rossellini, Monica Bellucci, Marcello Mastroianni** oder **Roberto Benigni**.

Legendär ist auch das italienische Filmstudio **Cinecittà** vor den Toren Roms, das schon 1935 erbaut wurde und in dem Hunderte italienische und internationale Filme gedreht wurden. Heute kann man die Studios auch besichtigen.

Jedes Jahr Ende August finden auch die internationalen Filmfestspiele von Venedig, **Mostra internazionale d'arte cinematografica di Venezia**, statt. Sie sind Teil der Biennale für zeitgenössische Kunst. Der beste Film wird mit einem goldenen Löwen, dem **Leone d'Oro**, ausgezeichnet.

Was können Sie schon?

	☺	😐	☹	
■ jemandem vorschlagen, ins Kino, Theater oder Konzert zu gehen	■	■	■	▸ *Ü1*
■ Vorschläge annehmen oder ablehnen	■	■	■	▸ *Ü1, Ü2*
■ ein Ticket für eine Veranstaltung reservieren	■	■	■	▸ *Ü1*

Tag 14 Wiederholen und üben Sie

Hier wiederholen Sie

- beim Einkaufen eine gewünschte Ware in der gewünschten Menge zu verlangen
- Begebenheiten in der Vergangenheit zu verstehen
- in einem Lokal etwas zu trinken oder zu essen zu bestellen
- eine Reservierung vorzunehmen
- die Uhrzeit zu verstehen
- zu sagen, was Sie gern und was Sie nicht gern tun
- eine Einladung anzunehmen, Ort und Zeitpunkt des Treffens zu vereinbaren

1 Welche italienischen Wörter werden hier gesucht? Lösen Sie das Gemüse- und Früchte-Quiz.

Was ist das?

1. Es wird beim Kochen gern gebraucht, treibt aber das Wasser in die Augen:

   c ..... p .... a

2. Es ist eine Zitrusfrucht, aber keine Zitrone:

   ..... r ..... n ..... i .....

3. Es ist die wichtigste Zutat eines italienischen Sugo:

   p ..... m ..... d ..... r .....

4. Es ist süß, gelb und krumm:

   ..... a ..... a ..... a

5. Es ist eine Erdfrucht mit brauner Schale:

   p ..... t ..... t .....

6. Es schmeckt eigentlich nur an einer würzigen Soße wirklich gut:

   i ..... s .... at .....

7. Paarweise kann man sie sich an die Ohren hängen:

   ..... i .... e ..... ie

8. Achtung giftig!

   .... o

2 Maria Licondi kauft bei Leonardo im Lebensmittelgeschäft ein.
Lesen Sie den Dialog und übernehmen Sie dann die Rolle von Maria. 1/49

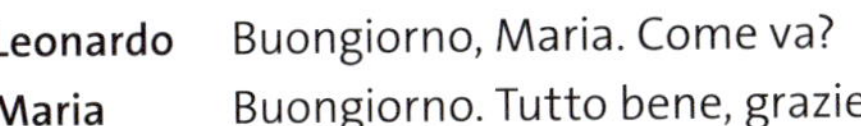

Leonardo	Buongiorno, Maria. Come va?
Maria	Buongiorno. Tutto bene, grazie.
Leonardo	Che cosa desidera?
Maria	Vorrei un litro di latte e un po' di prosciutto crudo.
Leonardo	Quanto prosciutto?
Maria	Mah, non so ... diciamo ... tre etti.
Leonardo	Tre etti di prosciutto crudo, benissimo. Qualcos'altro?
Maria	Sì, vorrei della pasta.
Leonardo	Che tipo di pasta vuole?
Maria	Mi dia un pacco di spaghetti.
Leonardo	Ecco a Lei. Altro?
Maria	Vorrei anche un po' di formaggio.
Leonardo	Ho un ottimo pecorino in offerta.
Maria	Va bene, mi dia un pezzo di quel pecorino e una mozzarella. Quanto costano le arance?
Leonardo	Due euro e venti al chilo.
Maria	Allora prendo mezzo chilo di arance e un chilo di mele. Ha anche delle ciliegie?
Leonardo	Mi dispiace, non ne ho più.
Maria	... allora prendo due banane.
Leonardo	Basta così?
Maria	Sì, grazie. Quant'è?
Leonardo	Sono undici euro e novantacinque.

3 Setzen Sie das richtige Possessivpronomen ein.

i nostri   i vostri   il mio   la vostra   il suo   il loro   la sua

1. Andiamo al mare! Prendete .... teli da bagno e .... crema solare!
2. Annarella e Linda hanno fatto un dolce. Ti piace .... dolce?
3. Livia ha un gatto. Gioca spesso e volentieri con .... gatto.
4. Abbiamo comprato questi gelati, sono .... gelati.
5. Stefano ha una nuova bicicletta. Hai visto .... bici?
6. Lavoro tanto, ma .... lavoro mi piace.

1/50

4 Sie haben Passanten auf der Straße nach der Uhrzeit gefragt. Hören Sie, was die Passanten geantwortet haben.

1. a) ☐ halb elf   b) ☐ Viertel nach zehn   c) ☐ Viertel nach elf
2. a) ☐ 7.30 Uhr   b) ☐ 17.30 Uhr   c) ☐ 7 Uhr
3. a) ☐ 0.15 Uhr   b) ☐ 12 Uhr   c) ☐ 12.15 Uhr
4. a) ☐ Viertel nach zwölf   b) ☐ Viertel nach elf   c) ☐ Viertel vor zwölf
5. a) ☐ vier Uhr   b) ☐ Viertel nach vier   c) ☐ halb vier
6. a) ☐ zwei Uhr   b) ☐ zwanzig nach zwei   c) ☐ Viertel nach zwei
7. a) ☐ neun Uhr   b) ☐ fünf Uhr   c) ☐ fünf nach neun
8. a) ☐ fünf Uhr   b) ☐ fünf nach neun   c) ☐ neun nach fünf

5 Setzen Sie die Verben ins Perfekt.

Maria Licondi racconta: (io) .... (1. essere/nascere) il 10 maggio 1942 a Napoli. Ma poi, mio padre .... (2. trovare*) lavoro in Toscana e ci .... (3. essere/trasferire) a Pisa. Qui (io) .... (4. frequentare) la scuola, ... (5. fare) il liceo e .... (6. studiare) economia. Nel 1965 .... (7. cominciare) a lavorare nell'amministrazione dell'aeroporto di Pisa. Nel 1969 .... (8. sposare) mio marito e poi .... (9. essere/nascere) i miei figli. La famiglia .... (10. essere/crescere) e (noi) .... (11. comprare) una casa. L'anno scorso .... (12. essere/andare) in pensione.

* trovare: *finden*

6 Roberto und Manuel treffen sich und gehen in eine Bar. Hören und kreuzen Sie an.

1/51

	richtig	falsch
1. Roberto bestellt einen Kaffee.	☐	☐
2. Manuel bestellt ein Bier.	☐	☐
3. Roberto bestellt etwas zu essen.	☐	☐
4. Manuel möchte ebenfalls etwas essen.	☐	☐
5. Der Barman bringt einen Toast.	☐	☐

7 Setzen Sie die Verben in der richtigen Form mit *si* ein.

Che cosa si fa al mare?

1. (fare) .... un tuffo in mare.
2. (mangiare) .... un gelato.
3. (andare) .... in barca.
4. (dormire) .... sul lettino sotto l'ombrellone.
5. (prendere) .... il sole sulla spiaggia.

1/52

8 Reservieren Sie mithilfe der Bausteine die Tickets bzw. den Tisch. Hören Sie dann zur Kontrolle.

1. Hallenstadion: 2 biglietti – concerto dei Pink Floyd – giovedì sera.
2. Restaurant: tavolo – 4 persone – mercoledì – 12.30 – a nome Barelli.
3. Kino: 2 biglietti – film The Rocky Horror Picture Show – sabato sera – 23.00.

9 Stellen Sie die Fragen zu den Antworten.

1. (essere / arrivare a Pisa / Martin e Linda). – Una settimana fa.
   Quando sono arrivati a Pisa Martin e Linda?
2. (avere / leggere il giornale / tu) – Ieri.
   ……………………………………
3. (essere / essere sulla Torre Pendente / noi) – Sabato scorso.
   ……………………………………
4. (essere / andare al cinema / lei) – Domenica.
   ……………………………………
5. (essere / nascere / Stefano) – Il 6 agosto 1955.
   ……………………………………

1/53

10 Hören Sie, was Annarella gern und nicht gern tut. Sortieren Sie dann die Tätigkeiten in die richtige Spalte.

fare passeggiate · leggere libri · guardare la televisione · andare al mare · uscire con gli amici · nuotare · ascoltare la musica · andare al cinema · fare sport

piace	non piace
………………	………………
………………	………………
………………	………………
………………	………………
………………	………………

11 Vervollständigen Sie die beiden Schiefen Türme.

Infinitiv	Partizip Perfekt
1. arrivare	....
2.	scritto
3.	dormito
4. visitare	....
5. essere	....
6. nuotare	....
7.	letto
8.	andato
9. avere	....

12 Hören Sie den Dialog und beantworten Sie die Fragen.

1/54

1. Manuel telefona a Filiberto per andare al cinema ...
   a) ☐ domani. b) ☐ stasera. c) ☐ oggi pomeriggio.
2. Vuole vedere ...
   a) ☐ il film “Odeon”. b) ☐ una commedia. c) ☐ James Bond.
3. Il film inizia alle ...
   a) ☐ 19.30. b) ☐ 20.30. c) ☐ 21.30.
4. Dove si danno appuntamento?
   a) ☐ al cinema b) ☐ a casa di Stefano c) ☐ al bar

Zwischentest 2

1 Verbinden Sie die folgenden Bausteine zu ganzen Sätzen.

1. Linda e Martin	a) abbiamo letto un libro	I) di matematica.
2. Livia	b) siete andati a Berlino	II) sotto l'ombrellone.
3. Io	c) sono saliti	III) l'anno scorso.
4. Voi	d) ha fatto i compiti	IV) sulla Torre Pendente.
__/10 5. Io e Livia	e) ho mangiato	V) un bel risotto..

2 Jemand fragt Sie nach der Uhrzeit. Ordnen Sie den Uhren die Uhrzeiten zu.

a) Sono le sei in punto. b) È mezzogiorno. c) Sono le due e cinque.
d) Sono le tre e dieci. e) Sono le nove e mezza. f) Sono le otto meno un quarto.
g) Sono le quattro e un quarto. h) Sono le nove meno cinque.

1. ....

2. ....

3. ....

__/8 4. ....

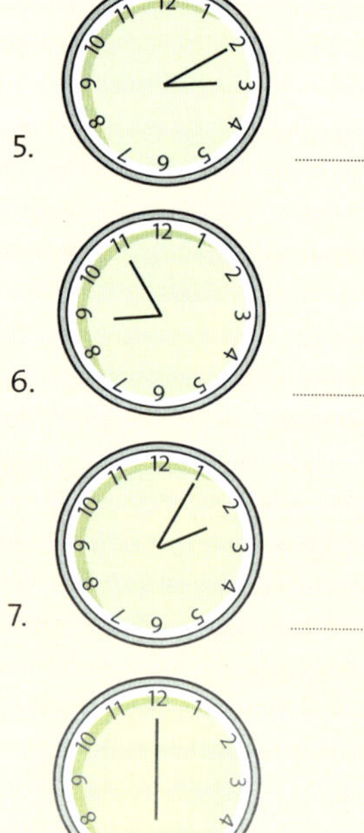

5. ....

6. ....

7. ....

8. ....

3 Setzen Sie das richtige Partizip ein und achten Sie auf die Endung.

1. Il lunedì la pizzeria è .... (chiudere).
2. Avete .... (prendere) il sole ieri al mare.
3. Stefano e Livia sono .... (essere) in Germania.
4. Martin ha .... (giocare) a tennis.
5. Livia ha .... (giocare) con il gatto.
6. Linda è .... (arrivare) alle 16.00.
7. Bettina ha .... (lavorare) tutto il fine settimana. __/7

4 Unterstreichen Sie die Preise, die Sie hören. 1/55

€ 9,50	€ 12,–	€ 35,30	€ 9,10	€ 18,70	€ 30,–
€ 57,20	€ 75,–	€ 120,–	€ 92,60	€ 105,–	€ 150,–
€ 3,80	€ 14,50	€ 20,–			

__/10

5 Linda und Martin essen im Restaurant. Hören Sie und verbinden Sie die jeweilige Person mit den ausgesuchten Gerichten. 1/56

antipasto
penne ai funghi
penne al ragù
spaghetti alle vongole
lasagne
carne alla griglia
cotoletta
pesce alla griglia
formaggi misti
patate arrosto
vino bianco
vino rosso
acqua minerale
macedonia
tiramisù
caffè

__/10

6 Lesen Sie Livias Brief. Kreuzen Sie dann an: richtig (*vero*) oder falsch (*falso*).

> Cara Alessandra,
> da una settimana abbiamo ospiti dalla Germania. Sabato siamo saliti sulla Torre Pendente. È stata una giornata di sole e Linda e Martin sono stati molto contenti! Domenica siamo andati al mare. Martin mi ha comprato tre gelati!!! Ho giocato nella sabbia e ho fatto una gita in barca. Una sera tutti sono andati a un concerto, ma mamma ha detto: tu devi andare a letto perché domani mattina c'è la scuola.
> Saluti, Livia

		vero	falso
	1. Sabato il tempo è stato bello.	☐	☐
	2. Sabato pomeriggio sono andati al mare.	☐	☐
	3. Livia ha mangiato tre gelati.	☐	☐
	4. Livia ha fatto una gita in barca.	☐	☐
__/5	5. Una sera Livia è stata a un concerto.	☐	☐

1/57 **7 Radio Torre steht am Strand von Marina di Pisa und macht Interviews. Hören Sie das Interview. Welche Aussagen sind richtig?**

1. La persona si chiama
   a) ☐ Carla Pavese b) ☐ Carla Carlesi c) ☐ Carla Torre
2. A Carla piace andare al mare?
   a) ☐ abbastanza b) ☐ moltissimo c) ☐ poco
3. A Carla piace
   a) ☐ leggere b) ☐ nuotare c) ☐ prendere il sole
4. A Carla non piace
   __/4 a) ☐ l'acqua b) ☐ la gente c) ☐ la radio

__/54

Tag 15 Eine Reise machen

In dieser Lektion lernen Sie

- Informationen über ein Hotelzimmer einzuholen
- ein Hotelzimmer zu reservieren
- Monate und Jahreszeiten
- das Datum

2/1 Una gita a Venezia

Stefano Cosa ne dite di fare una gita a Venezia insieme?
Linda Ottima idea!
Martin Non fa troppo caldo in estate?
Stefano Ma no, giugno è un mese perfetto per un viaggio.

Stefano prende il telefono e chiama l'albergo Vivaldi.

Reception Albergo Vivaldi, buongiorno.
Stefano Buongiorno. Mi chiamo Renzoni. Ho prenotato una camera matrimoniale con un letto aggiuntivo. Ora vorrei prenotarne un'altra, sempre matrimoniale.
Reception Per quando l'ha prenotato?
Stefano Per domani, dal 23 al 25 giugno.
Reception Un attimo ... Mi dispiace, Le posso dare soltanto una matrimoniale e una camera doppia abbastanza grande da aggiungere un altro letto.
Stefano Va bene. Sono camere con bagno?
Reception Le camere sono con bagno, aria condizionata e tv satellitare.
Stefano Benissimo. Ho visto che i prezzi sono di 120 euro, giusto?
Reception Dove li ha visti?
Stefano Sul vostro sito web.
Reception 120 euro per la matrimoniale sono giusti, ma la doppia con letto aggiuntivo costa 130 euro al giorno, prima colazione inclusa.
Stefano Va bene. ... Quanto dista l'albergo dalla stazione?
Reception Ci vogliono 15 minuti a piedi.
Stefano Grazie. A domani.

Fragen zum Dialog

Kreuzen Sie an.

	vero	falso
1. Linda è d'accordo di andare a Venezia.	☐	☐
2. Stefano prenota due camere.	☐	☐
3. Le camere non hanno un bagno.	☐	☐
4. L'albergo è molto lontano dalla stazione.	☐	☐

Ein Ausflug nach Venedig

Stefano Was haltet ihr davon, wenn wir zusammen einen Ausflug nach Venedig machen?
Linda Gute Idee!
Martin Ist es nicht zu heiß im Sommer?
Stefano Aber nein, Juni ist ein perfekter Monat für eine Reise.

Stefano nimmt das Telefon und ruft das Hotel Vivaldi an.

Rezeption Hotel Vivaldi, guten Tag.
Stefano Guten Tag. Mein Name ist Renzoni. Ich habe ein Doppelzimmer mit einem zusätzlichen Bett reserviert. Nun möchte ich noch ein zweites Doppelzimmer reservieren.
Rezeption Für wann haben Sie es reserviert?
Stefano Für morgen, vom 23. bis zum 25. Juni.
Rezeption Einen Augenblick ... Tut mir leid, ich kann Ihnen nur ein Doppelzimmer und ein Zweibett-Zimmer anbieten, das groß genug ist, um noch ein Bett hineinzustellen.
Stefano In Ordnung. Haben die Zimmer ein Bad?
Rezeption Die Zimmer haben ein Bad, Klimaanlage und Satellitenfernsehen.
Stefano Sehr gut. Ich habe gesehen, dass der Preis 120 Euro ist, stimmt das?
Rezeption Wo haben Sie das gesehen?
Stefano Auf Ihrer Webseite.
Rezeption 120 Euro für das Doppelzimmer ist richtig, aber das Zweibett-Zimmer mit dem Zusatzbett kostet 130 Euro am Tag, inklusive Frühstück.
Stefano Einverstanden ... Wie weit ist das Hotel vom Bahnhof entfernt?
Rezeption Es sind 15 Minuten zu Fuß.
Stefano Danke. Bis morgen.

Tag 15 Lernwortschatz

3/13

a piedi	zu Fuß
aggiungere	hinzufügen
aggiuntivo, -a	zusätzlich, Zusatz-
albergo *m*	Hotel
aria *f* **condizionata**	Klimaanlage
bagno *m*	Badezimmer
camera *f*	Zimmer
camera *f* **doppia**	Zweibett-Zimmer, Zimmer mit zwei getrennten Betten
camera *f* **matrimoniale**	Doppelzimmer, Zimmer mit Doppelbett
camera *f* **singola**	Einzelzimmer
camera *f* **tripla**	Dreibett-Zimmer
cercare	suchen
ci vuole / ci vogliono	man braucht, wir brauchen
distare	entfernt sein
doccia *f*	Dusche
ferie *fPl*	Ferien, Urlaub
incluso, -a	einschließlich
in questo caso	in diesem Fall
insieme	zusammen
libero, -a	frei
mese *m*	Monat
mezza pensione *f*	Halbpension
prima colazione, colazione *f*	Frühstück
rumoroso, -a	laut
servire	dienen, brauchen
servizio *m*	Dienstleistung, Service
sito web *m*	Webseite
soltanto	nur, allein
spazioso, -a	geräumig
stagione *f*	Jahreszeit
tranquillo, -a	ruhig
tv *f* **satellitare**	Satellitenfernsehen
vasca *f* **(da bagno)**	Badewanne

Jahreszeiten und Monate			
primavera *f*	Frühling	**marzo, aprile, maggio**	März, April, Mai
estate *f*	Sommer	**giugno, luglio, agosto**	Juni, Juli, August
autunno *m*	Herbst	**settembre, ottobre, novembre**	September, Oktober, November
inverno *m*	Winter	**dicembre, gennaio, febbraio**	Dezember, Januar, Februar

Grammatik und Redemittel

Perfekt und Pronomen

Auch in Verbindung mit dem Hilfsverb **avere** können sich die Endungen im Partizip Perfekt ändern, nämlich dann, wenn vor dem Verb ein direktes Objektpronomen (**la**, **le**, **lo**, **li**, **ne**) steht:

▸ Ha prenotato la camera? *Haben Sie das Zimmer reserviert?*
◂ Sì, **l'**ho prenotat**a**. (**l'** = **la**) *Ja, ich habe es reserviert.*
▸ Dove ha visto i prezzi? *Wo haben Sie die Preise gesehen?*
◂ **Li** ho vist**i** sul vostro sito web. *Ich habe sie auf Ihrer Internetseite gesehen.*

Die Präpositionen *a* und *in* ▸ §7

Die Präposition **a** wird verwendet:

als Orts- und Richtungsangabe (Städte)	**a** Venezia	*nach/in Venedig*
als Zeitangabe	**a** febbraio	*im Februar*
als Angabe des Mittels	**a** piedi	*zu Fuß*
mit distributiver Bedeutung	120 euro **al** giorno	*120 Euro am Tag*

Die Präposition **in** wird verwendet

als Orts- und Richtungsangabe (Länder)	**in** Italia	*in/nach Italien*
	in albergo	*im Hotel*
als Zeitangabe	**in** estate	*im Sommer*
als Angabe von Verkehrsmitteln	**in** treno	*im Zug*

Datum

Beim Datum werden die Grundzahlen verwendet, nur beim Ersten eines Monats steht die Ordnungszahl:

Quanti ne abbiamo oggi? *Den Wievielten haben wir heute?*
Oggi è **il ventitré** giugno. *Heute ist der 23. Juni.*
Domani è **il primo** gennaio. *Morgen ist der 1. Januar.*

Tag 15 Übungen

1 Beantworten Sie die Fragen.

1. Dove hai visto Linda? (al supermercato)
   L'ho vista al supermercato.
2. Dove avete incontrato Stefano? (in città)
   ....
3. Livia ha fatto la spesa? (sì)
   ....
4. Dove hai comprato i pomodori? (al mercato)
   ....
5. Quando avete invitato Annarella e Ettore? (ieri)
   ....

2/2

2 Lesen Sie den Dialog und übernehmen Sie die Rolle von Roberto Neri.

Reception Hotel Arno, buongiorno.
Roberto Neri Buongiorno. Mi chiamo Neri. Mi serve una camera singola dal 17 al 21 novembre. Avete una camera libera?
Reception Vediamo ... Sì, ho una camera libera.
Roberto Neri Benissimo. E quanto costa?
Reception Vuole la camera con prima colazione o desidera la mezza pensione?
Roberto Neri Preferisco la mezza pensione.
Reception In questo caso la camera singola costa 75 euro.
Roberto Neri D'accordo. Vorrei quindi prenotare la camera.
Reception Benissimo. A che nome?
Roberto Neri A nome di Roberto Neri.
Reception Va bene. Grazie e arrivederci.
Roberto Neri Arrivederci.

2/3

3 Hören Sie den Dialog und kreuzen Sie an.

Daniela Buri ...	vero	falso
1. ... vuole fare una settimana di ferie.	☐	☐
2. ... cerca una camera singola.	☐	☐
3. ... vuole una camera tranquilla.	☐	☐
4. ... prenota una camera matrimoniale.	☐	☐

4 Hören Sie sich den Dialog von Übung 2 noch einmal an. Schreiben Sie dann die Antworten unter Verwendung der angegebenen Textbausteine um.

Reception Hotel Arno, buongiorno.

Cliente ....

(Sie möchten ein Doppelzimmer buchen für den 10. bis 12. August.)

Reception Vediamo.Sì, ho una camera libera.

Cliente ....

(Sie fragen nach dem Preis.)

Reception Vuole la camera con prima colazione o desidera la mezza pensione?

Cliente ....

(Sie ziehen das Frühstück vor.)

Reception In questo caso la camera matrimoniale costa 100 euro.

Cliente ....

(Sie sind einverstanden und buchen das Zimmer.)

Reception A che nome?

Cliente ....

(Max Pezzali)

Reception Va bene. Grazie e arrivederci.

Cliente ....

(Sie verabschieden sich.)

5 Welcher Monat gehört zur angegebenen Jahreszeit?

1. estate
   a) ☐ marzo b) ☐ giugno c) ☐ aprile

2. inverno
   a) ☐ gennaio b) ☐ novembre c) ☐ agosto

3. autunno
   a) ☐ settembre b) ☐ maggio c) ☐ giugno

4. primavera
   a) ☐ giugno b) ☐ maggio c) ☐ febbraio

6 Setzen Sie die richtige Präposition ein.

1. Cosa c'è .... Pisa? – .... Pisa c'è la Torre pendente.
2. Linda e Martin vivono .... Germania? Sì, abitano .... Francoforte.
3. Esci la sera? Sì, vado spesso .... teatro.
4. Quando vai .... vacanza? – sempre .... estate.
5. Come vai al lavoro? – Vado al lavoro .... piedi, ma spesso anche .... autobus.
6. Dove dormi? – Dormo .... albergo.

7 Vervollständigen Sie die Sätze mit dem passenden Pronomen.

1. Ho mangiato una mela. *L'ho* mangiata.
2. Avete bevuto un caffè? Sì, ... bevuto.
3. Avete comprato li libri? Sì, ... comprati.
4. Catia ha visitato la Torre pendente? No, non .... visitata.
5. Hai mangiato la pizza ieri? Sì, ... mangiata.
6. Chi ha preparato la cena? Bettina .... preparata.
7. Hai portato il vino? No, non .... portato.

8 Wann ist Ihr Geburtstag? Schreiben Sie das eigene Geburtsdatum wie im Beispiel in Worten auf.

Il mio compleanno è il dodici settembre.

....

Kulturtipp Feste in Italia

Im Gegensatz zu Deutschland sind die Feiertage in ganz Italien einheitlich, mit Ausnahme der Feiertage, die dem Schutzheiligen einer Stadt gewidmet sind. An diesen Tagen sind die Geschäfte und Büros geschlossen. Offizielle Feiertage in ganz Italien sind:

Capodanno *Neujahr* am 1. Januar
Epifania *Dreikönigstag* am 6. Januar
Pasqua *Ostern*
Pasquetta o **Lunedì dell'Angelo** *Ostermontag*
Festa della Liberazione *Jahrestag der Befreiung von der faschistischen Diktatur* am 25. April
Festa del Lavoro *Tag der Arbeit* am 1. Mai
Festa della Repubblica *Gründung der italienischen Republik 1946* am 2. Juni
Ferragosto *Mariä Himmelfahrt am* 15. August
Ognissanti o **Tutti i Santi** *Allerheiligen* am 1. November
Immacolata Concezione *Mariä Empfängnis* am 8. Dezember
Natale *Weihnachten* am 25. Dezember
Santo Stefano *Stefanstag* am 26. Dezember

Das wichtigste Fest für Kinder ist das **Epifania**. Dann kommt **Befana**, die Weihnachtshexe, und bringt den italienischen Kindern Geschenke und Süßigkeiten. Aber sie kommt nicht zu Weihnachten, sondern am 6. Januar!

Was können Sie schon?

	☺	😐	☹	
■ eine Hotelreservierung vornehmen	■	■	■	▸ *Ü2*
■ Fragen nach den Reservierungswünschen verstehen und beantworten	■	■	■	▸ *Ü3*
■ Fragen nach dem Datum verstehen und beantworten	■	■	■	▸ *Ü2, Ü3*

Tag 16

Fahrkarten kaufen

In dieser Lektion lernen Sie

- Informationen zu Fahrplänen und Preisen zu verstehen
- eine Fahrkarte oder ein Flugticket zu kaufen
- Aufforderungen zu formulieren

2/4 Biglietti, prego!

Stefano	Senti, mi consigli di andare subito alla stazione per fare i biglietti?
Bettina	Te lo consiglio, sì, altrimenti rischiamo di non trovare posto domani.
Linda	Aspetta! Compra i biglietti anche per noi, per favore!
Stefano	Certo che ve li compro!

Stefano va alla stazione.

Impiegato	Buongiorno. Mi dica.
Stefano	Buongiorno. Senta, vorrei andare a Venezia domani.
Impiegato	Quando vuole partire?
Stefano	Vorrei arrivare a Venezia nel primo pomeriggio.
Impiegato	Allora prenda il treno da Pisa alle 9.14 e poi l'Eurostar delle 11.37 da Firenze.
Stefano	A che ora arrivo a Venezia?
Impiegato	Alle 14.17.
Stefano	E quanto costa il biglietto?
Impiegato	Di prima o seconda classe?
Stefano	Di seconda classe.
Impiegato	Andata e ritorno?
Stefano	Sì.
Impiegato	... Costa 67 euro con prenotazione obbligatoria sull'Eurostar.
Stefano	Va bene, mi dia quattro biglietti interi e uno ridotto.

Fragen zum Dialog

Beantworten Sie die Fragen.

1. Dove vuole andare Stefano?

   ....

2. Vuole un biglietto di prima o di seconda classe?

   ....

3. Quanti biglietti compra?

   ....

Fahrkarten, bitte!

Stefano Hör mal, soll ich gleich zum Bahnhof gehen und die Fahrkarten kaufen?
Bettina Das kann ich dir nur raten, sonst riskieren wir, morgen keine Sitzplätze mehr zu bekommen.
Linda Warte! Bitte kauf auch für uns Fahrkarten!
Stefano Aber klar kaufe ich sie auch für euch!

Stefano geht zum Bahnhof.

Angestellter Guten Tag. Sie wünschen?
Stefano Guten Tag. Also, ich möchte morgen nach Venedig reisen.
Angestellter Wann möchten Sie losfahren?
Stefano Ich möchte am frühen Nachmittag in Venedig sein.
Angestellter Dann nehmen Sie den Zug um 9.14 Uhr ab Pisa und dann den Eurostar um 11.37 Uhr ab Florenz.
Stefano Um wie viel Uhr komme ich in Venedig an?
Angestellter Um 14.17 Uhr.
Stefano Und wie viel kostet die Fahrkarte?
Angestellter Erste oder zweite Klasse?
Stefano Zweite Klasse.
Angestellter Hin- und Rückfahrt?
Stefano Ja.
Angestellter ... Das macht 67 Euro mit der obligatorischen Platzreservierung im Eurostar.
Stefano Gut, dann geben Sie mir vier ganze und eine ermäßigte Fahrkarte.

Tag 16 Lernwortschatz

3/14

andata *f*	Hinfahrt
arrabbiato, -a	wütend
arrivare	ankommen
arrivo *m*	Ankunft
bastare	genügen, (aus)reichen
binario *m*	Gleis
cambiare treno	umsteigen
cambiare	wechseln
chiudere	schließen
coincidenza *f*	Anschlusszug
compiuto, -a	vollendet, abgeschlossen
destinazione *f*	Zielort, Reiseziel
dica (*v.* dire)	Sagen Sie!
fare il biglietto	Fahrkarte lösen/kaufen
intero, -a	ganz, hier: normal
metà *f*	Hälfte
mezzo *m* di trasporto	Transportmittel
ordinare	ordnen, in Ordnung bringen
partenza *f*	Abfahrt, Abflug
porcile *m*	Schweinestall
posto *m*	(Sitz)platz
prenotazione *f* obbligatoria	obligatorische Platzreservierung
prima classe *f*	erste Klasse
primo pomeriggio *m*	früher Nachmittag
pulire	sauber machen
ridotto, -a	ermäßigt, reduziert
rischiare	riskieren
ritardo *m*	Verspätung
ritorno *m*	Rückfahrt
seconda classe *f*	zweite Klasse
studiare	lernen, studieren
treno *m* diretto	Schnellzug
treno *m* regionale	Regionalzug
trovare	finden

Verkehrsmittel	
automobile *m*	Auto
moto *f*	Motorrad
scooter *m* / motorino *m*	Motorroller
treno *m*	Zug
autobus *m*	Bus
aereo *m*	Flugzeug
nave *f*	Schiff
traghetto *m*	Fähre
roulotte *f*	Wohnwagen
camper *m*	Wohnmobil

Grammatik und Redemittel

Der Imperativ ▸ §6.10

	aspettare	prendere	sentire	capire
(tu)	aspetta!	prendi!	senti!	capisci!
(Lei)	aspetti!	prenda!	senta!	capisca!
(noi)	aspett**iamo**!	prend**iamo**!	sent**iamo**!	cap**iamo**!
(voi)	aspett**ate**!	prend**ete**!	sent**ite**!	cap**ite**!

Aspetta! *Warte!*
Prenda! *Nehmen Sie!*
Mi dia tre biglietti! *Geben Sie mir drei Fahrkarten!*

Doppelpronomen ▸ §5.6

Wenn zwei unbetonte Personalpronomen zusammentreffen, kommt – anders als im Deutschen – das Dativpronomen an erster, das Akkusativpronomen an zweiter Stelle. Es ergeben sich folgende Formen:

mi	+	lo (la, li, le, ne)	me lo (la, li, le, ne)
ti	+	lo	te lo
le/gli	+	lo	glielo
ci	+	lo	ce lo
vi	+	lo	ve lo
gli	+	lo	glielo
si	+	lo	se lo

▸ Compri i biglietti per noi? *Kaufst du für uns Fahrkarten?*
◂ Certo che **ve li** compro. *Klar kaufe ich sie für euch.*

Eine Fahrkarte / ein Flugticket kaufen

Vorrei andare a ... – *Ich möchte nach ... reisen.*
Quando vuole partire? – *Wann möchten Sie losfahren?*
Martedì prossimo. / Domani. – *Nächsten Dienstag. / Morgen.*
Prima o seconda classe? – *Erste oder zweite Klasse?*
Seconda classe. – *Zweite Klasse.*
Andata e ritorno? – *Hin- und Rückfahrt?*
Solo andata. – *Nur Hinfahrt.*

Tag 16 Übungen

1 Schauen Sie sich die Anzeigetafel an und beantworten Sie die Fragen.

TRENI IN PARTENZA				
Destinazione	**cat**	**ore**	**ritardo**	**binario**
Viareggio	**REG**	**08.57**		**7**
Firenze S.M.N.	**DIR**	**09.14**	**5 min.**	**1**
Napoli C.le	**IC**	**09.20**	**20 min.**	**3**
Torino P.N.	**IC**	**09.30**		**4**
Firenze S.M.N.	**REG**	**09.35**		**2**

1. Dove va il treno delle 09.30? ....
2. A che ora parte il treno regionale per Firenze? ....
3. Quanto ritardo ha l'Intercity per Napoli? ....
4. Da quale binario parte il treno diretto per Firenze? ....

2 Ergänzen Sie die Verben im Imperativ.

Bettina è arrabbiata con sua figlia e le dice:
Livia, ... (1. venire) qua e .... (2. guardare) un po'!
La tua camera sembra un porcile! .... (3. pulire) subito la camera,
.... (4. ordinare) i vestiti, ... (5. fare) il tuo letto
e .... (6. chiudere) la porta! Poi .... (7. studiare) matematica
e .... (8. andare) a letto!

2/5

3 Übernehmen Sie die Rolle von Martin und antworten Sie mit den vorgegebenen Elementen.

Impiegato Buongiorno. Desidera?
Martin [Buongiorno – volo – Roma]
Impiegato Quando vuole partire?
Martin [Martedì prossimo]
Impiegato In quale classe? Business o Economy?
Martin [Economy]
Impiegato Allora, martedì c'è un volo Alitalia, partenza da Pisa alle 10.25 e arrivo a Roma Fiumicino alle 11.50.
Martin [Perfetto – prezzo?]
Impiegato 150 euro.

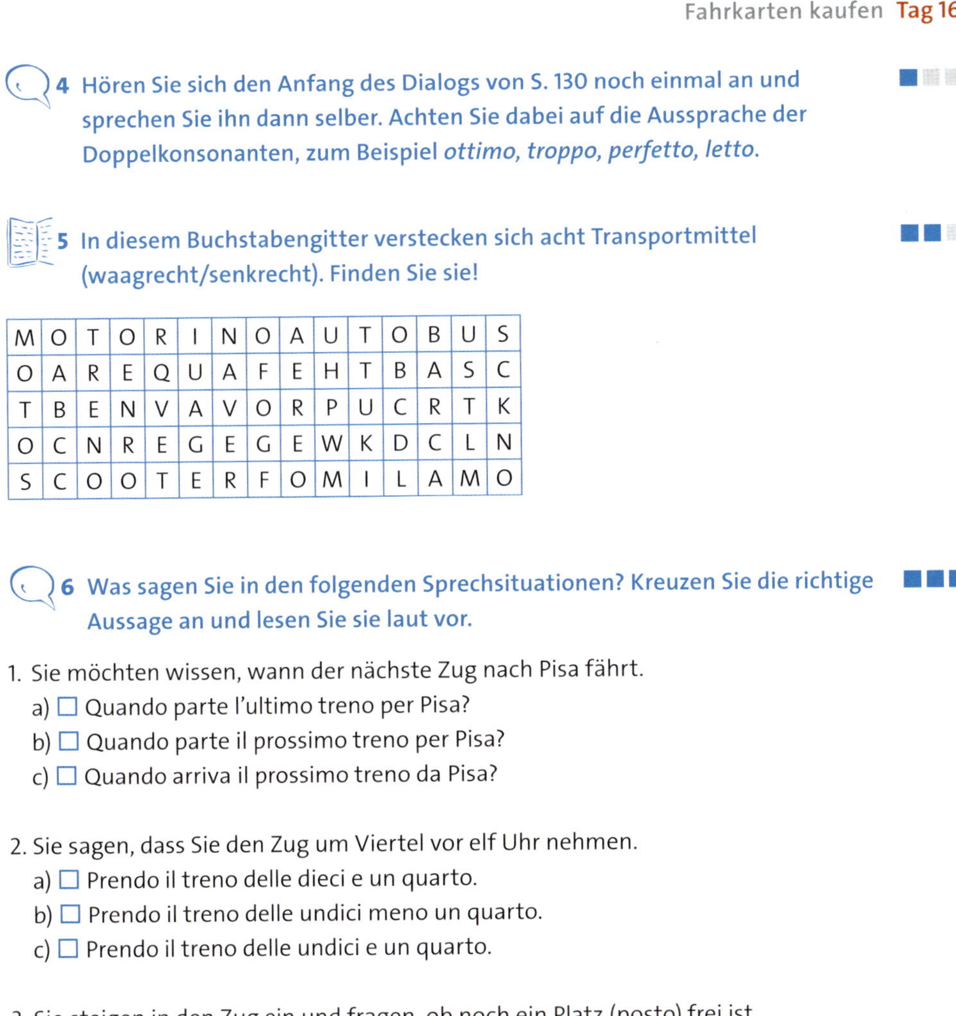

4 Hören Sie sich den Anfang des Dialogs von S. 130 noch einmal an und sprechen Sie ihn dann selber. Achten Sie dabei auf die Aussprache der Doppelkonsonanten, zum Beispiel *ottimo, troppo, perfetto, letto.*

5 In diesem Buchstabengitter verstecken sich acht Transportmittel (waagrecht/senkrecht). Finden Sie sie!

M	O	T	O	R	I	N	O	A	U	T	O	B	U	S
O	A	R	E	Q	U	A	F	E	H	T	B	A	S	C
T	B	E	N	V	A	V	O	R	P	U	C	R	T	K
O	C	N	R	E	G	E	G	E	W	K	D	C	L	N
S	C	O	O	T	E	R	F	O	M	I	L	A	M	O

6 Was sagen Sie in den folgenden Sprechsituationen? Kreuzen Sie die richtige Aussage an und lesen Sie sie laut vor.

1. Sie möchten wissen, wann der nächste Zug nach Pisa fährt.
   a) ☐ Quando parte l'ultimo treno per Pisa?
   b) ☐ Quando parte il prossimo treno per Pisa?
   c) ☐ Quando arriva il prossimo treno da Pisa?

2. Sie sagen, dass Sie den Zug um Viertel vor elf Uhr nehmen.
   a) ☐ Prendo il treno delle dieci e un quarto.
   b) ☐ Prendo il treno delle undici meno un quarto.
   c) ☐ Prendo il treno delle undici e un quarto.

3. Sie steigen in den Zug ein und fragen, ob noch ein Platz (posto) frei ist.
   a) ☐ È libero questo posto?
   b) ☐ È libera questa pizza?
   c) ☐ È libera questa piazza?

7 Antworten Sie unter Verwendung von Doppelpronomen.

1. Porti questo caffè a Linda?

   Certo che .... porto.

2. Mi ordini una pizza?

   Sì, ... ordino.

3. Compri un gelato per noi?

   Va bene, ... copro.

8 Kreuzen Sie die passende Antwort an.

1. Sie bezahlen ein Bahnticket über 24,30 € mit 30 € in Scheinen.
   Wieviel bekommen Sie zurück?
   a) ☐ cinque euro e sessanta centisimi
   b) ☐ cinque euro e settana centesimi
   c) ☐ sei euro e settanta centesimi

2. Sie bezahlen eine Taxifahrt über 17.60 € mit einer 20-Euro-Note.
   Wieviel bekommen Sie zurück?
   a) ☐ due euro e quaranta centesimi
   b) ☐ due euro e sessanta centesimi
   c) ☐ tre euro e quaranta centesimi

Kulturtipp In treno o in macchina?

Wer mit den **Trenitalia** genannten italienischen **Ferrovie dello Stato** *Staatseisenbahnen* reist, tut gut daran, sich rechtzeitig am **sportello** *Bahnschalter oder im Internet* (**www.ferroviedellostato.it**) über preisgünstige **promozioni** *Sonderangebote*, aber auch über einen angekündigten **sciopero** *Streik* zu informieren. Für Schnellzüge wie Eurostar und Intercity ist ein Zuschlag oder eine Platzreservierung obligatorisch. Und vergessen Sie nie, Ihre Fahrkarte an einem der gelben Automaten am Bahnhof zu entwerten, sonst droht Ihnen eine Geldbuße!

Da der öffentliche Nahverkehr in Italien leider schlecht ausgebaut ist und Verspätungen an der Tagesordnung sind, benutzen viele **pendolari** *Pendler* für den Arbeitsweg das Auto. Das führt zur **ora di punta** *Stoßzeit*, oft zum Verkehrschaos, vor allem, wenn es regnet, weil dann auch die Rad- und Motorradfahrer mit dem Auto unterwegs sind und auf dem Weg zur Arbeit noch die Kinder in der Schule und im Kindergarten abliefern müssen.

Was können Sie schon?

	☺	😐	☹	
■ Sich über Abfahrts- und Ankunftszeiten informieren	■	■	■	▸ *Ü1*
■ Aufforderungen und Ratschläge verstehen und geben	■	■	■	▸ *Ü2*
■ Eine Fahrkarte für eine Zugfahrt oder einen Flug buchen	■	■	■	▸ *Ü3*

Tag 17 Sich in der Stadt orientieren

In dieser Lektion lernen Sie

- eine Wegbeschreibung zu verstehen und zu formulieren
- Aufforderungen zu formulieren
- Himmelsrichtungen, Richtungsangaben sowie örtliche Bezugsangaben
- Ordnungszahlen

2/6 Dov'è l'albergo?

Stefano Eccoci. Venite, cerchiamo il nostro albergo! Dammi la tua valigia, Livia! ... Mi scusi, che direzione devo prendere per Calle della Masena?

Passante Calle della Masena? Non so ... Dove si trova più precisamente?

Stefano A pochi passi dall'antico ghetto ebraico.

Passante Ah, nel quartiere Cannaregio? Sì, allora è vicino, sono circa 15 minuti a piedi.

Stefano E come faccio ad arrivarci?

Passante È semplice: Vada da questa parte verso Piazzale Roma, prenda la seconda strada a destra e continui sempre dritto lungo il ...

Stefano ... il Canal Grande?

Passante Sì. Passi davanti al museo e continui fino al Ponte degli Scalzi.

Stefano È il ponte di fronte al Palazzo Soranzo?

Passante Sì, esatto. Attraversi quel ponte e giri a sinistra. Vada avanti e lì vicino dev'essere il Calle della Masena.

Stefano Posso arrivarci anche con un mezzo di trasporto pubblico?

Passante Sì. Da Piazzale Roma può prendere il Vaporetto, linea 1, e scendere a San Marcuolo Casinò.

Stefano Quante fermate sono?

Passante Deve scendere ... alla terza fermata.

Stefano Grazie mille. Arrivederci.

Fragen zum Dialog

Kreuzen Sie die richtige Antwort an.

1. L'albergo si trova ...
   a) ☐ al Ponte degli Scalzi b) ☐ in Calle della Masena c) ☐ al Canal Grande
2. Di fronte al Palazzo Soranzo c'è ...
   a) ☐ il Ponte degli Scalzi b) ☐ il Piazzale Roma c) ☐ il ghetto ebraico
3. Quale mezzo di trasporto si può prendere?
   a) ☐ l'autobus b) ☐ la metropolitana c) ☐ il vaporetto

Wo ist das Hotel?

Stefano Hier sind wir. Kommt, wir suchen unser Hotel! Gib mir deinen Koffer, Livia! ... Entschuldigen Sie, in welche Richtung muss ich gehen, um zur Calle della Masena zu kommen?

Passant Calle della Masena? Ich weiß nicht ... Wo liegt sie genau?

Stefano Ganz in der Nähe des alten jüdischen Ghettos.

Passant Ach so, im Viertel Cannaregio? Ja, das ist in der Nähe, es sind ungefähr 15 Minuten zu Fuß.

Stefano Und wie komme ich dahin?

Passant Ganz einfach: Gehen Sie von hier aus in Richtung Piazzale Roma, nehmen Sie die zweite Straße rechts und gehen Sie immer geradeaus, entlang dem ...

Stefano ... dem Canal Grande?

Passant Ja. Gehen Sie am Museum vorbei und weiter bis zur Ponte degli Scalzi.

Stefano Das ist die Brücke gegenüber vom Palazzo Soranzo?

Passant Ja, genau. Überqueren Sie diese Brücke und biegen Sie links ab. Gehen Sie weiter und dort in der Nähe muss die Calle della Masena sein.

Stefano Kann ich dort auch mit einem öffentlichen Verkehrsmittel hinkommen?

Passant Ja. Am Piazzale Roma können Sie das Vaporetto nehmen, Linie 1, und an der Haltestelle San Marcuolo Casinò aussteigen.

Stefano Wie viele Haltestellen sind das?

Passant ... Sie müssen an der dritten Haltestelle aussteigen.

Stefano Vielen Dank. Auf Wiedersehen.

Tag 17 Lernwortschatz

3/15

antico, -a	alt, antik
attraversare	überqueren
avanti	vorwärts
calle *f*	Gasse (in Venedig)
chiesa *f*	Kirche
circa	ungefähr
continuare	weitermachen
destro, -a	rechte(r)
di fronte a	gegenüber von
direzione *f*	Richtung
dritto, -a	geradeaus
ebraico, -a	jüdisch
esatto	genau, exakt
fermata *f*	Haltestelle
fino a	bis zu
ghetto *m*	Ghetto
girare	wenden, abbiegen
lettera *f*	Brief
lì	dort
linea *f*	Linie
lungo il/la	dem/der ... entlang
nulla	nichts
numero *m*	Nummer
passare davanti a	vorbeigehen an
passo *m*	Schritt
ponte *m*	Brücke
posta *f*	Post
precisamente	genau
pubblico, -a	öffentlich
scendere	aussteigen
secondo, -a	zweite(r)
semaforo *m*	Ampel
semplice	einfach
strada *f*	Straße
sinistro, -a	linke, -r
trasporto *m* pubblico	öffentlicher Verkehr
trovarsi	sich befinden
vaporetto *m*	kleines Motorschiff
verso	hier: in Richtung

Himmelsrichtungen	
nord (il settentrione)	Norden
ovest (l'occidente)	Westen
est (l'oriente)	Osten
sud (il meridione)	Süden
nord-est	Nordosten
sud-est	Südosten
nord-ovest	Nordwesten
sud-ovest	Südwesten

Grammatik und Redemittel

Imperativ einiger unregelmäßiger Verben ► §6.10

Einige unregelmäßige Befehlsformen kennen Sie bereits (**mi dica**, **senta**), hier sind noch einige weitere:

	andare	venire	stare	fare	dire	avere	essere
(tu)	vai/va	vieni	stai/sta	fai/fa	dì	abbi	sii
(Lei)	vada	venga	stia	faccia	dica	abbia	sia
(noi)	andiamo	veniamo	stiamo	facciamo	diciamo	abbiamo	siamo
(voi)	andate	venite	state	fate	dite	abbiate	siate

Ordnungszahlen

1. primo
2. secondo
3. terzo
4. quarto
5. quinto
6. sesto
7. settimo
8. ottavo
9. nono
10. decimo
11. undicesimo
100. centesimo

Achtung:
Die Ordnungszahlen stimmen in Geschlecht und Zahl mit dem betreffenden Substantiv überein:
la prima strada *die erste Straße*
il secondo ponte *die zweite Brücke*

Nach dem Weg fragen

Che direzione devo prendere per ... ? – *In welche Richtung muss ich gehen, um ... ?*
Mi sa dire e... – *Können Sie mir sagen, ...*
fino a – *bis zu*
girare a destra – *rechts abbiegen*
girare a sinistra – *links abbiegen*
attraversare la piazza / il ponte – *den Platz / die Brücke überqueren*
passare davanti a – *vorbeigehen an*
lungo la strada / il canale – *die Straße / den Kanal entlang*

Übungen

2/7

1 Hören Sie den Dialog. Nummerieren Sie dann die Bilder in der richtigen Reihenfolge.

1. ☐
2. ☐
3. ☐
4. ☐
5. ☐
6. ☐

2 Ergänzen Sie die Verben im Imperativ.

1. Per favore, ... (portare) questo documento alla posta, dottore!
2. .... (avere) pazienza, signor Neri, ma la sua lettera non va bene, mi dispiace.
3. .... (dire) la verità, dottore!
4. Per favore, ... (telefonare) subito alla signora Licondi!
5. Dottor Croce, ... (fare) delle fotocopie di questi documenti!
6. Dobbiamo parlare, dottore. .... (chiudere) la porta, per favore!

2/8

3 Lesen Sie den Dialog und übernehmen Sie die Rolle von Rita.

Rita Mi scusi, che autobus devo prendere per il centro?
Passante Sì, ehm ... può prendere il 5 o il 12.
Dove deve andare, esattamente?
Rita In Piazza Garibaldi.
Passante Allora deve prendere il 5.
Rita Grazie. ... A quale fermata devo scendere?
Passante Per Piazza Garibaldi deve scendere al Ponte di Mezzo.
Rita E Piazza Garibaldi è lì vicino?
Passante Sì, deve attraversare il ponte ed è subito in Piazza Garibaldi.
Rita Benissimo. Quante fermate sono?
Passante Ehm ... è la quinta o sesta fermata, mi sembra.
Rita Grazie mille.

4 Sie sind in einer italienischen Stadt unterwegs und müssen nach dem Weg fragen. Kreuzen Sie die richtige Aussage an und sprechen Sie sie laut aus.

1. Sie bitten einen Passanten um eine Information.
   a) ☐ Scusi, vorrei un'informazione, per favore.
   b) ☐ Scusa, vorrei un'informazione, per favore.
   c) ☐ Scusi, vorrei un'insalata, per favore.

2. Sie möchten wissen, welche Richtung Sie einschlagen müssen.
   a) ☐ Mi scusi, che indirizzo devo prendere?
   b) ☐ Mi scusi, che direzione devo prendere?
   c) ☐ Mi scusi, che strada devo prendere?

3. Sie sind im Autobus und möchten wissen, wie viele Haltestellen es bis zum Bahnhof sind.
   a) ☐ Scusi, quante stazioni sono fino alla fermata?
   b) ☐ Scusa, quante fermate sono fino alla stazione?
   c) ☐ Scusi, quante fermate sono fino alla stazione?

5 Lösen Sie das Kreuzworträtsel, bei dem es um die Himmelsrichtungen geht.

1) Norden
2) Osten
3) Südosten
4) Süden
5) Westen
6) Nordwesten

6 Hören Sie sich den Dialog von Übung 2 noch einmal an und beantworten Sie dann die Fragen.

1. Rita vuole andare in centro...
   a) ☐ ... a piedi
   b) ☐ .... in treno
   c) ☐ .... in autobus

2. Dove vuole andare Rita?
   a) ☐ al Ponte di Mezzo
   b) ☐ in Piazza Garibaldi
   c) ☐ vicino al centro

3. Quante fermate sono?
   a) ☐ cinque o sei
   b) ☐ sette
   c) ☐ tre o quattro

7 Ein italienischer Tourist fragt Sie nach dem Weg zum Bahnhof. Antworten Sie unter Verwendung der Verbformen im Imperativ formal.

.... 1. (prendere) la prima strada a destra e poi .... 2. (girare) subito a sinistra. Si trova su una piazza. .... 3. (attraversare) questa piazza e .... 4. (andare) sempre diritto fino al semaforo. Dopo il semaforo .... 5. (prendere) la prima strada a destra e .... 6. (continuare) sempre diritto. Così arriva alla stazione.

8 Schreiben Sie die Ordnungszahl aus, die Sie aus der Vorgabe in Klammern ableiten.

1. la .... strada a sinistra (1)
2. il .... semaforo (3)
3. il .... caffè del giorno (1)
4. la .... fermata (5)
6. la .... chiesa in Via Garibaldi (3)

Kulturtipp
Italia non è Italia

Geopolitisch bestehen riesige Unterschiede zwischen dem Norden und dem Süden Italiens. Der Lebensstandard in Norditalien liegt über dem europäischen Durchschnitt, derjenige Süditaliens weit darunter. Dieses Nord-Süd-Gefälle zieht sich durch die ganze Geschichte und Entwicklung Italiens. Doch auch der Norden und der Süden des Landes sind keine homogenen Gebiete. In Norditalien haben das **Piemonte** *Piemont* und die **Lombardia** *Lombardei*, aber auch der Nordwesten (**Piemonte, Liguria** *Ligurien*) und der Nordosten (**Veneto** *Venetien*, **Friuli** *Friaul*) ganz unterschiedliche Traditionen. Und Süditalien ist genauso wenig homogen: Städte wie **Napoli** *Neapel*, **Bari** oder **Palermo** könnten nicht unterschiedlicher sein!

Nur einen Ort gibt es, der im ganzen Land für die italienische Lebensart typisch ist: **la piazza** *Platz*. Sie hat in Italien eine öffentliche und politische Funktion. Demonstrierende Italiener **scendono in piazza** *gehen auf den Platz hinaus*, wo die Deutschen „auf die Straße“ gehen. Aber auch hier gilt: **piazza non è piazza**. Italienische Plätze können **piazzetta** *kleiner Platz*, **piazzale** *großer Platz*, **campo** (von Lat. *campus*) oder klassisch **foro** *Forum* heißen.

Was können Sie schon?

	☺	😐	☹	
■ eine Wegbeschreibung verstehen und formulieren	☐	☐	☐	▸ *Ü1, Ü3*
■ Bei der Benutzung öffentlicher Verkehrsmittel nach dem Weg fragen	☐	☐	☐	▸ *Ü3*
■ Aufforderungen verstehen und formulieren	☐	☐	☐	▸ *Ü1, Ü2*

Tag 18

Im Hotel

In dieser Lektion lernen Sie

- in einem Hotelzimmer einzuchecken
- Objekte im Raum zu lokalisieren
- Bezeichnungen für Möbel kennen

2/9

Arrivati!

Stefano Buongiorno. Ho telefonato ieri
e ho prenotato due camere a nome di Renzoni.

Reception Un attimo che guardo ... Sì, ecco, una camera matrimoniale e una camera doppia con letto aggiuntivo, per tre notti.

Stefano Esatto.

Reception Mi dia un documento, per favore.

Stefano Certo, ma ho solo la patente con me.

Reception Va bene anche la patente.

Stefano Eccola. ... Mi date anche le vostre carte d'identità?

Reception Grazie.

Linda Mi scusi, stasera devo inviare delle e-mail dal mio portatile.
C'è un collegamento Internet nella nostra camera?

Reception Certamente, signora.

Linda Perfetto, grazie.

Reception Ecco le vostre chiavi. Le camere sono le numero 23 e 25 al secondo piano. L'ascensore si trova in fondo al corridoio a destra.

Linda Spero che le camere non siano troppo rumorose.

Reception Non si preoccupi, signora. Le camere danno su un cortile interno e sono molto tranquille.

Linda Sono contenta.

Reception La prima colazione è servita nella saletta qui a sinistra, accanto alle scale, dalle sette alle dieci e mezza.

Fragen zum Dialog

Kreuzen Sie an.

	vero	falso
1. Stefano ha prenotato due camere per 3 notti.	☐	☐
2. Come documento d'identità va bene anche la patente.	☐	☐
3. Nell'hotel non c'è l'ascensore.	☐	☐
4. La prima colazione è dalle 7.00 alle 10.00	☐	☐

Angekommen!

Stefano Guten Tag. Ich habe gestern angerufen und zwei Zimmer auf den Namen Renzoni reserviert.

Rezeption Einen Augenblick, ich schaue nach ... Ja, stimmt. Ein Doppelzimmer und ein Zweibett-Zimmer mit einem Zusatzbett für drei Nächte.

Stefano Richtig.

Rezeption Geben Sie mir bitte einen Ausweis?

Stefano Natürlich. Ich habe aber nur den Führerschein dabei.

Rezeption Der Führerschein ist auch in Ordnung.

Stefano Hier, bitte. ... Gebt ihr mir auch eure Personalausweise?

Rezeption Danke.

Linda Entschuldigen Sie, ich muss heute Abend noch E-Mails von meinem Laptop aus verschicken. Gibt es einen Internetanschluss in unserem Zimmer?

Rezeption Natürlich, Signora.

Linda Ausgezeichnet, danke.

Rezeption Hier sind Ihre Schlüssel. Die Zimmer haben die Nummer 23 und 25 im zweiten Stock. Der Aufzug befindet sich ganz hinten im Korridor rechts.

Linda Ich hoffe, die Zimmer sind nicht allzu laut.

Rezeption Keine Sorge, Signora. Die Zimmer gehen auf einen Innenhof und sind ganz ruhig.

Linda Da bin ich froh.

Rezeption Das Frühstück wird von 7.00 Uhr bis 10.30 Uhr im kleinen Saal hier links neben der Treppe serviert.

Tag 18 Lernwortschatz

3/16

armadio *m*	Schrank
ascensore *m*	Aufzug
cadere	fallen
carta *f* d'identità	Personalausweis
chiave *f*	Schlüssel
collegamento *m* Internet	Internetanschluss
comodino *m*	Nachttisch
cortile *m*	Hof
dare su	gehen auf
documento *m*	Dokument, Ausweis
e-mail *f*	E-Mail
finestra *f*	Fenster
inviare	verschicken, versenden
interno	innere, Innen-
lampada *f*	Lampe
mettere	setzen, stellen, legen
notte *f*	Nacht
patente *f*	Führerschein
portatile *m*	Laptop
preoccuparsi	sich Sorgen machen
scala *f*	Treppe
saletta *f*	kleiner Saal
sedia *f*	Stuhl
servire	hier: bedienen, servieren
sperare	hoffen
spostare	verschieben
stanza *f*	Raum, Zimmer
tavolo *m*	Tisch
telefonare	telefonieren
televisore *m*	Fernseher

Ortsangaben	
vicino a	nah bei / in der Nähe von
di fronte a	gegenüber
accanto a	neben
davanti a	vor
dietro a	hinter
tra/fra	zwischen
sopra a	auf, über
sotto a	unter
dentro a	in
per terra	am Boden
in fondo a	ganz hinten/unten

Grammatik und Redemittel

Adjektive ▸ *§3.1*

Für die Adjektive haben Sie schon gute Vorarbeit geleistet, denn ihre Formenbildung folgt dem zugehörigen Substantiv.

	Singular	Plural
Femininum	**contenta** zufrieden	**contente**
Maskulinum	**contento** zufrieden	**contenti**
Adjektiv auf -e	**grande** groß	**grandi**

Achtung:

Im Gegensatz zum Deutschen werden italienische Adjektive **immer** dem Substantiv angeglichen:

La camer**a** è tranquill**a**. *Das Zimmer ist ruhig.*

Le camer**e** sono tranquill**e**. *Die Zimmer sind ruhig.*

Das Verb *dare*

	dare geben	Imperativ	
(io)	**do**		
(tu)	**dai**	(tu)	**dà/dai**
(lui/lei/Lei)	**dà**	(Lei)	**dia**
(noi)	**diamo**	(noi)	**diamo**
(voi)	**date**	(voi)	**date**
(loro)	**danno**		

Präpositionen und bestimmte Artikel ▸ *§1.4*

Die Bildung des Teilungsartikels (**di** + Artikel) kennen Sie aus ▸ *Tag 7*. Analog dazu werden auch die anderen Präpositionen mit bestimmtem Artikel zu einem Wort verbunden:

+	il	lo	l'	la	i	gli	le
a	al	allo	all'	alla	ai	agli	alle
da	dal	dallo	dall'	dalla	dai	dagli	dalle
in	nel	nello	nell'	nella	nei	negli	nelle
su	sul	sullo	sull'	sulla	sui	sugli	sulle

Tag 18 Übungen

1 Ordnen Sie die Möbelbezeichnungen den abgebildeten Gegenständen zu.

a) la sedia
b) il tavolo
c) la finestra
d) il televisore
e) il letto
f) il comodino
g) la lampada
h) l'armadio

2/10

2 Lesen Sie den Dialog und übernehmen Sie die Rolle von Bettina.

Stefano Oddio, non trovo più le chiavi. Amore, hai visto le mie chiavi?
Bettina Sì, le ho trovate in frigorifero.
Stefano Ah, sì? E poi?
Bettina Le ho messe sul tavolo in salotto.
Stefano Ma non ci sono.
Bettina Sì, perché a pranzo abbiamo mangiato sul tavolo e quindi ho spostato le chiavi.
Stefano E dove?
Bettina Le ho messe sul divano.
Stefano Ma non le vedo.
Bettina Ma sì! Sono accanto al gatto.
Stefano Ma, non ci sono!
Bettina Forse sono cadute. Guarda per terra, sotto, davanti e dietro il divano!
Stefano Non ci sono!
Bettina Ecco le tue chiavi! Sul divano – ma con il gatto sopra.

2/11

3 Hören Sie den Dialog und kreuzen Sie an.

	vero	falso
1. Roberto Neri ha prenotato una camera.	☐	☐
2. La Reception gli chiede un documento.	☐	☐
3. Nella camera c'è un collegamento Internet	☐	☐
4. L'albergo non ha un ascensore.	☐	☐

4 Sie sind im Hotel und möchten eine Frage stellen. Kreuzen Sie die richtige Aussage an und sprechen Sie sie laut aus.

1. Sie möchten wissen, um welche Zeit man frühstücken kann.
   a) ☐ A che ora è la colazione?
   b) ☐ Quando si mangia?
   c) ☐ Quanto si mangia?

2. Im Bad Ihres Hotelzimmers kommt kein warmes Wasser aus dem Hahn.
   a) ☐ Nel mio bagno esce solo acqua calda.
   b) ☐ Nel mio bagno non esce acqua calda.
   c) ☐ Nel mio bagno non esce acqua.

3. Sie möchten wissen, wo sich der Aufzug befindet.
   a) ☐ Mi scusi, dove si trova l'ascensore?
   b) ☐ Mi scusi, come è l'ascensore?
   c) ☐ Mi scusi, quanti ascensori ci sono?

5 Vervollständigen Sie die Sätze mit den richtigen Präpositionen.

dalla   al   sulla   al   alle

1. Ho letto un bel libro .... Torre pendente.
2. Martin arriva domani .... Gemania.
3. Ci troviamo .... 17.30 davanti .... cinema.
4. La stanza si trova .... terzo piano.

6 Schauen Sie sich die Zeichnung von Übung 1 noch einmal an. Wo befinden sich die Möbel? Verbinden Sie die Satzteile.

1. L'armadio si trova → d)	a) dietro il letto.
2. Il televisore si trova	b) sul comodino.
3. La lampada si trova	c) sotto il televisore.
4. La finestra si trova	d) accanto al tavolo.
5. Il tavolo si trova	e) di fronte al letto.

7 Erkennen Sie die Möbelbezeichnungen? Bringen Sie die Silben in die richtige Reihenfolge.

1. vo-ta-lo ....
2. dio-ar-ma ....
3. pa-da-lam ....
4. mo-co-no-di ....
5. to-let ....
6. fi-stra-ne ....

8 Welches Wort passt nicht in die Reihe? Kreuzen Sie an.

	a)	b)	c)	d)
1.	☐ a destra	☐ avanti	☐ diritto	☐ semaforo
2.	☐ bar	☐ teatro	☐ ristorante	☐ pizzeria
3.	☐ attraversare	☐ girare	☐ continuare	☐ albergo
4.	☐ per favore	☐ mi sa dire	☐ caffè	☐ mi scusi

Kulturtipp
Informazioni turistiche

Viele Länder sind reich an Kunstschätzen. Weltweit einzigartig an Italien ist aber, dass sich herausragende Kunstwerke nicht nur in den **musei** *Museen*, **mostre d'arte** *Kunstausstellungen* und **chiese** *Kirchen* der großen Städte und Kulturmetropolen finden, sondern oft in ganz kleinen Dörfern irgendwo auf dem Land. Für Auskünfte über die Sehenswürdigkeiten wenden Sie sich am besten an die **Azienda di promozione turistica (APT)** *Fremdenverkehrsamt*. Die meisten Kirchen sind tagsüber geöffnet und frei zugänglich, doch während der Messe sind fotografierende Touristen in Flip-Flops und Strandbekleidung nicht gern gesehen. Die Museen und Ausstellungen können unterschiedliche Öffnungszeiten haben. Normalerweise sind sie montags geschlossen. Tipp: Wenn Sie im Internet in einer Suchmaschine „apt" und die Ortschaft eingeben, also z. B. „apt pisa", werden Sie auf Webseiten verwiesen, die Ihnen Auskunft geben. In der Regel gibt es bei Museen und Kinos ein **biglietto ridotto** *ermäßigtes Ticket* für **invalidi** *Behinderte*, **pensionati** *Rentner* und **gruppi** *Gruppen*.

Was können Sie schon?

	☺	😐	☹	
■ Möbel benennen	■	■	■	▸ Ü1
■ Objekte im Raum lokalisieren	■	■	■	▸ Ü2
■ in einem Hotelzimmer einchecken	■	■	■	▸ Ü3

Tag 19 Körperliche Beschwerden

In dieser Lektion lernen Sie

- körperliche Beschwerden zu formulieren
- Verbote und Ratschläge auszusprechen und zu verstehen
- die Bezeichnungen für Körperteile kennen

2/12 In farmacia!

Stefano Ecco il famoso ponte di Rialto. Guardatelo. Come è bello!
Linda Davvero! Oh ... ahhh ... ahi ahi ...
Martin Ma cosa fai? Dammi la mano, ti aiuto. Alzati!
Linda Non ci riesco. Ah, che dolore! Mi fa male il piede.
Stefano Non appoggiarlo! Vieni, qui vicino c'è una farmacia.

Vanno tutti insieme alla farmacia.

Farmacista Buongiorno. Posso aiutarLa?
Linda Buongiorno. Sono inciampata sul ponte di Rialto. Mi fa terribilmente male il piede.
Farmacista Mi faccia vedere ... il piede è gonfio.
Linda Sì, un po'.
Farmacista Le do un gel antinfiammatorio.
Linda Va bene. Il mio braccio sanguina.
Farmacista Lo curiamo subito. Si tolga la giacca, signora!
Linda Ho battuto anche la testa e mi fa male.
Farmacista Per il braccio Le do una crema che disinfetta le ferite.
Linda Va bene.
Farmacista Vuole qualcosa contro il mal di testa?
Linda Sì, grazie. Quante pastiglie devo prendere?
Farmacista Ne prenda due a stomaco pieno. Per il resto Le consiglio di stare a riposo. Non appoggi il piede fino a domani!

Fragen zum Dialog

Beantworten Sie die Fragen.

1. Che cosa fa male a Linda?

....

2. Cosa le dà il farmacista per il braccio?

....

3. Quante pastiglie deve prendere contro il mal di testa?

....

In der Apotheke

Stefano Hier ist die berühmte Rialto-Brücke. Schaut sie euch an. Wie schön!
Linda Tatsächlich! Oh ... ahhh ... aua aua...
Martin Was machst du denn? Gib mir die Hand, ich helfe dir. Steh auf!
Linda Ich kann nicht. Aua, was für ein Schmerz ! Der Fuß tut mir weh.
Stefano Tritt nicht auf! Komm, hier in der Nähe ist eine Apotheke.

Alle zusammen gehen zur Apotheke.

Apotheker Guten Tag. Kann ich Ihnen behilflich sein?
Linda Guten Tag. Ich bin auf der Rialto-Brücke gestolpert. Mein Fuß tut mir schrecklich weh.
Apotheker Lassen Sie mal sehen ... der Fuß ist geschwollen.
Linda Ja, ein wenig.
Apotheker Ich gebe Ihnen ein entzündungshemmendes Gel.
Linda Okay. Mein Arm blutet.
Apotheker Das behandeln wir gleich. Ziehen Sie die Jacke aus, Signora!
Linda Ich bin auch mit dem Kopf aufgeschlagen, und er tut mir weh.
Apotheker Für die Schürfungen am Arm gebe ich Ihnen eine Creme, die die Wunden desinfiziert.
Linda Ja, gut.
Apotheker Möchten Sie etwas gegen die Kopfschmerzen?
Linda Ja, gern. Wie viele Tabletten soll ich nehmen?
Apotheker Nehmen Sie zwei davon, mit vollem Magen. Ansonsten rate ich Ihnen, sich auszuruhen. Treten Sie mit dem Fuß bis morgen nicht auf!

Tag 19 Lernwortschatz

3/17

aiutare	helfen
allergico, -a	allergisch auf
applicare	anwenden
appoggiare	aufstützen
battere	(auf-)schlagen
camminare	gehen
compressa *f*	Tablette
contro	gegen
crema *f*	Creme
curare	behandeln
dente *m*	Zahn
dolore *m*	Schmerz
fare vedere	zeigen, sehen lassen
farmacia *f*	Apotheke
farmacista *m/f*	der Apotheker, die Apothekerin
farsi male	(sich) weh tun
febbre *f*	Fieber
ferita *f*	Wunde
gel *m*	Gel
giacca *f*	Jacke
gonfio, -a	geschwollen
inciampare	stolpern
mal *m* **di testa/schiena/gola**	Kopf-/Rücken-/Halsschmerzen
malato, -a	krank
pastiglia *f*	Tablette, Pastille
per il resto	ansonsten, außerdem
pieno, -a	voll
raffreddore *m*	Erkältung
riuscire a	gelingen
sanguinare	bluten
sentirsi male	sich schlecht fühlen
stare a riposo	sich ausruhen
terribilmente	schrecklich
togliersi	ausziehen, wegnehmen
tosse *f*	Husten

Der menschliche Körper

1. la testa
2. l'occhio, gli occhi
3. il naso
4. la bocca
5. l'orecchio, le orecchie
6. il collo *außen*, la gola *innen*
7. la pancia
8. il braccio, le braccia
9. la mano, le mani
10. la gamba, le gambe
11. il ginocchio, le ginocchia
12. il piede, i piedi

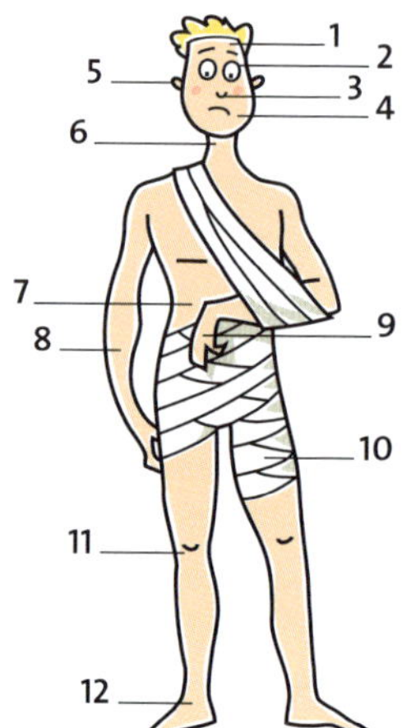

Grammatik und Redemittel

Verneinung im Imperativ ▸ *§6.10*

Wenn Sie ein Verbot aussprechen, verwenden Sie in der Du-Form **non** + **Infinitiv**:
Non guardare! *Schau nicht!*
Vor allen anderen Formen setzen Sie ein **non**:
Non appoggi il piede, signora! *Treten Sie mit dem Fuß nicht auf, Signora!*

Imperativ und Pronomen ▸ *§6.10*

In der 2. Person Singular (tu) und in der 1. und 2. Person Plural (noi, voi) werden die Objektpronomen direkt an das Verb angehängt:
Guardate**lo**! *Schaut ihn (an)!*
Bei der Verneinung in der Du-Form entfällt der letzte Buchstabe des Verbs:
Non appoggiar**lo**! *Stell ihn nicht ab!*

In der Höflichkeitsform (Lei) bleiben die Pronomen vor dem Verb:
Mi faccia vedere, signora! *Lassen Sie mich sehen, Signora!*

Bei den gekürzten Imperativformen der 2. Person Singular (dare – dà, dire – dì, fare – fà, stare – sta) verdoppeln sich die Anfangsbuchstaben der Pronomen:
Dammi la mano! (dà + mi) *Gib mir die Hand!*

Körperliche Beschwerden formulieren

Mi sento male. – *Ich fühle mich schlecht.*
Sono malato/-a. – *Ich bin krank.*
Ho la febbre. – *Ich habe Fieber.*
Ho la tosse e il raffreddore. – *Ich habe Husten und eine Erkältung.*
Ho mal di pancia/testa/gola. – *Ich habe Bauch-/Kopf-/ Halsschmerzen.*
Mi fa male un dente. – *Mir tut ein Zahn weh.*
Sono allergico a ... – *Ich bin allergisch auf ...*

Tag 19 Übungen

1 Der Apotheker gibt Linda Ratschläge. Setzen Sie die Verben in den Imperativ.

1. .... (andare) a dormire!
2. Non .... (camminare) troppo.
3. .... (prendere) una pastiglia.
4. .... (leggere) un bel libro.
5. .... (stare) a riposo.
6. .... (applicare) il gel sul piede.

2/13

2 Schauen Sie die Personen auf den Zeichnungen an und sagen Sie, was ihnen weh tut. Hören und kontrollieren Sie.

1.

2.

3.

3 Lesen Sie den Beipackzettel des Medikaments und beantworten Sie die Fragen.

DOLORSTOP
A. composizione
1 compressa di DOLORSTOP contiene 200 mg di ibuprofene sotto forma di sale di arginina ed eccipienti.
B. Indicazioni terapeutiche DOLORSTOP calma i dolori e abbassa la febbre.
C. Posologia
Tre compresse al giorno a stomaco pieno.
D. Precauzioni d'uso
Ipersensibilità verso il principio attivo, asma, patologie renali.

1. Dieses Medikament hilft bei ...
   a) ☐ Zahnschmerzen. b) ☐ Verstauchungen. c) ☐ Magengeschwüren.
2. Wie viele Tabletten muss man einnehmen?
   a) ☐ zwei bei vollem Magen b) ☐ drei c) ☐ drei bei vollem Magen
3. Wann sollte das Medikament nicht eingenommen werden? Bei ...
   a) ☐ Migräne b) ☐ Asthma c) ☐ Pollenallergie

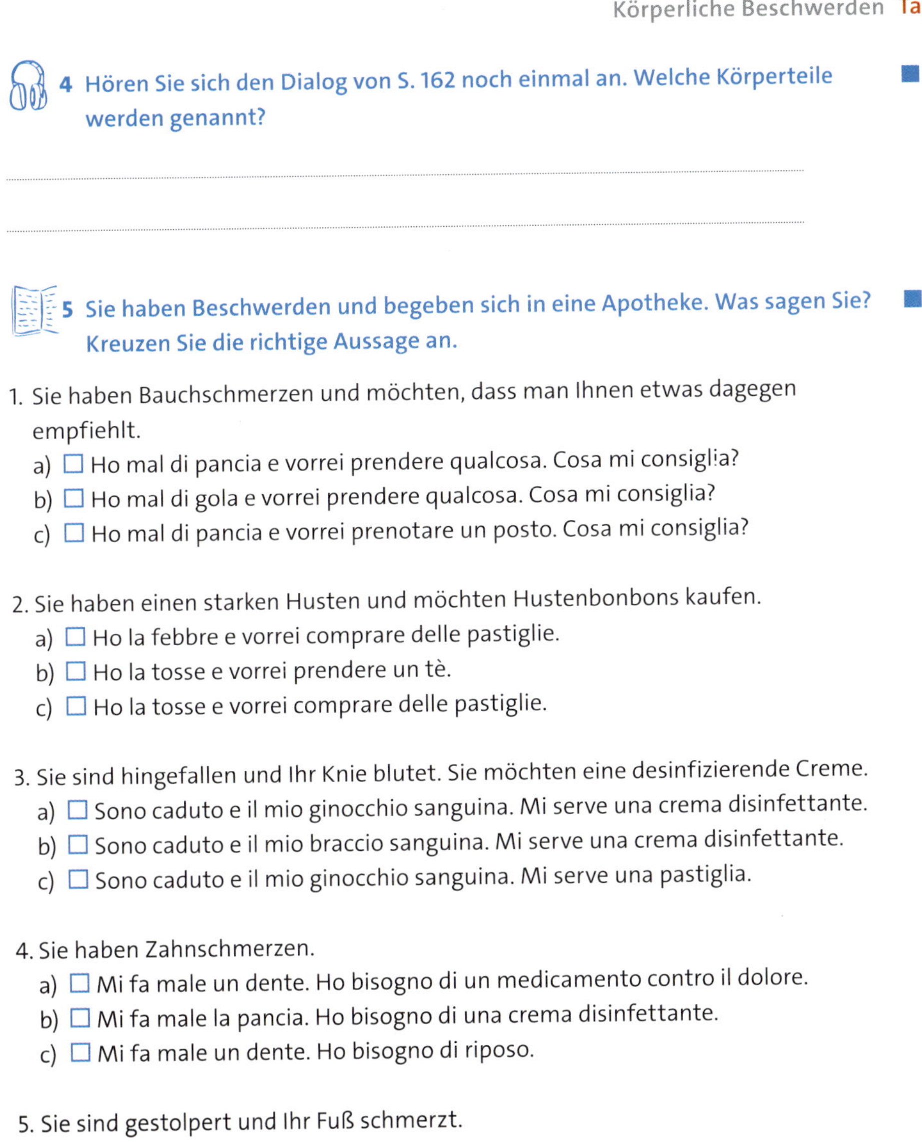

4 Hören Sie sich den Dialog von S. 162 noch einmal an. Welche Körperteile werden genannt?

....

....

5 Sie haben Beschwerden und begeben sich in eine Apotheke. Was sagen Sie? Kreuzen Sie die richtige Aussage an.

1. Sie haben Bauchschmerzen und möchten, dass man Ihnen etwas dagegen empfiehlt.
   a) ☐ Ho mal di pancia e vorrei prendere qualcosa. Cosa mi consiglia?
   b) ☐ Ho mal di gola e vorrei prendere qualcosa. Cosa mi consiglia?
   c) ☐ Ho mal di pancia e vorrei prenotare un posto. Cosa mi consiglia?

2. Sie haben einen starken Husten und möchten Hustenbonbons kaufen.
   a) ☐ Ho la febbre e vorrei comprare delle pastiglie.
   b) ☐ Ho la tosse e vorrei prendere un tè.
   c) ☐ Ho la tosse e vorrei comprare delle pastiglie.

3. Sie sind hingefallen und Ihr Knie blutet. Sie möchten eine desinfizierende Creme.
   a) ☐ Sono caduto e il mio ginocchio sanguina. Mi serve una crema disinfettante.
   b) ☐ Sono caduto e il mio braccio sanguina. Mi serve una crema disinfettante.
   c) ☐ Sono caduto e il mio ginocchio sanguina. Mi serve una pastiglia.

4. Sie haben Zahnschmerzen.
   a) ☐ Mi fa male un dente. Ho bisogno di un medicamento contro il dolore.
   b) ☐ Mi fa male la pancia. Ho bisogno di una crema disinfettante.
   c) ☐ Mi fa male un dente. Ho bisogno di riposo.

5. Sie sind gestolpert und Ihr Fuß schmerzt.
   a) ☐ Sono inciampato e la mia mano è gonfia. Vorrei comprare una crema disinfettante.
   b) ☐ Sono inciampato e il mio piede è gonfio. Vorrei comprare un gel antinfiammatorio.
   c) ☐ Sono inciampato e il mio piede sanguina. Vorrei comprare un tè.

6 Sie sind Arzt und geben Ihren Patienten Ratschläge. Vervollständigen Sie die Sätze mit der richtigen Imperativform!

1.

Paziente Buongiorno, dottore, ho la febbre.

Dottore .... (prendere) un'aspirina e .... (stare) a letto.

2.

Paziente Buongiorno, dottore, mi fa male un dente.

Dottore .... (prendere) un antiinfiammatorio e .... (andare) dal dentista.

3.

Paziente Buongiorno, mi sento male, sono malato.

Dottore .... (stare) al letto per qualche giorno, e .... (riposarsi).

7 Setzen Sie folgende Befehlssätze in die Verneinung!

1. Bevi questo caffè!

....

2. Portate la valigia in camera!

....

3. Prenda un'aspirina, signora !

....

4. Guarda le macchine!

....

5. Si tolga la giacca!

....

Kulturtipp
La sanità pubblica

Die medizinische Grundversorgung in Italien ist hervorragend und sehr sozial geregelt. 1978 wurden die privaten Krankenkassen abgeschafft und ein *staatlicher Gesundheitsdienst* **Servizio Sanitario Nazionale SSN** eingeführt. Wer in Italien wohnhaft ist, hat Anspruch auf die unentgeltlichen Leistungen eines **medico di base** *Hausarzt*, der auch eine **impegnativa** *Überweisungsschein* ausstellt, wenn eine **visita specialistica** *fachärztliche Untersuchung* benötigt wird. Dafür bezahlt man dann ein so genanntes **Ticket**, eine Zuzahlung für medizinische Leistungen. Zahnärztliche Leistungen müssen die Italiener (leider) vollständig selbst tragen. Wenn Sie in Italien erkranken, können Sie sich in einer **farmacia** *Apotheke* beraten lassen oder sich im **Pronto soccorso** *Notaufnahme* eines **ospedale** *Krankenhaus* untersuchen lassen.
Die Notaufnahme ist rund um die Uhr geöffnet und die Behandlung kostenlos.

Was können Sie schon?

	☺	😐	☹	
■ Anweisungen und Ratschläge eines Arztes oder Apothekers verstehen	■	■	■	▸ Ü1, Ü2
■ Körperliche Beschwerden formulieren	■	■	■	▸ Ü2
■ Informationen über ein Medikament und Anweisungen für die Einnahme verstehen	■	■	■	▸ Ü3

Tag 20 In der Stadt einkaufen

In dieser Lektion lernen Sie

- in einem Geschäft Kleidung oder Schuhe zu kaufen
- die Farbe oder die Qualität von Kleidung oder Schuhen zu beschreiben
- Kleider und Farben zu vergleichen
- Kleidergrößen und -bezeichnungen

2/14 In giro per negozi

Linda	Che bel vestito!
Bettina	Quale? Quello rosso a fiori?
Linda	No, quello nero.
Bettina	Ah, il classico tubino ... è bellissimo!
Livia	Io preferisco la gonna azzurra con la cintura di pelle. È più sportiva.

Entrano nel negozio.

Commessa	Buongiorno. Desidera?
Linda	Buongiorno. Vorrei provare il vestito nero in vetrina.
Commessa	Che taglia porta?
Linda	La 38.
Bettina	No, guarda, la taglia 38 in Germania corrisponde alla 44 in Italia.
Linda	Davvero? Ma è deprimente!
Commessa	Le faccio provare la 44. ... Si accomodi in cabina, prego. ... Come va?
Linda	Il vestito mi piace moltissimo, ma mi sembra un po' corto.
Commessa	Ma no, il modello è così.
Linda	Ha per caso una taglia più grande?
Commessa	No, mi dispiace. È la taglia più grande di questo modello.
Bettina	Perché non provi quel completo pantalone grigio chiaro? È più comodo e meno costoso.
Linda	No, mia sorella ha scelto un completo grigio. Io prendo il vestito nero.

Fragen zum Dialog

Kreuzen Sie die richtige Antwort an.

1. Quale vestito piace a Linda?
   a) ☐ quello rosso b) ☐ quello nero c) ☐ quello azzurro
2. Che taglia (italiana) porta Linda?
   a) ☐ 40 b) ☐ 42 c) ☐ 44
3. Perché Bettina consiglia il completo pantalone?
   a) ☐ è più comodo b) ☐ è più elegante c) ☐ è più caldo

Auf Shoppingtour

Linda Was für ein schönes Kleid!
Bettina Welches? Das rote geblümte?
Linda Nein, das schwarze.
Bettina Aha, das klassische kleine Schwarze ... es ist sehr schön!
Livia Ich mag (bevorzuge) den blauen Rock mit dem Ledergürtel lieber. Er ist sportlicher.

Sie gehen in das Geschäft.
Verkäuferin Guten Tag. Sie wünschen?
Linda Guten Tag. Ich möchte das schwarze Kleid vom Schaufenster probieren.
Verkäuferin Welche Größe haben Sie?
Linda 38.
Bettina Nein, du, eine 38 in Deutschland entspricht in Italien einer 44.
Linda Tatsächlich? Das ist ja deprimierend!
Verkäuferin Ich bringe Ihnen die Größe 44. ... Hier ist eine Umkleidekabine, bitte. ... Wie passt es?
Linda Das Kleid gefällt mir sehr gut, aber es scheint mir es etwas kurz.
Verkäuferin Aber nein, das Modell ist so.
Linda Haben Sie es zufällig eine Größe größer?
Verkäuferin Nein, tut mir leid. Das ist die größte Größe dieses Modells.
Bettina Warum probierst du nicht den hellgrauen Hosenanzug dort? Er ist bequemer und billiger.
Linda Nein, meine Schwester hat sich ein graues Kostüm ausgesucht. Ich nehme das schwarze Kleid.

Tag 20 Lernwortschatz

3/18

a fiori	geblümt, mit Blumen
a righe	gestreift, mit Streifen
azzurro, -a	(himmel)blau
bianco, -a	weiß
blu	blau
cabina *f*	Umkleidekabine
chiaro, -a	hier: hell
colore *m*	Farbe
commessa *f*	Verkäuferin
comodo, -a	bequem
completo *m* pantalone	Hosenanzug
corrispondere	entsprechen
corto, -a	kurz
costoso, -a	teuer, kostspielig
disponibile	verfügbar, vorrätig
deprimente	deprimierend
elegante	elegant
giallo, -a	gelb
grigio, -a	grau
marrone	braun
materiale *m*	Material
matrimonio *m*	Hochzeit
modello *m*	Modell
nero, -a	schwarz
numero *m* di scarpe	Schuhgröße
per caso	zufällig
provare	(an)probieren
rosa	rosa
rosso, -a	rot
i saldi *m Pl*	Restposten, Schlussverkauf
scegliere	(aus)wählen
scontrino *m*	Kassenzettel, Quittung
scuro, -a	dunkel
sorella *f*	Schwester
sportivo, -a	sportlich
stretto, -a	eng
taglia *f*	Kleidergröße
tubino *m*	das kleine Schwarze
verde	grün
vetrina *f*	Schaufenster
viola	violett

Kleidung und Materialien	
camicia *f*	Hemd
camicetta *f*	Bluse
maglietta *f*	T-Shirt
maglione *m*	Pullover
gonna *f*	Rock
pantaloni *mPl*	Hose
vestito *m*	Kleid, Anzug, Kleidung
cravatta *f*	Krawatte
cappello *m*	Hut
scarpa *f*	Schuh
sandalo *m*	Sandale
cintura *f*	Gürtel
cotone *m*	Baumwolle
lana *f*	Wolle
seta *f*	Seide
pelle *f*	Leder

Grammatik und Redemittel

Steigerung des Adjektivs ▸ §3.4.1, ▸ §3.4.3

Der Komparativ wird mit **più** *mehr* oder **meno** *weniger* vor dem Adjektiv gebildet:
più comodo *bequemer* – **meno** costoso *billiger*
Der relative Superlativ wird durch den **Komparativ** + **bestimmter Artikel** ausgedrückt:
La 44 è **la** taglia **più grande** di questo modello. *Die 44 ist die größte Größe bei diesem Modell.*
Der absolute Superlativ wird mit der Endung -**issimo/a** gebildet:
È un vestito bell**issimo**. *Es ist ein sehr schönes Kleid.*

Besondere Steigerungsformen ▸ §3.4.4

buono *gut*	migliore *besser*	il migliore *der beste*
ottimo *sehr gut*		
cattivo *schlecht*	peggiore *schlechter*	il peggiore *der schlechteste*
pessimo *sehr schlecht*		

Vergleichssätze ▸ §3.4.2

Bei einem Vergleich drücken Sie *als* durch **di** aus, wenn ein Substantiv oder Pronomen folgt, **che**, wenn ein Adjektiv, Adverb oder Verb folgt.
Il vestito nero è più elegante **di** quello verde. *Das schwarze Kleid ist eleganter als das grüne.*
Meglio bello **che** comodo. *Besser schön als bequem.*

Farbadjektive ▸ §3.2

Veränderlich sind:

bianco *weiß*	rosso *rot*	nero *schwarz*
verde *grün*	giallo *gelb*	grigio *grau*
azzurro *himmelblau*	marrone *braun*	

Unveränderlich sind:

blu *blau*	rosa *rosa*	viola *violett*
und Verbindungen:		
grigio chiaro *hellgrau*	blu scuro *dunkelblau*	

Tag 20 Übungen

1 Bilden Sie Vergleichssätze wie im Beispiel.

1. elegante — il vestito / la gonna
   Il vestito è più elegante della gonna.
2. pratico — i pantaloni / la gonna
   ....
3. facile — il tedesco / l'inglese
   ....
4. buono — il caffè / il tè
   ....

2/15

2 Lesen Sie den Dialog und übernehmen Sie die Rolle von Linda.

Commessa Buongiorno, desidera?
Linda Buongiorno. Ho visto in vetrina delle bellissime scarpe di pelle in saldo. Vorrei provarle.
Commessa Certamente. Lei che numero porta?
Linda Il 39.
Commessa Un attimo che guardo ... Sì, il 39 c'è. ... Eccolo. ... Come vanno?
Linda Bene. Sono comode. Ci sono anche in altri colori?
Commessa Questo modello è disponibile in nero e in marrone.
Linda Posso provarle in marrone?
Commessa ... Mi dispiace, il 39 in marrone non c'è più.
Linda Non fa niente.
Prendo le scarpe nere.

2/16

3 Hören Sie die Beschreibung und malen Sie die Kleidungsstücke in der richtigen Farbe an.

4 Ordnen Sie die Kleidungsstücke der italienischen Entsprechung zu.

1. Hemd	a) pantaloni
2. Hut	b) cravatta
3. Rock	c) scarpa
4. Hose	d) gonna
5. Schuh	e) maglietta
6. Bluse	f) vestito
7. Kleidung	g) maglione
8. T-Shirt	h) camicia
9. Krawatte	i) camicetta
10. Pullover	j) cappello

5 Ergänzen Sie in den folgenden Vergleichssätzen *più* und *di* oder *che*.

1. Martin è .... simpatico .... Stefano.
2. Il vestito rosso è .... bello .... quello grigio.
3. Questi sandali sono bellissimi, ma sono .... eleganti .... comodi.
4. Milano è molto .... grande .... Pisa.
5. Stefania è .... bella .... simpatica.
6. La pera e la banana sono .... dolci .... mela.

6 Kreuzen Sie die Farbwörter an, bei denen das Wort mit der Farbe seiner Buchstaben übereinstimmt.

1. a) ☐ rosso	b) ☐ verde	c) ☐ giallo	d) ☐ nero
2. a) ☐ grigio	b) ☐ marrone	c) ☐ rosso	d) ☐ o giallo
3. a) ☐ nero	b) ☐ azzurro	c) ☐ giallo	d) ☐ marrone

7 Sie sind auf Shoppingtour. Was sagen Sie in den verschiedenen Situationen? Sprechen Sie die Lösung laut.

1. Sie haben im Schaufenster wunderschöne Sandalen aus Leder gesehen, betreten das Geschäft und möchten sie anprobieren.
   a) ☐ Buongiorno, vorrei mangiare i bellissimi sandali in vetrina
   b) ☐ Buongiorno, vorrei provare i bellissimi sandali in vetrina.
   c) ☐ Buongiorno, vorrei provare quel bellissimo cappello in vetrina.

2. Sie sagen, dass Sie Schuhgröße 39 tragen.
   a) ☐ Porto il numero trentotto.
   b) ☐ Porto il numero ventinove.
   c) ☐ Porto il numero trentanove.

3. Sie finden die Sandalen sehr bequem.
   a) ☐ Questi sandali sono molto corti.
   b) ☐ Questi sandali sono molto comodi.
   c) ☐ Questi sandali non sono comodi.

4. Sie möchten wissen, ob es das Modell auch noch in einer anderen Farbe gibt.
   a) ☐ Questo modello c'è anche in un altro colore?
   b) ☐ Questo colore c'è anche in un altro modello?
   c) ☐ Questo colore c'è anche in un altro numero?

8 Vervollständigen Sie die Sätze mit *più, meno* oder *troppo*.

1. Le piace questo modello? – No, è .... sportivo, lo vorrei .... classico.

2. Quanto costa questo maglione? – 100 euro. – Hm, è .... caro. Non ha un maglione .... costoso?

3. E queste scarpe, come le sembrano, signora? – Sono belle, ma sono .... piccole. Non le ha .... grandi?

4. Ti piacciono questi pantaloni? – No, non mi stanno bene. Ma quelli là a destra sono .... comodi!

Kulturtipp
La moda italiana

Durch überhöhte Immobilienpreise verwandeln sich die historischen Zentren der italienischen Kulturstädte zunehmend in bloße Kulisse für Reiseveranstalter und Schaufensterfolgen internationaler Boutiquenketten. Doch traditionelle Einkaufsstraßen wie die Mailänder Via Montenapoleone oder in Rom die Via Condotti und die Via del Corso genießen nach wie vor weltweiten Ruhm und bieten alles, was das modebewusste Herz begehrt. Hier finden sich die elegantesten italienischen Modeklassiker und die gewagtesten Trends. Gewagt sind aber auch die Preise. Achten Sie auf Aushänge mit der Aufschrift **saldi**, **svendita**, **occasione**, **ribassi** *Sonderangebote und Ausverkäufe*.

Lederwaren sind in Italien besonders schön und preiswert. Wenn Sie ein Mitbringsel brauchen, gehen Sie in eine **pelletteria** *Lederwarengeschäft* oder schauen sich auf dem Markt um. Dort finden Sie sehr schön gearbeitete **guanti** *Handschuhe*, **cinture** *Gürtel*, **portafogli** *Brieftaschen* oder **borse** *Taschen* und **borsette** *Handtaschen*. Aber aufgepasst: Wer einem Händler gefälschte Markenartikel abkauft, macht sich mitschuldig und muss mit einem hohen Bußgeld rechnen!

Was können Sie schon?

	☺	😐	☹	
■ Kleider oder Schuhe vergleichen	■	■	■	▸ *Ü1,*
■ In einem Geschäft Kleider oder Schuhe kaufen	■	■	■	▸ *Ü2*
■ Die Bekleidung einer Person beschreiben	■	■	■	▸ *Ü3*

Tag 21

Eine Person beschreiben

In dieser Lektion lernen Sie

- Objekte und Personen zu beschreiben
- einen Verlust oder Diebstahl zu benennen
- auf dem Fundbüro oder bei der Polizei eine Anzeige zu erstatten

2/17 Un inconveniente

Martin Non trovo più il mio cellulare.
Linda L'hai perso?
Martin Credo di sì.
Linda Guarda nello zaino. Mezz'ora fa hai fatto una telefonata, quindi deve esserci.
Martin Non c'è!
Bettina Forse l'hai lasciato al bar. Torniamo indietro a cercarlo!

Tutto il gruppo torna al bar.

Martin Qui non c'è.
Bettina Allora l'ha rubato il barista che legge il giornale.
Linda Ma no, piuttosto quella donna con i capelli neri che mangia un cornetto.
Bettina O forse l'uomo a destra che porta gli occhiali.
Linda Quello alto e magro?
Bettina No, l'altro, quello basso e grasso, con i baffi. Non mi sta simpatico.
Linda Macché, secondo me è stato quel giovane con cui hai parlato.
Bettina Andiamo al commissariato di polizia per fare una denuncia!

Vanno dalla polizia.

Polizia Buongiorno. Mi dica!
Martin Buongiorno. Ho perso il mio cellulare.
Polizia È stato un furto? Quando si è accorto dello smarrimento?
Martin Venti minuti fa.
Polizia Va bene. Compili questo modulo.

Fragen zum Dialog

Beantworten Sie die Fragen. Kreuzen Sie an.

	vero	falso
1. Il cellulare di Martin è nello zaino.	☐	☐
2. Il barista legge il giornale.	☐	☐
3. L'uomo con i baffi è grasso.	☐	☐

Ein kleiner Zwischenfall

Martin Ich finde mein Handy nicht mehr.
Linda Hast du es verloren?
Martin Ich glaube schon.
Linda Schau im Rucksack nach. Vor einer halben Stunde hast du ein Telefongespräch geführt, es muss also da sein.
Martin Es ist nicht da!
Bettina Vielleicht hast du es in der Bar liegen lassen. Kommt, wir kehren zurück und suchen es!

Die ganze Gruppe kehrt zur Bar zurück.

Martin Hier ist es nicht.
Bettina Dann hat es der Barmann geklaut, der die Zeitung liest.
Linda Aber nein, eher die Frau dort mit den schwarzen Haaren, die ein Hörnchen isst.
Bettina Oder vielleicht der Mann rechts, der eine Brille trägt.
Linda Der große Magere?
Bettina Nein, der andere, der kleine Dicke mit dem Schnauzer. Der ist mir nicht sympathisch.
Linda Ach was, wenn ihr mich fragt, war es der junge Mann, mit dem du gesprochen hast.
Bettina Kommt, wir gehen zum Polizeikommissariat und erstatten Anzeige!

Sie gehen zur Polizei.

Polizei Guten Tag. Sie wünschen?
Martin Guten Tag. Ich habe mein Handy verloren.
Polizei War es ein Diebstahl? Wann haben Sie den Verlust bemerkt?
Martin Vor zwanzig Minuten.
Polizei Okay. Füllen Sie dieses Formular aus.

Lernwortschatz

3/19

accorgersi	bemerken
alto, -a	groß, hoch
avvisare	benachrichtigen
barista *m*	Barmann
basso, -a	klein, niedrig
capelli *mPl*	Haar
cellulare *m*	Handy
chiudere a chiave	abschließen
commissariato *m*	Kommissariat
compilare	ausfüllen (ein Formular)
credere	glauben
denuncia *f*	Anzeige, Meldung
descrizione *f*	Beschreibung
fare una denuncia	Anzeige erstatten
forse	vielleicht
furto *m*	Diebstahl
giovane *m/f*	junger Mann / junge Frau
grasso, -a	dick, fett
inconveniente *m*	Unannehmlichkeit, Zwischenfall
indietro	zurück
macché	Ach was!
magro, -a	dünn, mager
modulo *m*	Formular
perdere	verlieren
piuttosto	eher
polizia *f*	Polizei
ricordarsi	sich erinnern
ritrovare	wiederfinden
rubare	stehlen, klauen
sicuro, -a	sicher
sigaretta *f*	Zigarette
smarrimento *m*	Verlust
telefonata *f*	Telefongespräch
ufficio *m* oggetti smarriti	Fundbüro
uomo *m*	Mann, Mensch
zaino *m*	Rucksack

Stadtbesichtigung	
Una donna ...	può avere i capelli **lunghi** *lang* o **corti** *kurz*. può essere **alta** *groß* o **bassa** *klein*, **magra** *dünn* o **grassa** *dick*.
Un uomo ...	può essere **calvo** *kahl*, avere i **baffi** *Schnauzer* o la **barba** *Bart*.
Una persona ...	può portare gli **occhiali** *Brille* o **occhiali da sole** *Sonnenbrille*.

Grammatik und Redemittel

Relativsätze ▸ §5.9

Das Relativpronomen **che** *der, die, das* kann als Subjekt und als direktes Objekt stehen:
il barista **che** legge il giornale *der Barmann, der die Zeitung liest*
la donna **che** vedi mangia un cornetto *die Frau, die du siehst, isst ein Hörnchen*

Nach Präpositionen verwendet man **cui** *dessen/deren, dem/der, der, den/die/das:*
il giovane con **cui** hai parlato *der junge Mann, mit dem du gesprochen hast*

Mit Präpositionen kann statt **cui** auch **il/la quale**, **i/le quali** benutzt werden. Diese müssen aber angepasst werden!
il giovane con **il quale** hai parlato *der junge Mann, mit dem du gesprochen hast*

Achtung:
Der italienische Nebensatz wird im Gegensatz zum Deutschen **nicht** mit einem Komma abgetrennt:
l'uomo che porta gli occhiali *der Mann, der eine Brille trägt*

Credo *di sì/no*

Bei Bejahungen oder Verneinungen im Zusammenhang mit Verben wie **pensare**, **credere**, **dire**, **sperare** wird die Präposition **di** verwendet:
▸ Hai perso il cellulare? *Hast du das Handy verloren?*
◂ Credo **di** sì. *Ich glaube ja.*

▸ È stato un furto? *War es ein Diebstahl?*
◂ Spero **di** no. *Ich hoffe nicht.*

Tag 21 Übungen

2/18

1 Hören Sie den Dialog und kreuzen Sie an.

	alto	basso	capelli lunghi	capelli corti	barba	magro	grasso	occhiali	occhi azzurri	sigaretta
Anita	☐	☐	☐	☐	☐	☐	☐	☐	☐	☐
Tiziana	☐	☐	☐	☐	☐	☐	☐	☐	☐	☐
Rodolfo	☐	☐	☐	☐	☐	☐	☐	☐	☐	☐
Luigi	☐	☐	☐	☐	☐	☐	☐	☐	☐	☐
Marco	☐	☐	☐	☐	☐	☐	☐	☐	☐	☐

2 *Che* oder *cui*? Setzen Sie das richtige Relativpronomen ein.

1. Il cellulare .... ho perso è bianco.
2. Non conosco le persone di .... parlate.
3. Questo è il ragazzo con .... sei stato al cinema?
4. Questi sono i giornali .... ho comprato.
5. Marco è l'amico .... mi ha accompagnato dal medico.

2/19

3 Lesen Sie den Dialog und übernehmen Sie die Rolle von Maria.

Roberto Eccoci arrivati. Vai, usciamo!
Maria Dov'è la mia valigia? ... Oddio, non c'è più.
Roberto La tua valigia? Dove l'hai messa?
Maria Non mi ricordo.
Roberto Andiamo all'ufficio oggetti smarriti!

Vanno all'ufficio oggetti smarriti.

Impiegato Buongiorno, posso aiutarLa?
Maria Buongiorno. Senta, credo di aver perso la mia valigia sul treno.
Impiegato In quale treno, signora?
Maria Sono arrivata ora con l'Eurostar da Firenze.
Impiegato È sicura di essere salita sul treno con la valigia?
Maria Sì ... cioè, no ... non mi ricordo. ... Forse ho lasciato la valigia alla stazione di Firenze.
Impiegato Vediamo un po' ... Com'è la sua valigia?
Maria È una grande valigia di pelle, marrone chiaro.
Impiegato Capisco. Allora adesso compili questo modulo, signora.

4 Verbinden Sie die beiden Sätze mit einem Relativpronomen zu einem einzigen Satz.

1. Stasera abbiamo visto un film. Il film è molto bello.

....

2. Ho conosciuto un ragazzo. Il ragazzo è simpatico.

....

3. Martin e Linda hanno visitato Venezia. Venezia è un' antica città italiana.

....

4. Tutti i giovedì gioco a tennis con degli amici. Gli amici sono molto sportivi.

....

5. Hai comprato il vestito? Il vestito costa moltissimo.

....

6. Ho parlato con una signora. La signora non è contenta.

....

5 Sie sind bestohlen worden und erstatten Anzeige bei der Polizei. Beantworten Sie die Fragen mithilfe der Elemente im Schüttelkasten.

un'ora fa — portafoglio — pelle — nero
documento — carta di credito — 75 euro — foto

1. Che cosa ha perso? ....
2. Quando si è accorto del furto? ....
3. Che cosa c'è dentro? ....
4. Di che colore è? ....
5. Di che materiale è? ....

6 Verbinden Sie die deutschen Tätigkeitswörter mit der passenden italienischen Entsprechung.

1. hoffen → j) sperare
2. sich erinnern
3. bemerken
4. benachrichtigen
5. wiederfinden
6. schließen
7. stehlen
8. ausfüllen
9. glauben
10. verlieren

a) rubare
b) compilare
c) chiudere
d) credere
e) accorgersi
f) perdere
g) avvisare
h) ricordarsi
i) ritrovare
j) sperare

7 Sie haben ein Problem und wenden sich an die Rezeption Ihres Hotels. Bringen Sie den folgenden Dialog in die richtige Reihenfolge.

...... Buonasera. Sono Maria Licondi e ho un problema.
...... Dalle 7.30 alle 10.00, signora.
...... Grazie mille.
1 Reception, buonasera.
...... Prego.
...... Viene subito qualcuno da lei.
...... Prego, e buona notte.
...... Ah, e poi un'altra cosa. A che ora c'è la colazione?
...... Grazie ancora.
...... Mi dica, signora.
...... Nella mia camera non si chiude la finestra.

8 Ein Taschendieb hat reiche Beute gemacht. Welche gestohlenen Gegenstände verstecken sich im Buchstabengitter (waagrecht/senkrecht)?

O	R	O	L	O	G	I	O	B	I	R	R	A
A	F	M	I	L	M	E	L	A	C	O	P	A
S	D	R	B	C	B	U	M	N	B	H	Q	N
D	F	H	R	E	T	E	O	A	G	N	P	Q
L	V	K	O	W	T	P	A	N	I	N	O	S
L	G	C	E	L	L	U	L	A	R	E	R	T

Kulturtipp Aiuto! Aiuto!

Das italienische Polizeiwesen ist nicht einfach zu durchschauen. Auf nationaler Ebene gibt es die **Polizia di Stato** *Staatspolizei.* Sie wird durch die **Carabinieri** ergänzt, einer militärisch organisierten Gendarmerietruppe, vergleichbar mit der „Gendarmerie Nationale" in Frankreich oder der „Guardia Civil" in Spanien. Daneben verfügt Italien über die **Guardia di Finanza** *Finanzwache*, einer Finanz- und Zollpolizei. Auf lokaler Ebene gibt es außerdem die **Polizia Municipale** *Gemeindepolizei*, deren **vigili** *Verkehrspolizisten* sich vorwiegend um den örtlichen Straßenverkehr kümmern. Die **vigili del fuoco** *Feuerwehr* sind dagegen wieder national organisiert.

Im Fall einer **emergenza** *Notfall* rufen Sie entweder die Nummer **118** (Rettungsdienst), die Nummer **113** (Polizei) oder die Nummer **112** (Carabinieri) an. Wenn es brennt, erreichen Sie die Feuerwehr unter der Nummer **115**. Wenn Sie dagegen etwas verloren haben oder Ihnen etwas gestohlen wurde, wenden Sie sich an das **Ufficio oggetti smarriti** *Fundbüro* bzw. an die **Polizia** oder die **Carabinieri**. Dort können Sie **lo smarrimento** *den Verlust* bzw. **il furto** *den Diebstahl* anzeigen.

Was können Sie schon?

	☺	😐	☹	
■ Personenbeschreibungen verstehen	□	□	□	▸ Ü1
■ Ein verlorenes oder gestohlenes Objekt beschreiben	□	□	□	▸ Ü2, Ü3
■ Auf dem Fundbüro einen Verlust melden	□	□	□	▸ Ü3

Tag 22 Wiederholen und üben Sie

Hier wiederholen Sie

- die Monate und Jahreszeiten
- das Datum
- Informationen über eine Reise einzuholen und eine Reservierung vorzunehmen
- im Hotel ein Problem zu benennen
- die Bezeichnungen für Möbel
- Objekte im Raum zu lokalisieren
- Personen zu beschreiben
- körperliche Beschwerden zu formulieren und Ratschläge zu verstehen
- in einem Geschäft Kleidung zu kaufen
- etwas zu vergleichen

1 Lösen Sie das Kreuzworträtsel. Das Lösungswort ergibt den Namen des Komponisten der Vier Jahreszeiten.

Qual è ...

1. ... la stagione dopo l'autunno?
2. ... il mese tra gennaio e marzo?
3. ... il mese dopo ottobre?
4. ... la stagione prima dell'autunno?
5. ... il mese dopo giugno?
6. ... il mese delle Feste di Natale?
7. ... il mese della Festa della Liberazione?

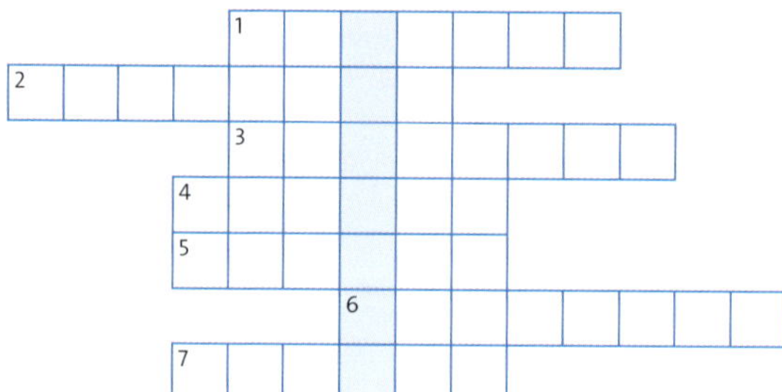

2 Hören Sie den Dialog und kreuzen Sie die richtige Antwort an.

2/20

1. Dove vuole andare Linda?
   a) ☐ Civitavecchia b) ☐ Corsica c) ☐ Livorno
2. Quando vuole partire?
   a) ☐ 10.07. b) ☐ 10.06. c) ☐ 10.08.
3. Per quante persone prenota?
   a) ☐ 1 b) ☐ 2 c) ☐ 3
4. Come desiderano viaggiare?
   a) ☐ in cabina b) ☐ in poltrona c) ☐ in piedi
5. Quale mezzo di trasporto porta a bordo?
   a) ☐ moto b) ☐ roulotte c) ☐ auto
6. Quanto dura il viaggio?
   a) ☐ 6 ore b) ☐ 7 ore c) ☐ 8 ore
7. Quanto costa il viaggio?
   a) ☐ 127 euro b) ☐ 42 euro c) ☐ 30 euro

3 Livia hat gekocht. Setzen Sie die richtigen Endungen ein.

Oggi Livia ha preparat ...... la pasta. Nel libro di cucina ha trovat ...... una ricetta: spaghetti al sugo. L'ha lett ...... e poi ha cominciat ......: prima ha mess ...... sale nell'acqua, poi ha pres ...... gli spaghetti e li ha mess ...... nell'acqua. Dopo ha preparat ...... i pomodori e la cipolla per il sugo. Alla fine ha servit ...... gli spaghetti e il sugo sul piatto e li ha mangiat ....

4 Lesen Sie den Dialog und übernehmen Sie die Rolle von Linda.

2/21

Reception	Reception, buonasera.
Linda	Buonasera. Senta, chiamo dalla camera 23. Ho un problema.
Reception	Mi dica, signora.
Linda	La lampada nel bagno non funziona.
Reception	Mi dispiace ...
Linda	E poi un'altra cosa: Fa troppo caldo in camera, non c'è l'aria condizionata?
Reception	Ma sì che c'è, signora. Non si preoccupi, viene subito qualcuno.
Linda	Grazie mille.
Reception	Prego.

5 Ordnen Sie die Wörter den Bildern zu.

a) due letti	c) una finestra	e) un armadio
b) tre lampade	d) sei sedie	f) un tavolo

6 Beantworten Sie die Fragen unter Verwendung von Doppelpronomen.

1. Stefano, mi compri un biglietto del treno?
   Sì, *te lo* compro.
2. Martin, ci prendi i giornali?
   Sì, ... prendo.
3. Livia, ti lavi sempre i denti?
   Sì, ... lavo sempre.
4. Linda, mi prepari un caffè?
   Sì, ... preparo.
5. Porti le pastiglie a Linda?
   Sì, ... porto.

7 In dieses Gruppenbild hat sich eine unbeteiligte Person eingeschlichen. Hören Sie die Personenbeschreibungen und bestimmen Sie, welche Person nicht zur Gruppe gehört.

2/22

a) ☐ b) ☐ c) ☐ d) ☐ e) ☐ f) ☐ g) ☐

8 Hören Sie die Wohnungsbeschreibung von Livia und kreuzen Sie den richtigen Grundriss an.

2/23

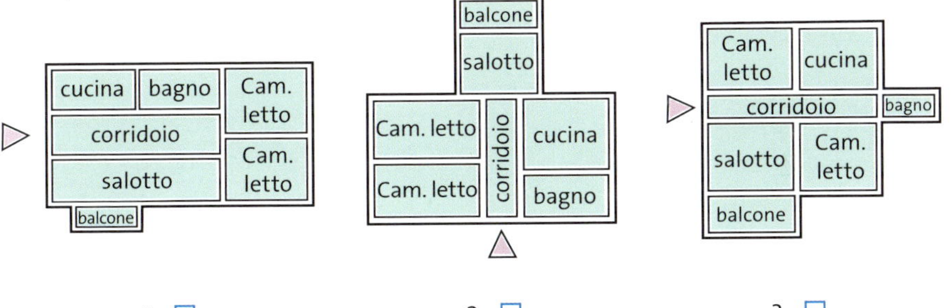

1. ☐ 2. ☐ 3. ☐

L'appartamento che Livia descrive è: ....

Tag 22

9 Schauen Sie sich den richtigen Grundriss der vorhergehenden Übung noch einmal an und ergänzen Sie dann den Text.

Io vivo .... Pisa in un appartamento al terz ... piano. Purtroppo non abbiamo l'ascensore. Ma la mia casa è molto bell .... . Ci sono cinque stanze: una cucina, un salotto, due camere da letto e un bagno. Entrando .... casa c'è un lung .... corridoio. La prim .... stanza .... sinistra è la cucina. Di fronte .... cucina c'è il salotto. Dal salotto si accede a un bel balcone. Accanto .... cucina c'è il bagno. Il bagno è piccol .... . In fondo .... corridoio ci sono le due camere .... letto.

10 Verbinden Sie die Fragen mit den richtigen Antworten.

1. C'è un parcheggio? → e)
2. Quanti ne abbiamo oggi?
3. Conferma la prenotazione?
4. Quanto costa la camera?
5. Che giorno è oggi?
6. È una camera con bagno?

a) Sì, prenoto dal 23 al 25 giugno.
b) 128 euro con prima colazione.
c) Tutte le nostre camere sono con bagno, signora.
d) Oggi è il 17 giugno.
e) Sì, abbiamo anche un garage.
f) Giovedì.

2/24

11 Übernehmen Sie die Rolle von Bettina und antworten Sie mit den vorgegebenen Elementen.

Commessa	Buongiorno. Posso aiutarLa?
Bettina	[Buongiorno – cercare – regalo – marito]
Commessa	Per esempio un bel maglione?
Bettina	[buona idea]
Commessa	Che taglia porta suo marito?
Bettina	[XXL]
Commessa	Le piace questo modello?
Bettina	[colori – troppo giovanili]
Commessa	I colori vivaci vanno molto di moda quest'anno.
Bettina	[non piacciono – marito]
Commessa	Allora forse un modello più classico come questo?
Bettina	[Sì – bel maglione – prezzo?]
Commessa	150 euro.
Bettina	[Accidenti! carissimo!]
Commessa	È un maglione della nuova collezione invernale e poi di ottima qualità.
Bettina	[Va bene – eventualmente cambiare]
Commessa	Certamente, signora. Ma soltanto con lo scontrino.

12 Bilden Sie Vergleichssätze mit den Elementen im Schüttelkasten und dem dazu gehörigen Artikel.

alcolico pratico caro grande freddo lungo

1. I pantaloni sono più .... gonne.
2. Il Canal Grande è meno .... Arno.
3. Il supermercato è meno .... boutique.
4. La birra è meno .... vino.
5. Le arance sono più .... ciliegie.
6. L'inverno è più .... autunno.

13 Hören Sie den Dialog. Kreuzen Sie an. 2/25

	vero	falso
1. Maria Licondi va dal medico perché ha mal di testa.	☐	☐
2. Ha anche la febbre.	☐	☐
3. Ha anche mal di gola.	☐	☐
4. Il medico le consiglia di bere molta acqua.	☐	☐
5. Le consiglia inoltre di riposarsi.	☐	☐
6. Maria deve prendere tre volte al giorno un'aspirina, a stomaco pieno.	☐	☐

Zwischentest 3

1 Ersetzen Sie das unterstrichene Akkusativobjekt durch ein Pronomen. Ergänzen Sie die Partizip-Endung.

1. Ho mangiato la pasta. → *L'ho* .... mangiat *a*.
2. Ho letto il giornale. → .... lett ....
3. Ho comprato gli spaghetti. → .... comprat ....
4. Ho bevuto il caffè. → .... bevut ....
5. Ho visto le case. → .... vist ....

__/5 6. Ho preso l'autobus. → .... pres .....

2 Verbinden Sie mithilfe des Plans die richtigen Satzteile.

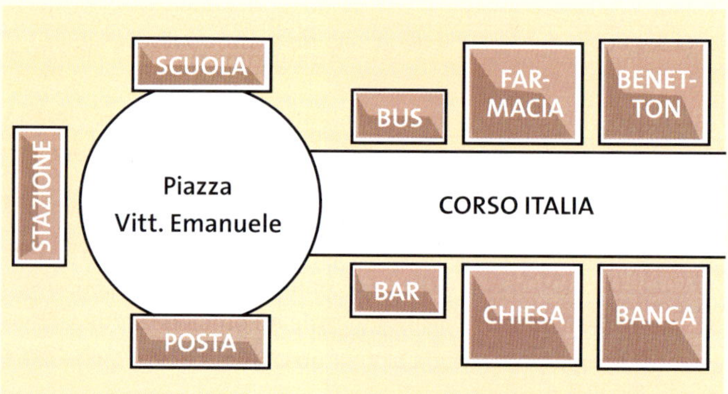

1. La banca è
2. La chiesa è
3. L'ufficio postale è
4. La fermata dell'autobus è

__/5 5. Piazza Vittorio Emanuele è

a) accanto alla farmacia.
b) di fronte a Benetton.
c) tra il bar e la banca.
d) davanti alla stazione.
e) di fronte alla scuola..

3 Hören Sie den Dialog und kreuzen Sie an.

⊙ 2/26

	vero	falso
1. Linda deve andare a Roma.	☐	☐
2. Vuole partire nel pomeriggio.	☐	☐
3. Vuole arrivare prima delle ore 13.00	☐	☐
4. Linda deve cambiare treno a Firenze.	☐	☐
5. Linda prende l'Eurostar delle 12.20.	☐	☐
6. Linda prende un biglietto di seconda classe.	☐	☐
7. Linda prende un biglietto di andata e ritorno.	☐	☐

__/7

4 Ergänzen Sie die richtige Adjektiv-Endung.

1. Nella casa di Stefano ci sono molt .... libri.
2. È una casa modern ...... in un quartiere tranquill ....
3. La cucina è piccol .... ma bell ....
4. Ci sono due camere da letto grand ....
5. Il tavolo e le sedie nel salotto sono nuov ....
6. Il divano è molto comod ....

__/6

5 Ergänzen Sie die passende Präposition.

Martin ha fame e chiede alla reception se è possibile mangiare ...... (1.) albergo. "No, mi dispiace", gli dice il ragazzo alla reception, "ma ...... (2.) quest'ora la cucina è chiusa". Ma se vuole può andare ...... (3.) ristorante "Rialto" che è aperto fino ...... (4.) mezzanotte. Ci vogliono 15 minuti ...... (5.) piedi oppure 5 minuti ___ (6.) autobus. Martin esce dall'albergo, va ...... (7.) sinistra e attraversa il ponte. Poi prende la seconda strada ...... (8.) destra e si trova subito davanti ...... (9.) ristorante.

__/9

2/27 **6 Hören Sie den Dialog und kreuzen Sie an.**

	Posta	Piazza Giusti	Ponte di Mezzo	Via Montanelli	Borgo Stretto	Gelateria "Pinguino"
1. Martin deve andare alla ...	☐	☐	☐	☐	☐	☐
2. Deve prendere il ...	☐	☐	☐	☐	☐	☐
3. Deve attraversare il ...	☐	☐	☐	☐	☐	☐
4. Deve andare lungo ...	☐	☐	☐	☐	☐	☐
5. Deve girare a sinistra in ...	☐	☐	☐	☐	☐	☐
__/6 6. Si trova di fronte alla ...	☐	☐	☐	☐	☐	☐

2/28 **7 Radio Torre steht im Einkaufszentrum und macht Interviews. Hören Sie das Interview. Welche Aussagen sind richtig?**

1. La signora Rita ha comprato
   a) ☐ pantaloni, una camicetta e una giacca
   b) ☐ pantaloni e un vestito
   c) ☐ una giacca e tre camicie
2. Il signore ha comprato un vestito nuovo
   a) ☐ per un matrimonio
   b) ☐ per una festa
   c) ☐ per il lavoro
3. Il signore ha comprato un vestito
   a) ☐ grigio
   b) ☐ nero
   __/5 c) ☐ a righe.
4. Che cosa ha il signore che si sente male?
   a) ☐ mal di pancia
   b) ☐ mal di denti
   c) ☐ mal di testa
5. Che cosa ha comprato Livia?
   a) ☐ un libro
   b ☐ un gelato
   c) ☐ un CD

8 Setzen Sie die Verben in den Imperativ.

1. Carlo e Mario, ... (venire) subito da me!
2. Dottore, mi .... (dire) la verità!
3. Ho freddo, ... (chiudere, tu) la finestra, per favore!
4. Livia, ... (portare) questo libro a tuo padre!
5. Martin, non .... (telefonare) in chiesa! __/5

__/48

Tag 23

Geschäftliche und private Telefongespräche

In dieser Lektion lernen Sie

- ein Telefonat zu führen
- zu reagieren, wenn Sie falsch verbunden sind
- eine Nachricht auf dem Anrufbeantworter zu hinterlassen

 2/29

Pronto!

Voce Ditta Bussardi, buongiorno. Le nostre linee sono momentaneamente occupate. Si prega di attendere. Grazie.

Centralinista Ditta Bussardi, buongiorno.

Martin Buongiorno, sono Martin Schneider del negozio di cravatte "Ties4Guys" di Francoforte. Vorrei parlare con il signor Marco De Franchi.

Centralinista Un attimo. Resti in linea, prego.

Centralinista Pronto!

Martin Sì?

Centralinista Mi dispiace, ma il Signor De Franchi è assente.

Martin Quando lo posso trovare?

Centralinista Domani pomeriggio. Se vuole, Le posso passare un altro collaboratore.

Martin No, grazie. Ho bisogno di parlare direttamente con Marco De Franchi.

Centralinista Allora è meglio aspettare il suo rientro ... o provo a cercarlo sul cellulare? Desidera lasciare un messaggio?

Martin Sì, grazie. Gli dica che ho chiamato.

Centralinista Certamente. Mi può fare lo spelling del suo nome, per favore?

Martin Schneider: Savona, Como, Acca, Napoli, Empoli, Imola, Domodossola, Empoli, Roma.

Centralinista La ringrazio. E il suo numero di telefono?

Martin Sono in ferie a Pisa e Le do questo numero: 050 9 3171.

Centralinista Bene, grazie. Buongiorno.

Fragen zum Dialog

Kreuzen Sie an.

	vero	falso
1. Martin telefona alla ditta De Franchi.	☐	☐
2. La persona che cerca è assente.	☐	☐
3. Martin accetta di parlare con un altro collaboratore.	☐	☐

Hallo!

Stimme Firma Bussardi, guten Tag. Unsere Leitungen sind im Moment besetzt. Bitte warten Sie. Danke.

Telefonistin Firma Bussardi, guten Tag.

Martin Guten Tag, ich bin Martin Schneider vom Krawattengeschäft „Ties4Guys" in Frankfurt. Ich möchte gern mit Herrn Marco De Franchi sprechen.

Telefonistin Einen Augenblick. Bleiben Sie bitte am Apparat.

Telefonistin Hallo!

Martin Ja?

Telefonistin Es tut mir leid, aber Herr De Franchi ist nicht da (ist abwesend).

Martin Wann kann ich ihn erreichen?

Telefonistin Morgen Nachmittag. Wenn Sie möchten, kann ich Sie mit einem anderen Mitarbeiter verbinden.

Martin Nein, danke. Ich muss mit Marco de Franchi persönlich sprechen.

Telefonistin Dann ist es besser, auf seine Rückkehr zu warten ... oder soll ich versuchen, ihn auf dem Handy zu erreichen? Möchten Sie ihm eine Nachricht hinterlassen?

Martin Ja, danke. Sagen Sie ihm, dass ich angerufen habe.

Telefonistin Gern. Können Sie mir bitte Ihren Namen buchstabieren?

Martin Schneider: Siegfried, Cäsar, Heinrich, Nordpol, Emil, Ida, Dora, Emil, Richard.

Telefonistin Ich danke Ihnen. Und Ihre Telefonnummer?

Martin Ich bin in Pisa im Urlaub und gebe Ihnen diese Nummer: 050 9 3171.

Telefonistin Gut, danke. Auf Wiederhören.

Tag 23 Lernwortschatz

3/20

assente	abwesend
attendere	warten
centralinista *m/f*	Telefonist, -in
certamente	gewiss, sicher
chiamata *f*	Anruf
collaboratore *m*	Mitarbeiter
controllare	prüfen, kontrollieren
dimenticare	vergessen
direttamente	direkt, (hier:) persönlich
elenco *m* telefonico	Telefonbuch
fare lo spelling	buchstabieren
inesistente	nicht existent (ungültig)
lasciare	(hinter)lassen
linea *f*	Leitung
messaggio *m*	Nachricht
momenta-neamente	in diesem Moment, momentan
numero *m* di telefono	Telefonnummer
occupato, -a	besetzt
passare	verbinden (Telefon)
prefisso *m*	Vorwahl
pregare	bitten
restare	bleiben
rientro *m*	Rückkehr
riprovare	wieder/nochmals versuchen
rispondere	antworten
sbagliare	verwechseln, einen Fehler machen
segnale *m* acustico	Signalton
segreteria *f* telefonica	Anrufbeantworter
voce *f*	Stimme

Das Telefonalphabet

Wenn Sie Ihren Namen, z. B. Lang, buchstabieren müssen, sagen Sie:
[elle] come Livorno ..., oder einfach **Livorno**, **Ancona**, **Napoli**, **Genova**.

A	[a]	→ **Ancona**	J	[i luŋga]		S	[ɛsse]	→ **Savona**
B	[bi]	→ **Bologna**	K	[kappa]		T	[ti]	→ **Torino**
C	[tʃi]	→ **Como**	L	[ɛlle]	→ **Livorno**	U	[u]	→ **Udine**
D	[di]	→ **Domodossola**	M	[ɛmme]	→ **Milano**	V	[vu]	→ **Venezia**
E	[e]	→ **Empoli**	N	[ɛnne]	→ **Napoli**	W	[vu doppia]	
F	[ɛffe]	→ **Firenze**	O	[o]	→ **Otranto**	X	[iks]	
G	[dʒi]	→ **Genova**	P	[pi]	→ **Padova**	Y	[ipsilon]	
H	[acca]	→ **Hotel**	Q	[qu]	→ **quadro**	Z	[dʒe:ta]	
I	[i]	→ **Imola**	R	[ɛrre]	→ **Roma**			

Grammatik und Redemittel

Infinitivkonstruktionen mit und ohne Präposition ▸ *§ 6.11*

Mit Präposition

Bestimmte Verben und Ausdrücke verlangen eine Präposition, z. B. **andare a**, **cominciare a**, **avere voglia di**, **avere bisogno di**, **aiutare a**.
Provo **a** cercarlo sul cellulare. *Ich versuche, ihn am Handy zu erreichen.*
Ho bisogno **di** parlare con ... *Ich muss mit ... sprechen.*

Ohne Präposition

Bei Modalverben (**potere**, **dovere**, **volere**) und Verben, die eine Vorliebe ausdrücken (**desiderare**, **preferire**, **piacere**), folgt der Infinitiv **ohne** Präposition:
Vorrei parlare con ... *Ich möchte mit ... sprechen*
Desidera lasciare un messaggio? *Wollen Sie eine Nachricht hinterlassen?*

Nach unpersönlichen Ausdrücken mit **essere** folgt ebenfalls direkt der Infinitiv:
È meglio aspettare il suo rientro. *Es ist besser, auf seine Rückkehr zu warten.*

Telefonieren

Pronto? – *Hallo?*
Ditta Bussardi, buongiorno. – *Firma Bussardi, guten Tag.*
Buongiorno, sono ... – *Guten Tag, ich bin ...*
Vorrei parlare con ... – *Ich möchte mit ... sprechen.*
C'è ..., per favore? – *Ist ... da, bitte?*

Un attimo, per favore. – *Einen Augenblick bitte.*
Glielo passo subito. – *Ich verbinde Sie sofort mit ihm.*
Resti in linea. – *Bleiben Sie am Apparat.*
Chi lo desidera? – *Wen darf ich melden?*
Chi parla? – *Wer ist am Apparat?*

Il numero è inesistente. – *Die Nummer ist ungültig.*
Ho sbagliato numero. – *Ich habe mich verwählt.*

Tag 23 Übungen

1 Bilden Sie Sätze und ergänzen Sie, wenn nötig, die passende Präposition.

1. Martin / avere bisogno / parlare con il dottore.
   Martin ha bisogno di parlare con il dottore.
2. Linda / cominciare / lavorare alle 8.00.
   ....
3. Io / volere / parlare con Linda.
   ....
4. Livia / aiutare / preparare la cena.
   ....
5. Io / preferire / aspettare la chiamata di Stefano.
   ....

2/30

2 Hören Sie den Dialog und kreuzen Sie an.

	vero	falso
1. Martin sbaglia il numero di telefono di Ettore e Annarella.	☐	☐
2. Ettore risponde alla chiamata di Martin.	☐	☐
3. Martin lascia un messaggio.	☐	☐
4. Martin desidera invitare Ettore e Annarella a cena sabato.	☐	☐

2/31

3 Hören Sie und antworten Sie mit den vorgegebenen Elementen.

1. Pronto!
   [Guten Tag – ich bin Stefano – ich möchte mit Ettore sprechen.]
2. Mi può ripetere il suo nome, per favore?
   [Ich heiße Rabe: R wie ... A ..., B ..., E ...]
3. Risponde la segreteria telefonica del numero 340 544 34 64.
   Siamo momentaneamente assenti. Lasciate un messaggio dopo il segnale acustico, grazie.
   [Hallo, ich bin Mario – ich habe Fieber – ich kann heute Abend nicht ins Kino kommen]

4 Versetzen Sie sich in die Rolle eines Anrufers und schreiben Sie dann auf, was Sie in der vorgegebenen Situation sagen. (XY steht für Ihren eigenen Vor- und Nachnamen.)

▸ Pronto.

◂ ....

1. (Guten Tag, ich möchte mit Herrn Tozzi sprechen.)

▸ Chi parla?

◂ ....

2. (Ich bin XY)

▸ E chi desidera?

◂ ....

3. (Ich möchte mit Federico Tozzi sprechen.)

▸ Non c'è nessun Federico Tozzi qui.

◂ ....

4. (Oh, entschuldigen Sie – ich habe mich verwählt. Auf Wiedersehen.)

▸ Arrivederci.

5 Lesen Sie den folgenden Dialog am Telefon und beantworten Sie dann die Fragen.

▸ Pronto?
◂ Ditta Ferrari, buongiorno. Desidera?
▸ Buongiorno. Mi chiamo Ettore Masi e vorrei parlare con il direttore, Luciano Rossi.
◂ Il direttore è assente. Ma le posso passare il vicedirettore, il signor Mario Zagreski.
▸ Mi può ripetere il nome per favore?
◂ Mario Zagreski.
▸ Grazie, ma preferisco parlare direttamente con il direttore. Quando lo posso trovare?
◂ Lo trova qui in ufficio dopodomani. Desidera lasciare un messaggio?
▸ Si, grazie. Sono un vecchio amico di Luciano Rossi e mi ha chiesto di andare a giocare a golf la settimana prossima. Gli dica che ho chiamato.
◂ Va benissimo. Grazie e arrivederci.
▸ Arrivederci.

	vero	falso
1. Il vicedirettore si chiama Mario Zagreski.	☐	☐
2. Il vicedirettore è assente.	☐	☐
3. Il direttore gioca a golf.	☐	☐
4. Ettore Masi gioca a golf.	☐	☐
5. Luciano Rossi è in ufficio la settimana prossima.	☐	☐
6. Ettore Masi è un vecchio amico di Luciano Rossi.	☐	☐

6 Vervollständigen Sie die Sätze mit der richtigen Präposition. Achtung: Nicht überall braucht es eine!

1. Ho voglia .... leggere un bel libro.
2. Anna preferisce .... andare al cinema.
3. Mi piace .... uscire con gli amici.
4. Ho bisogno .... parlare con il direttore.
5. Proviamo .... telefonargli sul cellulare.
6. Desidera .... bere un caffè?
7. Mi puoi aiutare .... preparare il pranzo?

7 Aus dem Telefonbuch der Stadt Pisa. Schreiben Sie die Telefonnummern in Ziffern.

1. Maria Licondi	ventiquattro diciassette dodici	....
2. Ettore Masi	tredici ventidue sessanta	....
3. Piero Rossi	trentotto quindici diciannove	....
4. Antonietta Pisani	trenta ventisette zerocinque	....
5. Luca Nardi	ventiquattro quattordici diciassette	....
6. Cosetta Ammanati	diciotto dieci ventidue	....

Kulturtipp
Telefonare in Italia

In Italien meldet man sich am Telefon nicht mit dem Namen, sondern mit **Pronto!** Das bedeutet eigentlich *bereit*!, wird aber im Sinne von *Hallo!* gebraucht. Der Anrufer sagt ebenfalls **Pronto**! oder beginnt mit einer Begrüßung und sagt seinen Namen: **Pronto/Buongiorno, sono Livia**. Ein Geschäft meldet sich am Telefon in der Regel mit dem Namen des Betriebs: **Ditta Pampaloni, buongiorno**.

Pronto kommt auch in anderem Kontext vor, z. B. bei **Pronto Soccorso** *Notaufnahme*, wo **pronto** die Bedeutung von *rasch, sofort* hat.

Wenn Sie die Telefonnummer Ihrer Kontaktperson nicht kennen, schauen Sie entweder im **elenco telefonico** *Telefonbuch* oder in den **pagine bianche** auf **www.paginebianche.it** *Weiße Seiten* nach. Ein Unternehmen oder Geschäft finden Sie auch im italienischen Branchenverzeichnis, den **pagine gialle** *Gelben Seiten*, auf **www.paginegialle.it**.

Was können Sie schon?

	☺	😐	☹	
■ Einen Telefonanruf tätigen	□	□	□	▸ Ü1, Ü2, Ü3
■ Einen Namen buchstabieren	□	□	□	▸ Ü3
■ Eine Nachricht auf dem Anrufbeantworter hinterlassen	□	□	□	▸ Ü2, Ü3

Tag 24 E-Mails und Briefe schreiben

In dieser Lektion lernen Sie

- schriftliche Mitteilungen zu verstehen und zu verfassen
- eine zeitliche Abfolge in der Vergangenheit zu verstehen
- Begebenheiten in der Vergangenheit zu formulieren

2/32 Cordiali Saluti

Linda scrive una e-mail alla Scuola Dante Alighieri di Firenze.

Nuovo messaggio

A: info@dantealighieri.it
Oggetto: Vs. corsi d'italiano

Gentile dott.ssa Tiziana Cristiani,
sono un'amica di Ettore Masi che mi ha dato il suo indirizzo e-mail. Tanti anni fa, quando ero bambina, ho fatto un viaggio in Italia con la famiglia. Durante quel viaggio abbiamo visitato anche Firenze e ho vivissimi ricordi di questa bella città. Dormivamo in un piccolo albergo vicino il duomo, e nei pomeriggi, mentre i miei genitori riposavano, giocavo con due bambini conosciuti in albergo.
Qualche giorno fa pensavo a quel viaggio e mi è venuta una grande voglia di studiare meglio l'italiano e di frequentare un corso di lingua. Allora Ettore mi ha parlato della sua Scuola Dante Alighieri di Firenze e sono andata a cercarla su Internet. Mentre navigavo, ho scoperto che offre anche vacanze studio di due settimane. Volevo quindi chiederLe informazioni più dettagliate sui vostri corsi d'italiano. Come sono organizzate le vacanze studio, quando si svolgono e quanto costano?
In attesa di una sua cortese risposta, porgo
cordiali saluti
Linda Schneider

Fragen zum Dialog

Beantworten Sie die Fragen.

1. Quando Linda faceva un viaggio in Italia?

....

2. Cosa faceva Linda mentre i suoi genitori riposavano?

....

3. Di che cosa è venuta la voglia a Linda?

....

Mit freundlichen Grüßen

Linda schreibt eine E-mail an die Scuola Dante Alighieri in Florenz.

Neue E-Mail

An: info@dantealighieri.it
Betreff: Ihre Italienischkurse

Sehr geehrte Frau Dr. Tiziana Cristiani,
ich bin eine Freundin von Ettore Masi, der mir Ihre E-Mail-Adresse gegeben hat. Vor vielen Jahren, als ich ein Kind war, machte ich mit meiner Familie eine Reise nach Italien. Während jener Reise haben wir auch Florenz besucht und ich habe sehr lebhafte Erinnerungen an diese schöne Stadt. Wir übernachteten in einem kleinen Hotel in der Nähe des Doms, und nachmittags, wenn meine Eltern sich ausruhten, spielte ich mit zwei Kindern, die ich im Hotel kennengelernt hatte.
Vor ein paar Tagen dachte ich an jene Reise und bekam große Lust, besser Italienisch zu lernen und einen Sprachkurs zu besuchen.
Da erzählte mir Ettore von Ihrer Schule „Dante Alighieri" in Florenz und ich habe sie im Internet gesucht. Während ich surfte, habe ich entdeckt, dass sie auch zweiwöchige Ferienkurse anbietet. Ich wollte Sie deshalb um ausführlichere Informationen über Ihre Italienischkurse bitten. Wie sind die Ferienkurse organisiert, wann finden sie statt und wie viel kosten sie?
In Erwartung einer Antwort verbleibe ich
mit freundlichen Grüßen
Linda Schneider

Tag 24 Lernwortschatz

3/21

allegro, -a	lustig, lebhaft
amare	lieben
ballare	tanzen
corso *m* d'italiano	Italienischkurs
corso *m* di lingua	Sprachkurs
corso *m*	Kurs
cortese	höflich
da bambino /bambina	als Kind
dettagliato, -a	ausführlich
duomo *m*	Dom
durante	während
frequentare	besuchen (einen Kurs)
genitori *mPl*	Eltern
giocare a calcio	Fußball spielen
in attesa	in Erwartung
indirizzo e-mail *m*	E-Mail-Adresse
indirizzo *m*	Adresse
informazione *f*	Information
mentre	während
navigare (su Internet)	(im Internet) surfen
oggetto *m*	Objekt, hier: Betreff
paura *f*	Angst
pensare	denken
per strada	auf der Straße
perché	weil
pericoloso, -a	gefährlich
porgere	geben, reichen, hier: senden
ricordo *m*	Erinnerung
riposare	ausruhen
risposta *f*	Antwort
scoprire	entdecken
scuola *f* di lingue	Sprachschule
svolgersi	sich abspielen, sich abwickeln
vacanza *f* studio	Ferienkurs
vivo, -a	lebhaft, lebendig

Briefanrede	
Egregio signor Neri	Sehr geehrter Herr Neri
Gentile signora Licondi	Liebe Frau Licondi
Caro Marco	Lieber Marco
Carissima Livia	Liebste Livia
Distinti saluti	Mit freundlichen Grüßen
Cordiali saluti	Herzliche Grüße
Cari saluti	Liebe Grüße
Cordialmente	Herzlich

Grammatik und Redemittel

Imperfekt ▸ *§6.7.2*

	giocare	trascorrere	dormire	essere
io	gioca**vo**	trascorre**vo**	dormi**vo**	**ero**
tu	gioca**vi**	trascorre**vi**	dormi**vi**	**eri**
lui/lei/Lei	gioca**va**	trascorre**va**	dormi**va**	**era**
noi	gioca**vamo**	trascorre**vamo**	dormi**vamo**	**eravamo**
voi	gioca**vate**	trascorre**vate**	dormi**vate**	**eravate**
loro	giova**vano**	trascorre**vano**	dormi**vano**	**erano**

Imperfekt oder *Passato Prossimo*?

Imperfekt

Bei einer nicht abgeschlossenen Handlung:
Cercavo una scuola di lingue. *Ich suchte eine Sprachschule.*
Bei der Beschreibung von Personen oder Dingen:
Ero una bambina. *Ich war ein Kind.*
Bei der Schilderung gleichzeitiger Handlungen:
Mentre i miei genitori riposavano, giocavo.
Während meine Eltern sich ausruhten, spielte ich.

Passato *Prossimo*

Bei einer abgeschlossenen Handlung:
Ho fatto un viaggio. *Ich habe eine Reise gemacht.*
Bei einer Handlung, die einsetzt, während eine andere noch andauert:
Mentre navigavo, ho scoperto ... *Während ich surfte, habe ich entdeckt ...*

Achtung:

mentre – durante	**während**
mentre + Verb: Mentre navigavo ...	*Während ich surfte ...*
durante + Substantiv: Durante il viaggio ...	*Während der Reise ...*

Tag 24 Übungen

1 Ergänzen Sie die richtigen Verben.

era abitava aveva gioca porta ama era portava amava vive ha

Francesca ………………… (1.) una bambina allegra. All'età di 7 anni ………………… (2.) i cappelli corti e ………………… (3.) sempre i jeans. Oggi Francesca ………………… (4.) cappelli lunghi e ………………… (5.) spesso vestiti eleganti. Quando ………………… (6.) piccola, ………………… (7.) molto giocare a calcio, mentre oggi non ………………… (8.) più a calcio, ma ………………… (9.) molto ballare. Da bambina Francesca ………………… (10.) a Roma. Ora invece ………………… (11.) in Toscana.

2/33

2 Hören Sie den Dialog und kreuzen Sie die richtige Antwort an.

1. Dove abitava Stefano da bambino?
   a) ☐ a Lucca b) ☐ in un quartiere di Pisa c) ☐ a Firenze
2. La sua casa si trovava …
   a) ☐ accanto alla chiesa. b) ☐ dietro la chiesa. c) ☐ accanto alla piazza.
3. Da bambino Stefano giocava sempre …
   a) ☐ dai suoi amici. b) ☐ per strada. c) ☐ a casa.
4. Quando tornava a casa?
   a) ☐ verso le 16.00 b) ☐ verso le 18.00 c) ☐ verso le 20.00

3 Ordnen Sie die Sätze der folgenden E-Mail.

a) ☐ Lavoravo alla reception in un albergo.
b) ☐ Cari saluti, Alessandra
c) ☐ Caro Manuel,
d) ☐ ma anche faticoso.
e) ☐ sono stata un mese a Venezia.
f) ☐ E tu, che cosa mi racconti di nuovo?
g) ☐ Il lavoro era molto interessante,

4 Setzen Sie folgende Sätze in die Vergangenheit. Achten Sie dabei auf die Unterscheidung zwischen Imperfekt und Perfekt.

1. Quando .... (stare) a Firenze, Linda .... (fare) un corso d'italiano.
2. Loro .... (prendere) sempre l'autobus.
3. Mentre noi .... (aspettare) il treno delle undici per Roma, ... (arrivare) un amico.
4. Stefano .... (nuotare) tutti i giorni in piscina.
5. Ogni anno Livia .... (avere) la tosse, ma questo inverno .... (prendere) anche il raffreddore.
6. Ettore .... (perdere) sempre a poker.
7. Mentre io .... (essere) in viaggio, ... (leggere) tre romanzi.
8. Durante il viaggio a Venezia, Martin .... (perdere) le chiavi di casa.
9. Quando io .... (essere) piccolo, ... (abitare) a Milano.
10. Martin .... (portare) sempre un vino rosso quando .... (essere) invitato a cena.

5 Während Sie im Internet surfen, kann vielerlei passieren. Bilden Sie Sätze wie im Beispiel:

1. Mentre navigavo in Internet, *ho visto una foto di Brad Pitt.*
2. Mentre navigavo in Internet, ... (trovare, informazione)
3. Mentre navigavo in Internet, ... (bere, caffè)
4. Mentre navigavo in Internet, ... (telefonare, mamma)
5. Mentre navigavo in Internet, ... (mangiare gelato)

6 Linda hat folgende SMS von Livia erhalten. Sagen Sie, was darin steht.

Ciao Linda,
cm va? 1 msg x te: cena da Bettina sab sera 8h. Vieni? Io vengo dp e porto 1 vino, ok?
Mi risp? Grazie <3 <3 <3

7 Hören Sie sich den Text von S. 204 noch einmal an, lesen Sie dann die Antwortmail von Tiziana Cristiani an Linda Schneider und beantworten Sie die Fragen.

Nuovo messaggio

A: linda.schneider@gmail.com
Oggetto: vs. corsi d'italiano

Gentile signora Schneider,
grazie per averci scritto. Mi fa molto piacere che lei vuole fare una vacanza studio a Firenze. La Scuola Dante Alighieri offre vacanze studio di due o quattro settimane, ma solo nei mesi da aprile a ottobre. I nostri corsi di lingua sono per tutti, per chi non ha mai studiato l'italiano, ma anche per chi parla già bene la nostra lingua. La mattina c'è il corso di lingua nell nostra scuola, e si fanno sempre quattro ore di lezione. Nel pomeriggio organizziamo visite per scoprire la città di Firenze, i musei, le chiese, ma facciamo anche gite in altre città, come Lucca, Siena, San Gimignano. Le vacanze studio costano 700 euro la settimana.
Per qualsiasi altra informazione, la prego di contattarmi.

Cordiali saluti,
Tiziana Cristiani
Direttrice Scuola Danti Alighieri Firenze

	vero	falso
1. Le vacanze studio durano sempre due settimane.	☐	☐
2. Tutti possono fare un corso d'italiano presso la scuola Dante Alighieri.	☐	☐
3. Le vacanze studio sono possibili solo ad aprile e a ottobre.	☐	☐
4. La mattina si studia l'italiano.	☐	☐
5. Il pomeriggio si dorme in albergo.	☐	☐

Kulturtipp Gli SMS

Für das Schreiben von SMS braucht man Abkürzungen, um ein Maximum an Infos auf einem Minimum an Raum hinzukriegen. Die wichtigsten sind:

+	più	di +	*mehr, besser*
-	meno	mi piace -	*gefällt mir weniger*
1	uno/un	porto **1** vino	*Ich bringe einen Wein mit.*
3	tre	arrivo in **3no**	*Ich komme mit dem Zug.*
6	sei/tu sei	dove **6**?	*Wo bist du?*
cm	come	**cm** va?	*Wie gehts?*
dp	dopo	vengo **dp**	*Ich komme nachher.*
dv	dove	**dv** 6?	*Wo bist du?*
prox	prossimo, -a	la **prox** settimana	*nächste Woche*
risp	rispondi	mi **risp**?	*Antwortest du mir?*
k	ch	**ke** ne dici?	*Was sagst du dazu?*
x	per	**xke** non risp?	*Warum antwortest du nicht?*

Beispiele:

Xke 6 :-(?	Perché sei triste?	*Warum bist du traurig?*
ke film ti piace di +?	Che film ti piace di più?	*Was für ein Film gefällt dir besser?*
1 msg x te: ci ved sab sera 8h?	Un messaggio per te: ci vediamo sabato sera alle 8?	*Eine Nachricht für dich: Sehen wir uns Samstagabend um 8 Uhr?*

Was können Sie schon?

	☺	😐	☹	
■ Einen Brief oder eine E-Mail schreiben	☐	☐	☐	▸ *Ü3*
■ Verstehen, wenn jemand von seiner Jugend erzählt	☐	☐	☐	▸ *Ü1, Ü2*
■ Vergangenes formulieren	☐	☐	☐	▸ *Ü1*

Tag 25

Geschäftstermine vereinbaren

In dieser Lektion lernen Sie

- einen Termin zu vereinbaren
- eine Verabredung abzusagen oder zu verschieben
- einen Anruf entgegenzunehmen, bei dem eine Terminänderung mitgeteilt wird

2/34 Un appuntamento di lavoro

Il telefono suona. Bettina risponde.

Bettina Pronto?
Segretaria Ditta Bussardi, buongiorno.
Bettina Buongiorno.
Segretaria Vorrei parlare con il signor Martin Schneider.
Bettina Glielo passo subito. Arrivederci.

Martin prende il ricevitore.

Martin Pronto?
Segretaria Buongiorno. Parlo con il signor Martin Schneider?
Martin Sì, sono io.
Segretaria La chiamo per conto del dottor Marco De Franchi. Lei ha fissato un appuntamento con il dottor De Franchi per giovedì prossimo alle dieci e mezza. Giusto?
Martin Sì, giusto.
Segretaria Sfortunatamente devo disdire l'appuntamento perché il dottor De Franchi deve urgentemente visitare un altro stabilimento.
Martin Mi dispiace. Possiamo spostare l'appuntamento?
Segretaria Sì, certo. Un attimo, guardo nell'agenda ... Le può andare bene venerdì, 30 giugno?
Martin Sì, venerdì mi va bene. A che ora?
Segretaria Alle tre del pomeriggio? Direttamente qui in ufficio.
Martin Perfetto. A venerdì, allora. Arrivederci.
Segretaria Arrivederci e grazie della comprensione.

Fragen zum Dialog

Kreuzen Sie die richtige Antwort an.

1. Martin riceve una chiamata ...
   a) ☐ dal suo amico Burkhart. b) ☐ dalla ditta Bussardi. c) ☐ dal dott. De Franchi.

2. Marco De Franchi ...
   a) ☐ disdice l'appuntamento. b) ☐ è malato. c) ☐ è in ferie.

3. Martin fissa un altro appuntamento per ...
   a) ☐ giovedì. b) ☐ lunedì. c) ☐ venerdì.

Ein Geschäftstermin

Das Telefon läutet. Bettina nimmt den Hörer ab.

Bettina Hallo?
Sekretärin Firma Bussardi, guten Tag.
Bettina Guten Tag.
Sekretärin Ich möchte gern mit Herrn Martin Schneider sprechen.
Bettina Ich hole ihn gleich (ich verbinde). Auf Wiederhören.

Martin nimmt den Hörer.

Martin Hallo?
Sekretärin Guten Tag. Spreche ich mit Herrn Martin Schneider?
Martin Ja, das bin ich.
Sekretärin Ich rufe Sie im Auftrag von Dr. Marco De Franchi an. Sie haben für nächsten Donnerstag um halb elf einen Termin mit Dr. De Franchi vereinbart, richtig?
Martin Ja, richtig.
Sekretärin Leider muss ich den Termin absagen, weil Dr. De Franchi dringend einen anderen Betrieb besuchen muss.
Martin Das tut mir leid. Können wir den Termin verschieben?
Sekretärin Ja, natürlich. Augenblick, ich schaue im Terminkalender nach ... Passt Ihnen Freitag, der 30. Juni?
Martin Ja, Freitag passt mir gut. Um wie viel Uhr?
Sekretärin Um 15.00 Uhr? Direkt hier im Büro.
Martin Perfekt. Dann also bis Freitag. Auf Wiederhören.
Sekretärin Auf Wiederhören und Danke für Ihr Verständnis.

Tag 25 Lernwortschatz

3/22

agenda *f*	Terminkalender
appuntamento *m*	Termin
colloquio *m*	Gespräch
colloquio *m* di lavoro	Vorstellungsgespräch, Arbeitsgespräch
comprensione *f*	Verständnis
controllare	kontrollieren
disdire	absagen
fissare	vereinbaren
impegno *m*	Verpflichtung
male	schlecht
per conto di	im Auftrag von
poco	wenig
possibile	möglich
ricevere	bekommen, erhalten
ricevitore *m*	Hörer
ringraziare	danken, sich bedanken
rispondere (al telefono)	sich (am Telefon) melden
sfortunatamente	leider, unglücklicherweise
stabilimento *m*	Betrieb, Werk, Fabrik
suonare	hier: klingeln
ufficio *m*	Büro
urgentemente	dringend

Zeitadverbien

Sehr nützlich beim Vereinbaren, Verschieben oder Absagen von Geschäftsterminen sind die Zeitadverbien:

adesso/ora	jetzt
oggi	heute
stamattina	heute Morgen
stasera	heute Abend
domani	morgen
dopodomani	übermorgen
prima	früher
dopo	später
ieri	gestern
l'altro ieri	vorgestern
tempo fa	vor einiger Zeit
mai	nie

Grammatik und Redemittel

Das Adverb ▸ *§4*

Im Gegensatz zum Deutschen sieht man im Italienischen den Unterschied zwischen Adjektiv und Adverb durch die Endung **-mente** sofort:
L'appuntamento è **urgente**. *Der Termin ist dringend.*
Devo **urgentemente** fissare un appuntamento. *Ich muss dringend einen Termin vereinbaren.*

Achtung:
Das Adverb wird aus der weiblichen Form gebildet:
sfortunato → sfortunata → sfortunatamente *unglücklicherweise*

Adjektive auf **-re** und **-le** verlieren das **-e** vor dem Suffix **-mente**:
facile → facilmente *leicht*

Steigerung des Adverbs

Die Adverbien werden wie die Adjektive in der Regel mit **più** gesteigert:
più facilmente *leichter*

Einige unregelmäßige Formen					
bene	gut	**meglio**	besser	**benissimo**	sehr gut
male	schlecht	**peggio**	schlechter	**malissimo**	sehr schlecht
poco	wenig	**meno**	weniger	**pochissimo**	sehr wenig
molto	viel	**più**	mehr	**moltissimo**	sehr viel

Termine vereinbaren

Vorrei fissare un appuntamento con ... – *Ich möchte einen Termin mit ... vereinbaren.*
Le va bene il 7 dicembre alle 9? – *Passt es Ihnen am 7. Dezember um 9 Uhr?*
Può venire domani alle 4? – *Können Sie morgen um 4 Uhr kommen?*
Devo disdire l'appuntamento. – *Ich muss den Termin absagen.*
Vorrei spostare l'appuntamento. – *Ich möchte den Termin verschieben.*

Tag 25 Übungen

2/35

1 Lesen Sie den Dialog und übernehmen Sie die Rolle von Francesca.

Centralinista	Ditta Pampaloni, buongiorno.
Francesca	Buongiorno, mi chiamo Francesca Lupi. Ho un colloquio di lavoro con il dottor Pampaloni oggi pomeriggio. Purtroppo mio figlio è malato e vorrei spostare l'appuntamento.
Centralinista	Un attimo. Guardo l'agenda. Le va bene la settimana prossima ... diciamo mercoledì alle 11?
Francesca	No, mi dispiace, mercoledì ho già un altro impegno.
Centralinista	E giovedì alle 16.00?
Francesca	Giovedì va benissimo. La ringrazio. Arrivederci.
Centralinista	Arrivederci.

2 Ergänzen Sie das richtige Adjektiv bzw. Adverb.

1. urgente – urgentemente
   a) Questo lavoro è .... !
   b) Devo .... andare in ufficio.
2. tranquillo – tranquillamente
   a) Livia studia .... in camera.
   b) Livia è una bambina ....
3. buono – bene
   a) Questa pasta è ....
   b) Martin ha cucinato ....

2/36

3 Hören Sie den Dialog und kreuzen Sie an.

	vero	falso
1. Linda telefona alla ditta Alighieri.	☐	☐
2. Linda vuole prendere un appuntamento per giovedì o venerdì.	☐	☐
3. Giovedì la direttrice è assente.	☐	☐
4. L'appuntamento è fissato per venerdì alle 11.00.	☐	☐

4 Vervollständigen Sie die Sätze und achten Sie dabei auf die richtige Form: Adjektiv oder Adverb?

1. Linda è sempre molto chic: si veste .... (elegante)
2. Il tavolo e le sedie del salotto sono .... (nuovo)
3. All'una Stefano torna .... a casa. (normale)
4. Il sabato sera esco sempre, ma vado solo .... a teatro. (raro)
5. Il mio ufficio si trova nella zona .... (industriale)
6. Stefano e Bettina sono .... sposati. (felice)

5 Adjektiv oder Adverb? Ordnen Sie die Wörter aus dem Schüttelkasten den beiden Kategorien zu.

bene bello prima dopo antico alcolico caro
tempo fa nuovo comodamente nuovamente grande

Aggettivi	Avverbi
....	....
....	....
....	....
....	....
....	....
....	....

6 Lesen Sie den Dialog und beantworten Sie dann die Fragen.

Francesca	Pronto?
Segretaria	Studio medico dottor Neri. Parlo con la signora Francesca Bianchi?
Francesca	Sì, sono io.
Segretaria	Buongiorno, signora. Lei ha un appuntamento con il dottor Neri domani, martedì mattina.
Francesca	Sì, esatto. Alle undici.
Segretaria	Purtroppo il dottore è malato. Possiamo spostare l'appuntamento?
Francesca	Certo! Per quando?
Segretaria	Guardo l'agenda. Le va bene questa settimana ... diciamo venerdì pomeriggio alle cinque?
Francesca	No, mi dispiace. Venerdì pomeriggio ho un altro impegno.
Segretaria	E allora sabato alle dieci e mezza?
Francesca	Sabato mattina va bene.
Segretaria	Allora grazie e arrivederci.
Francesca	Arrivederci.

	Vero	Falso
1. Francesca Bianchi ha un appuntamento con il dottor Neri.	☐	☐
2. L'appuntamento era per martedì mattina alle undici.	☐	☐
3. Francesca è malata.	☐	☐
4. Il nuovo appuntamento viene fissato per giovedì pomeriggio.	☐	☐
5. Francesca non è d'accordo con questo appuntamento.	☐	☐
6. L' appuntamento viene fissato per sabato mattina.	☐	☐

7 Verbinden Sie die deutschen Wörter mit der passenden italienischen Entsprechung.

1. Terminkalender → c)	a) ricevitore
2. Gespräch	b) indirizzo e-mail
3. Verpflichtung	c) agenda
4. Telefonhörer	d) informazione
5. Unternehmen	e) colloquio
6. Büro	f) risposta
7. E-Mail-Adresse	g) impegno
8. Information	h) ufficio
9. Antwort	i) azienda

Kulturtipp Codice fiscale & onere fiscale

Ohne einen **codice fiscale** *Steuernummer* können Sie in Italien kaum etwas unternehmen, was über eine Urlaubsreise hinausgeht. Wenn Sie eine Wohnung mieten, ein Telefon anmelden oder ein Handy kaufen, ein Bankkonto eröffnen oder vergünstigte Bahntickets erwerben möchten, müssen Sie Ihren **codice fiscale** vorweisen. Diese Steuernummer stellt Ihnen die **Agenzia delle Entrate** *Steuerbehörde* auf Antrag aus. Es handelt sich dabei um eine Kombination aus Buchstaben und Ziffern, die Ihre Schlüsseldaten aufführen: Name, Vorname, Geburtsjahr, Geburtsmonat, Geburtstag, Geburtsort oder -land und eine Kontrollziffer. Im europäischen Vergleich ist übrigens die **onere fiscale** *Steuerbelastung* in Italien sehr hoch. Sie beträgt im Moment rund 43%.

Was können Sie schon?

	☺	😐	☹	
■ Einen Geschäftstermin vereinbaren	☐	☐	☐	▸ *Ü3*
■ Eine vereinbarte Verabredung verschieben	☐	☐	☐	▸ *Ü2*

Tag 26

Geschäftskontakte pflegen

In dieser Lektion lernen Sie

- sich im beruflichen Umfeld zu unterhalten
- über Beruf, Arbeitsort, Arbeitgeber und Ausbildung zu sprechen
- auszudrücken, was gerade im Moment passiert

2/37 Un pranzo di lavoro

M. De Franchi Eccomi! Buongiorno!

Martin Buongiorno. Le presento mia moglie. Linda, questo è Marco De Franchi.

M. De Franchi Molto piacere.

Linda Buongiorno.

M. De Franchi Sono contento che siamo riusciti a mangiare insieme.

Martin, Linda e Marco De Franchi vanno al ristorante.

M. De Franchi Senta, com'è nato il Suo negozio di cravatte?

Martin Dopo la maturità ho studiato economia aziendale. Poi ho trovato lavoro come project manager in un'azienda a Basilea dove ho conosciuto mia moglie.

M. De Franchi Ah, Lei è di Basilea?

Linda Sì. E anch'io sono laureata in economia. Ma due anni fa una multinazionale mi ha offerto un posto come direttrice del personale, e ci siamo trasferiti a Francoforte.

Martin E così ho aperto un negozio di cravatte. Avevo voglia di fare qualcosa di nuovo e sto vivendo un periodo molto interessante.

M. De Franchi E come si vive a Francoforte?

Martin Mi piace molto. È un ambiente stimolante.

Linda Sì, vero. Ma anche frenetico. Il fine settimana sto lavorando spesso.

M. De Franchi Se è per quello, anch'io qui in Italia.

Fragen zum Dialog

Kreuzen Sie an.

	vero	falso
1. Martin ha studiato economia aziendale.	☐	☐
2. Linda è laureata in psicologia.	☐	☐
3. Linda lavora spesso il fine settimana.	☐	☐

Ein Geschäftsessen

M. De Franchi Hier bin ich! Guten Tag!

Martin Guten Tag. Ich möchte Ihnen meine Frau vorstellen. Linda, das ist Marco De Franchi.

M. De Franchi Freut mich sehr.

Linda Guten Tag.

M. De Franchi Ich freue mich, dass wir es geschafft haben, gemeinsam zu essen.

Martin, Linda und Marco De Franchi gehen ins Restaurant.

M. De Franchi Nun sagen Sie mal, wie ist eigentlich Ihr Krawattengeschäft entstanden?

Martin Nach dem Abitur habe ich Betriebswirtschaft studiert. Dann fand ich eine Stelle als Projektmanager in einem Basler Unternehmen, wo ich meine Frau kennengelernt habe.

M. De Franchi Ah, Sie sind aus Basel?

Linda Ja. Und ich habe ebenfalls einen Abschluss in Wirtschaftswissenschaften. Doch vor zwei Jahren hat mir ein multinationales Unternehmen eine Stelle als Personalchefin angeboten, und wir sind nach Frankfurt gezogen.

Martin Und so habe ich ein Krawattengeschäft eröffnet. Ich hatte Lust, etwas Neues zu machen und erlebe gerade eine sehr interessante Zeit.

M. De Franchi Und wie lebt es sich in Frankfurt?

Martin Mir gefällt es sehr. Es ist ein anregendes Umfeld.

Linda Ja, stimmt. Aber auch hektisch. Am Wochenende arbeite ich oft.

M. De Franchi Also, was das anbelangt, ich in Italien auch.

Tag 26 Lernwortschatz

3/23

ambiente *m*	Umfeld
aprire	(er-)öffnen
attualmente	im Moment, derzeit
banchiere *m*	Banker, Bankier
comunque	wie auch immer
diploma *m*	Diplom
disoccupato, -a	arbeitslos
economia *f*	Wirtschaft
economia *f* aziendale	Betriebswirtschaft
estero *m*	Ausland
formazione *f*	Ausbildung
frenetico, -a	hektisch
imparare	lernen
informatica *f*	Informatik
interessante	interessant
laurea *f*	Hochschulabschluss
laurearsi	einen Studienabschluss machen
maturità *f*	Abitur
mestiere *m*	Beruf, Handwerk
moglie *f*	(Ehe)frau
multinazionale *f*	multinationales Unternehmen
nascere	geboren werden, (hier:) entstehen
nuovo, -a	neu
più tardi	später
posto *m* (di lavoro)	Arbeitsstelle, Arbeitsplatz
pranzo *m* di lavoro	Geschäftsessen
soggiorno *m*	Aufenthalt
stimolante	anregend, stimulierend

Berufe	
cantante *m/f*	Sänger, -in
architetto *m/f*	Architekt, -in
ingegnere *m/f*	Ingenieur, -in
camionista *m/f*	Lastwagenfahrer, -in
barista *m/f*	Barmann, Barfrau
dentista *m/f*	Zahnarzt, -ärztin
giornalista *m/f*	Journalist, -in
fornaio *m/f*	Bäcker, -in
impiegato, -a *m/f*	Angestellte, -r
cameriere, -a *m/f*	Kellner, -in
cuoco, -a *m/f*	Koch/Köchin
segretario, -a *m/f*	Sekretär, -in
attore, -trice *m/f*	Schauspieler, -in
collaboratrice *f* domestica	Haushaltshilfe
parrucchiere, -a *m/f*	Frisör,-in
avvocato, -essa *m/f*	Rechtsanwalt, -anwältin

Grammatik und Redemittel

Verlaufsform ▸ §6.13

Die Verlaufsform drückt eine Handlung aus, die gerade im Moment stattfindet.
Sie wird aus der konjugierten Form von **stare** und dem **Gerund** gebildet:
Gerund: vivere → viv**endo** mangiare → mangi**ando** dormire → dorm**endo**
Sto vivendo un periodo molto interessante. *Ich erlebe gerade eine sehr interessante Zeit.*
Unregelmäßige Formen:
bere → **bevendo** dire → **dicendo** fare → **facendo**

Häufige Suffixe bei Berufsbezeichnungen

-aio/-aia: gelataio *Eisverkäufer* ← gelato *Eis*, fornaio *Bäcker* ← forno *Backofen/-stube*
-iere/iera: banchiere *Banker* ← banca *Bank*
-ista: barista *Barmann* ← bar *Bar;* dentista *Zahnarzt* ← dente *Zahn*

Spezielle weibliche Suffixe:
-trice: attore → attrice *Schauspielerin*
-essa: avvocato → avvocatessa *Rechtsanwältin*

Über den Beruf sprechen

Il mestiere – *der Beruf*
Sono ... – *Ich bin ...*
Lavoro come ... – *Ich arbeite als ...*
Attualmente sono disoccupato/a. – *Ich bin im Moment arbeitslos.*
Il posto di lavoro – *der Arbeitsplatz*
Lavoro in una banca. – *Ich arbeite in einer Bank.*
La formazione – *Die Ausbildung*
Ho imparato ... – *Ich habe ... gelernt.*
Dopo la maturità ho studiato .... – *Nach dem Abitur habe ich ... studiert.*
Mi sono laureato/a in ... – *Ich habe einen Studienabschluss in ...*
Dopo un soggiorno all'estero ... – *Nach einem Auslandsaufenthalt ...*
Più tardi ... – *Später ...*
Infine ho trovato un posto ... – *Schließlich habe ich einen Arbeitsplatz gefunden ...*

Tag 26 Übungen

1 Setzen Sie die Sätze in die Verlaufsform.

1. noi – mangiare ..... *Stiamo mangiando.*
2. loro – giocare – nel giardino .....
3. Stefano – cercare – le chiavi .....
4. Livia – fare colazione .....
5. Dove – andare – signora? .....

2/38

2 Übernehmen Sie im Dialog die Rolle von Rita und antworten Sie mithilfe der vorgegebenen Elemente.

Sig. Pampalone Ditta Pampalone, buongiorno.
Rita *[guten Tag – Rita Torre – Anruf wegen der Stelle als Sekretärin]*
Sig. Pampalone Ah, sì. Bene. Ha esperienze di lavoro?
Rita *[ja – 3 Jahre gearbeitet – als Sekretärin – in einem großen Unternehmen]*
Sig. Pampalone Benissimo. Ha un diploma?
Rita *[ja – nach dem Abitur – Auslandsaufenthalt in England – später Informatik-Diplom gemacht – dann eine Stelle in dem Unternehmen gefunden]*
Sig. Pampalone Va bene. Possiamo fissare un appuntamento? Le va bene mercoledì prossimo alle 10.30?
Rita *[passt sehr gut – Vielen Dank – Auf Wiederhören].*
Sig. Pampalone A mercoledì, arrivederci.

3 In welchem Beruf hat man damit zu tun? Ergänzen Sie.

collaboratrice domestica   cantante   camionista   parrucchiere   cuoco   dentista

1. .....

3. .....

5. .....

2. .....

4. .....

6. .....

4 Hören Sie sich die Zeilen 7 bis 14 des Dialogs von S. 220 noch einmal an und bilden Sie dann Sätze nach dem Muster.

1. Dopo la maturità ho studiato economia aziendale. –
   Anch'io sono laureata in economia, ma due anni fa *ho iniziato una carriera come attrice.*
2. Sono nato a Berlino.
   Anch'io sono nato a Berlino, ma poi ....
   (trasferirsi, Amburgo)
3. Adoro il tè.
   Anch'io adoro il tè, ma ....
   (la mattina, berecaffè)
4. Ho studiato medicina.
   Anch'io ho studiato medicina, ma poi ....
   (aprire, gelateria)
5. Io leggo tanti libri.
   Anch'io amo leggere, ma ....
   (fare, anche, molto sport)
6. Mi sono laureata in matematica.
   Anch'io mi sono laureato in lingue matematica, ma ora ....
   ....
   (imparare, mestiere, fornaio)

5 Erkennen Sie die Berufsbezeichnungen? Ordnen Sie die Silben.

1. sta-mio-ca-ni ....
2. pie-to-im-ga ....
3. ruc-re-chie-par ....
4. co-cuo ....
5. to-av-ca-vo ....
6. ar-tet-chi-to ....
7. gre-ta-se-ria ....
8. ti-den-sta ....

6 Was tun Sie gerade? Setzen Sie die Verben in die Verlaufsform.

1. In questo momento .... 1 (bere) un caffè, ... 2 (mangiare) un cornetto alla marmellata, ... 3 (telefonare) con un amico, ... 4 (ascoltare) la radio e .... 5 (parlare) con mia madre.

7 Lesen Sie den folgenden Lebenslauf und beantworten Sie dann die Fragen.

Mi chiamo Antonio e sono nato a Palermo in Sicilia. Poi la mia famiglia si è trasferita a Roma. Ho frequentato le scuole e dopo la maturità ho studiato storia dell'arte a Firenze. Mi sono laureato e ho cominciato a lavorare come cameriere in un ristorante nel centro storico di Pisa. Poi mi sono trasferito in Germania e ho lavorato in un museo a Stoccarda. Oggi sono insegnante di storia dell'arte in un liceo a Pisa, ho una bella casa, sono sposato, ho due figli e un gatto.

	vero	falso
1. Antonio è nato a Roma.	☐	☐
2. Antonio è sposato.	☐	☐
3. Antonio è insegnante.	☐	☐
4. Antonio vive in Germania.	☐	☐
5. Antonio ha una bella casa.	☐	☐
6. Antonio ha un gatto e tre figli.	☐	☐
7. Antonio è laureato in storia dell'arte.	☐	☐

Kulturtipp Makkaronifresser & mangiacrauti

Die Küche ist der wichtigste Exportartikel des italienischen Lebensstils. In deutschen Haushalten steht vielerorts eine italienische **moca** *Kaffeemaschine*. Deutsche, die kein Wort Italienisch sprechen, bestellen mit jeder Selbstverständlichkeit einen **latte macchiato**, und jeder Hobbykoch weiß, dass Teigwaren **al dente** *bissfest* gekocht werden.

Wer käme heute noch auf die Idee, die Italiener als Makkaronifresser zu beschimpfen? Das Schimpfwort **mangiamaccheroni** *Makkaronifresser* ist nicht einmal eine deutsche, sondern eine italienische Erfindung. Die Toskaner, berühmt-berüchtigt für ihr Lästermaul, nannten die Neapolitaner bis ins 17. Jahrhundert **mangiafoglie** *Grünzeugfresser*. Diese gaben mit gleicher Münze zurück und nannten die Florentiner **mangiafagioli** *Bohnenfresser* und die Lombarden **mangiarape** *Rübenfresser*. **Mangiamaccheroni** *Makkaronifresser* wurden in Italien zunächst die Süditaliener, später im Zuge der Gastarbeiterbewegung alle Italiener genannt. Die Deutschen nennt man in Italien bis heute **mangiacrauti** *Sauerkrautfresser*.

Was können Sie schon?

	☺ ☹ ☹	
■ Sagen, was Sie gerade im Moment tun	☐ ☐ ☐	▸ Ü1
■ Über Ihre Ausbildung und Berufstätigkeit sprechen	☐ ☐ ☐	▸ Ü2, Ü3

Tag 27

Sitzungen und Besprechungen

In dieser Lektion lernen Sie

- ein Gespräch im Arbeitsumfeld zu führen
- Ihre persönliche Meinung auszudrücken
- ein Vorhaben in der Zukunft zu formulieren

2/39

Veniamo al punto!

M. De Franchi Vorrei brevemente tornare al discorso fatto al nostro appuntamento. Lei ha detto che non è contento della qualità dei nostri prodotti.

Martin È così.

M. De Franchi Dunque, ho parlato ieri con i miei collaboratori. Abbiamo elaborato un protocollo per il controllo della qualità.

Martin Grazie mille. È un'ottima idea. Mi può stampare il documento e inviarlo per fax?

M. De Franchi Certo. Glielo spedirò domani.

Martin Benissimo. Lo leggerò in ufficio.

M. De Franchi Poi ho preparato per Lei un catalogo dei nostri prodotti della prossima collezione ...

Martin Mmh ... bello questo ... secondo me è molto riuscito anche questo design ... Penso che sarà una bellissima collezione. Che ne pensi, Linda, ti piace?

Linda Sì, mi piace molto.

Martin Posso avere il catalogo in forma elettronica?

M. De Franchi Sì, certo. Avrò bisogno di un po' di tempo per prepararlo. Ma comincerò subito domani e cercherò di mandarLe il file allegato tra una settimana circa.

Martin D'accordo.

Fragen zum Dialog

Beantworten Sie die Fragen.

1. Che cosa ha preparato Marco De Franchi con i suoi collaboratori?

....

2. Martin dove leggerà il documento?

....

3. A Linda piace il catalogo dei prodotti della prossima collezione?

....

Kommen wir zur Sache!

M. De Franchi Ich möchte kurz auf das Gespräch anlässlich unseres Termins zurückkommen. Sie haben gesagt, dass Sie mit der Qualität unserer Produkte nicht mehr zufrieden sind.

Martin So ist es.

M. De Franchi Nun, ich habe gestern mit meinen Mitarbeitern gesprochen. Wir haben ein Protokoll zur Qualitätskontrolle ausgearbeitet.

Martin Vielen Dank. Das ist eine prima Idee. Können Sie mir das Dokument ausdrucken und faxen?

M. De Franchi Natürlich. Ich werde es Ihnen morgen schicken.

Martin Sehr gut. Ich werde es dann im Büro lesen.

M. De Franchi Dann habe ich für Sie einen Katalog unserer Produkte der nächsten Kollektion vorbereitet ...

Martin Mmh ... schön ... meiner Meinung nach ist auch dieses Design sehr gelungen ... Ich denke, das wird eine sehr schöne Kollektion werden. Was meinst du dazu, Linda, gefällt es dir?

Linda Ja, es gefällt mir sehr.

Martin Kann ich den Katalog in elektronischer Form haben?

M. De Franchi Ja, natürlich. Ich werde noch etwas Zeit brauchen, um ihn vorzubereiten. Aber ich werde gleich morgen beginnen und versuchen, Ihnen die angehängte Datei in ungefähr einer Woche zu schicken.

Martin Einverstanden.

Tag 27 Lernwortschatz

3/24

allegato, -a	angehängt, im Anhang
ancora	noch
brevemente	kurz
catalogo *m*	Katalog
cercare	suchen, (hier:) versuchen
collezione *f*	Kollektion
congratulazioni!	Herzlichen Glückwünsch!
controllo *m* della qualità	Qualitätskontrolle
controllo *m*	Kontrolle
discorso *m*	Gespräch, Unterhaltung
dunque	nun, also
elaborare	ausarbeiten
elettronico, -a	elektronisch
file *m*	Datei
finire	beenden, abschließen
forma *f*	Form
futuro *m*	Zukunft
mandare	schicken
prima o poi	früher oder später
prodotto *m*	Produkt
progetto *m*	Projekt
protocollo *m*	Protokoll
qualità *f*	Qualität
riuscito, -a	gelungen
secondo me	meines Erachtens, meiner Meinung nach
spedire	schicken, senden
stampare	ausdrucken
Stati Uniti	Vereinigte Staaten
ufficio *m*	Büro
venire al punto	zur Sache kommen

Im Büro	
agenda *f*	Terminkalender
cassetto *m*	Schublade
computer *m*	Computer
fax *m*	Faxgerät
lampada *f* da tavolo	Tischlampe
poltrona *f*	Sessel
quadro *m*	Bild, Gemälde
scrivania *f*	Schreibtisch
stampante *f*	Drucker
telefono *m*	Telefon

Grammatik und Redemittel

Das Futur ▸ *§6.8*

	mandare	leggere	spedire	essere
io	mander**ò**	legger**ò**	spedir**ò**	**sarò**
tu	mander**ai**	legger**ai**	spedir**ai**	**sarai**
lui/lei/Lei	mander**à**	legger**à**	spedir**à**	**sarà**
noi	mander**emo**	legger**emo**	spedir**emo**	**saremo**
voi	mander**ete**	legger**ete**	spedir**ete**	**sarete**
loro	mander**anno**	legger**anno**	spedir**anno**	**saranno**

Spedirò il fax domani. *Ich werde das Fax morgen schicken.*
Lo **leggerò** in ufficio. *Ich werde es im Büro lesen.*

Achtung:

Unregelmäßige Formen:

andare → **andrò** avere → **avrò** dovere → **dovrò** potere → **potrò**
vedere → **vedrò** sapere → **saprò** dare → **darò** dire → **dirò**
fare → **farò** stare → **starò** venire → **verrò** volere → **vorrò**

Verben auf **-ciare**/**-giare**: ohne **-i-**:
Comincerò subito domani. *Ich werde gleich morgen beginnen.*
Verben auf **-care**/**-gare**: eingeschobenes **-h-**:
Cercherò di mandarLe il file la settimana prossima. *Ich werde versuchen, Ihnen die Datei nächste Woche zu schicken.*

Meinung äußern

Secondo me il design è molto riuscito. – *Meiner Ansicht nach ist das Design sehr gelungen.*
Trovo molto bello il design. – *Ich finde das Design sehr schön.*
Che ne pensa? – *Was meinen Sie dazu?*
Sono d'accordo. – *Ich bin einverstanden.*
Ha ragione. – *Sie haben recht.*
Non sono d'accordo. – *Ich bin nicht einverstanden.*
Secondo me non va bene. – *Meines Erachtens geht das so nicht.*

Tag 27 Übungen

1 Was wird passieren? Ergänzen Sie die passenden Satzteile.

leggerò un bel libro compreremo una casa sul mare andrà a vivere all'estero faranno un viaggio in America Latina

1. Quando sarà vecchio, ...
2. Prima o poi Linda e Martin ....
3. Quando avremo un po' di soldi, ...
4. Quando avrò un po' di tempo, ...

2/40

2 Lesen Sie den Dialog und übernehmen Sie die Rolle von Manuel.

Roberto Ciao, Manuel. Come stai?
Manuel Oh, ciao, Roberto. Bene, grazie, e tu?
Roberto Bene. Ho sentito che ti sei laureato. Congratulazioni! E che cosa farai adesso?
Manuel Andrò negli Stati Uniti. Lavorerò in un ristorante a New York.
Roberto Ma come? Vuoi fare il cameriere con una laurea in architettura?
Manuel Senti, qui in Italia non trovo lavoro. Allora è meglio fare il cameriere che il disoccupato, no?
Roberto Giusto.
Manuel In più farò un corso d'inglese.
Roberto Ottimo! Quanto tempo rimarrai in America?
Manuel Non lo so ancora. Vedremo.

2/41

3 Hören Sie das Interview und füllen Sie das Formular aus.

1. Come si chiama
2. Dove vive?
3. Da quanto tempo?
4. Che lavoro fa?
5. Quali sono i progetti per il futuro?

4 Hören Sie sich den Dialog von S. 228 noch einmal an, dann sprechen Sie ihn selber nach und achten dabei auf die Aussprache der Doppelkonsonanten. Zum Beispiel in: *fatto, detto, prodotti, collaboratori, protocollo, controllo, mille, ottima, bellissima, prossima, collezione, elettronica*.

5 In diesem Buchstabengitter sind sechs Begriffe aus dem Bürobereich versteckt. Finden Sie sie.

C	O	M	P	U	T	E	R	F	A	X
A	P	O	L	T	R	O	N	A	B	M
D	G	I	L	A	M	P	A	D	A	E
K	C	S	T	A	M	P	A	N	T	E
S	C	R	I	V	A	N	I	A	L	F

6 Setzen Sie die folgenden Sätze ins Futur.

1. L'anno prossimo noi .... (cambiare) casa.
2. Io non .... (perdere) mai la pazienza.
3. Francesca e Roberto .... (parlare) a lungo al telefono.
4. Livia .... (studiare) all'università.
5. Quando .... (prendere) la patente?
6. Noi .... (arrivare) con il treno delle undici.
7. Questa volta sono sicura: .... (sposare) Alfonso!

7 Hören Sie sich den Dialog von Übung 2 noch einmal an und beantworten Sie dann die Fragen.

1. Chi si è laureato? ....
2. Dove andrà Manuel? ....
3. Che lavoro farà Manuel? ....
4. Quanto tempo rimarrà all'estero? ....

8 Äußern Sie Ihre Meinung unter Verwendung der vorgegebenen Elemente.

1. Ho visto "Il Terminator" con Arnold Schwarzenegger. L'hai visto anche tu?

   ....

   (Ja, Sie haben ihn gesehen und er hat Ihnen gut gefallen.)

2. Ti piace questo divano?

   ....

   (Ja, Sie finden das Design sehr schön.)

3. Secondo me in Germania si vive male.

   ....

   (Ich bin nicht einverstanden.)

4. Signor Schneider, secondo me dobbiamo cambiare il progetto.

   ....

   (Sie haben recht.)

Kulturtipp Andiamo a prenderci un caffè!

Wenn eine lange Sitzung endlich fertig ist, wenn Vertragsverhandlungen einen Abschluss gefunden haben, wenn ein Kollege Geburtstag feiert oder eine Kollegin gerade ein neues Auto gekauft hat, heißt es: **andiamo a prenderci un caffè!** *kommt, wir gehen einen Kaffee trinken!* **Il bar** *die Bar* ist für die Italiener mehr als ein Stehcafé. Es ist der Ort, wo man sich mit jemandem verabredet, einen Kaffee trinkt, frühstückt, die Zeitung liest oder einfach die Welt betrachtet. Bevor man bestellt, muss man in vielen Bars (vor allem in der Stadt) an der **cassa** *Kasse* bezahlen und sich mit dem **scontrino** *Kassenzettel* an den **banco** *die Theke* begeben, um zu bestellen. Tipp: erst an der Theke die Auswahl anschauen und sich den Namen des Brötchens merken, dann an der Kasse in die Schlange stellen. Den **scontrino** sollten Sie übrigens bis zum Verlassen der Bar aufbewahren, denn die **Guardia di Finanza** *Finanzpolizei* kann draußen warten und kontrollieren, ob Ihr Essen und Ihre Getränke ordnungsgemäß registriert wurden.

Was können Sie schon?

	☺	😐	☹	
■ Über die eigene Arbeits- und Berufssituation sprechen	■	■	■	▸ *Ü1*
■ Eine persönliche Meinung ausdrücken	■	■	■	▸ *Ü2, Ü3*
■ Sagen, was Sie vorhaben	■	■	■	▸ *Ü1, Ü2*

Tag 28 Zukunftspläne und -wünsche

In dieser Lektion lernen Sie

- über Zukunftspläne zu sprechen
- zu sagen, was Sie gern tun würden und zu welchem Zweck
- eine höfliche Bitte zu formulieren

2/42 Arrivederci

Linda e Martin tornano a casa. Stefano, Bettina e Livia li accompagnano all'aeroporto.

Linda Stefano, mi aiuteresti con la valigia?

Stefano Certo, dammi anche la borsa!

Linda Grazie. ... Com'è triste partire! Stavo così bene qui! E poi il viaggio a Venezia, il mare, la festa di San Ranieri ... quanti ricordi porterò a Francoforte!

Martin Vorrei ringraziarvi per tutto e spero di rivedervi presto.

Stefano È stato un piacere. Che progetti avete per il prossimo futuro?

Martin A ottobre sarò di nuovo in Italia per la fiera della moda maschile.

Linda La fiera avrà luogo a Firenze e io potrei prendere una settimana di ferie per accompagnare Martin.

Bettina Così ci rivedremo!

Linda Certamente. Mi piacerebbe anche fare un corso di lingua per parlare meglio l'italiano. Ho contattato una scuola a Firenze che offre vacanze studio. Vorrei iscrivermi a un corso l'anno prossimo.

Martin Mi sembra impossibile imparare la lingua italiana!

Bettina Macché! Hai già imparato tantissimo in pochi giorni!

Fragen zum Dialog

Kreuzen Sie die richtige Antwort an.

1. Linda è triste perché
   a) ☐ deve partire. b) ☐ ha perso la valigia. c) ☐ deve fare un viaggio a Firenze.
2. Martin tornerà in Italia per
   a) ☐ un corso d'italiano. b) ☐ le ferie. c) ☐ la fiera della moda maschile.
3. Linda potrebbe prendere una settimana di ferie per
   a) ☐ un corso d'italiano. b) ☐ accompagnare Martin. c) ☐ un appuntamento di lavoro.

Auf Wiedersehen

Linda und Martin kehren nach Hause zurück. Stefano, Bettina und Livia begleiten sie wieder zum Flughafen.

Linda Stefano, würdest du mir bitte mit dem Koffer helfen?

Stefano Klar, gib mir auch die Tasche!

Linda Danke. ... Wie traurig, abzureisen! Ich war so gern hier! Und dann die Reise nach Venedig, das Meer, das Fest des Heiligen Ranieri ... wie viele Erinnerungen werde ich nach Frankfurt mitnehmen!

Martin Ich möchte mich bei euch für alles bedanken und hoffe, euch bald wiederzusehen.

Stefano Es war uns ein Vergnügen. Was für Pläne habt ihr für die nächste Zukunft?

Martin Im Oktober werde ich für die Messe für Männermode wieder in Italien sein.

Linda Die Messe findet in Florenz statt und ich könnte eine Woche Urlaub nehmen, um Martin zu begleiten.

Bettina Dann werden wir uns ja wiedersehen!

Linda Natürlich. Mir würde es auch gefallen, einen Sprachkurs zu machen, um besser Italienisch zu sprechen. Ich habe eine Schule in Florenz kontaktiert, die Sprachferien anbietet. Ich möchte mich nächstes Jahr für einen Kurs einschreiben.

Martin Mir scheint es unmöglich, die italienische Sprache zu lernen!

Bettina Ach was! Du hast in wenigen Tagen schon enorm viel gelernt!

Lernwortschatz

3/25

aver luogo	stattfinden
bicicletta *f*	Fahrrad
contattare	kontaktieren
di nuovo	erneut, wieder
fiera *f*	Messe
iscriversi	sich einschreiben
lingua *f*	Sprache
maschile	männlich
mi piacerebbe	ich würde gern
moda *f* **maschile**	Männermode
piacere *m*	Vergnügen, Gefallen
rivedere	wiedersehen
smettere	aufhören
star bene	wohlauf sein, gut gehen
triste	traurig

Adjektive verneinen mit Präfixen					
im-	possibile	möglich	→	**im**possibile	unmöglich
in-	visibile	sichtbar	→	**in**visibile	unsichtbar
il-	leggibile	leserlich	→	**il**leggibile	unleserlich
dis-	ordinato	ordentlich	→	**dis**ordinato	unordentlich
s-	contento	zufrieden	→	**s**contento	unzufrieden
ir-	responsabile	verantwortlich	→	**ir**responsabile	unverantwortlich

Grammatik und Redemittel

Der Konditional ▸ §6.9

Der Konditional dient zur Formulierung
einer höflichen Bitte:
Mi **aiuteresti** con la valigia? *Würdest du mir bitte mit dem Koffer helfen?*
einer Hypothese:
Potrei prendere una settimana di ferie. *Ich könnte eine Woche Urlaub nehmen.*
eines Wunsches:
Mi **piacerebbe** tornare in Italia. *Ich würde gern wieder nach Italien kommen.*

Da Sie das Futur kennen, wird Ihnen der Konditional leicht fallen. Er bildet sich analog aus dem Infinitiv.

	aiutare	leggere	dormire	essere
io	aiut**erei**	legg**erei**	dorm**irei**	**sarei**
tu	aiut**eresti**	legg**eresti**	dorm**iresti**	**saresti**
lui/lei/Lei	aiut**erebbe**	legg**erebbe**	dorm**irebbe**	**sarebbe**
noi	aiut**eremmo**	legg**eremmo**	dorm**iremmo**	**saremmo**
voi	aiut**ereste**	legg**ereste**	dorm**ireste**	**sareste**
loro	aiut**erebbero**	legg**erebbero**	dorm**irebbero**	**sarebbero**

Achtung:
Unregelmäßige Formen:

andare → **andrei**	avere → **avrei**	dovere → **dovrei**	potere → **potrei**
vedere → **vedrei**	sapere → **saprei**	dare → **darei**	dire → **direi**
fare → **farei**	stare → **starei**	venire → **verrei**	volere → **vorrei**

Der Finalsatz

Um einen Zweck oder ein Ziel auszudrücken, benutzt man **per** + Infinitiv.
Mi piacerebbe fare un corso di lingua **per parlare** meglio l'italiano.
Ich möchte gern einen Sprachkurs besuchen, um besser Italienisch zu sprechen.

Potrei prendere una settimana di ferie **per accompagnare** Martin.
Ich könnte eine Woche Urlaub nehmen, um Martin zu begleiten.

Tag 28 Übungen

2/43

1 Hören Sie den Dialog und kreuzen Sie an.

	vero	falso
1. Rita ha trovato un nuovo lavoro.	☐	☐
2. Anche Francesca ha trovato un nuovo lavoro.	☐	☐
3. Francesca andrà a Shanghai.	☐	☐
4. Rita andrà ad Amburgo.	☐	☐
5. Rita comincerà a lavorare la settimana prossima.	☐	☐

2 Ein Lottogewinn? Was würden die Personen damit machen? Schreiben Sie Sätze im Konditional.

1. Gianni – smettere di lavorare ....
2. io – scrivere un giallo ....
3. Martin e Linda – comprare una casa ....
4. tu – fare un lungo viaggio ....
5. Martin e Linda – andare a vivere alle Hawaii ....

2/44

3 Formulieren Sie höfliche Wünsche oder Hypothesen mit den vorgegebenen Elementen. Hören und kontrollieren Sie dann.

1. (io) piacere – tornare – in Italia – .
   Mi piacerebbe tornare in Italia.
2. (noi) ora – mangiare – volentieri – un gelato – .
   ....
3. Luigi, – potere – chiudere – la porta – per favore – ?
   ....
4. Rita e Manuel – lavorare – volentieri – all'estero - .
   ....
5. (Lei) – mi – potere – dare – il suo numero di telefono – ?
   ....
6. (io) mi – piacere – attraversare – l'Italia – in bicicletta – .
   ....

4 Was würden Sie in einem anderen Leben tun? Ergänzen Sie die Verben in der richtigen Konditionalform.

In un'altra vita ...

1. ... io .... (mangiare) dieci gelati ogni giorno.
2. ... noi .... (abitare) in una bella villa con piscina in Toscana.
3. ... Linda .... (tornare) volentieri a Pisa.
4. ... tu non .... (sposare) un uomo così brutto.
5. ... io non .... (stare) così tante ore al computer.
6. ... Livia .... (dormire) sempre fino a tardi.
7. ... noi .... (comprare) tante scarpe costose.
8. ... voi .... (fare) un lungo viaggio con noi.

5 Im Buchstabengitter verstecken sich verschiedene Adjektive. Finden Sie sie und schreiben Sie die Adjektive in der verneinten Form auf.

I	M	P	O	S	S	I	B	I	L	E
A	C	E	V	I	S	I	B	I	L	E
D	S	C	O	N	T	E	N	T	O	B

....

....

6 Sie möchten sich bedanken. Was sagen Sie?

1. Vorrei ringraziarti ....
   (für das schöne Abendessen)
2. Vorrei ringraziarvi ....
   ....
   (für die Reise nach Venedig, die wir zusammen gemacht haben)
3. Vorrei ringraziarla ....
   (für das interessante Gespräch)

7 Lesen Sie den folgenden Text und beantworten Sie dann die Fragen.

Annarella ha imparato il mestiere della parrucchiera, ma ora lavora come cuoca in un ristorante. Martin ha studiato economia aziendale e più tardi ha aperto un negozio di cravatte. Stefano si è laureato in storia dell'arte e oggi lavora come insegnante. Manuel è architetto e vive a Firenze. Dopo la maturità, Francesca ha fatto un corso d'inglese negli Stati Uniti per sei mesi. Matteo vive in Canada e fa il dentista.

1. Chi ha aperto un negozio? ....
2. Quanto è durato il corso d'inglese di Francesca? ....
3. Cosa fa Annarella di lavoro? ....
4. Chi è storico dell'arte? ....
5. Chi vive a Firenze? ....
6. Chi lavora in un ristorante? ....
7. Dove lavora Matteo? ....

Kulturtipp
Vespa, Ape & Co.

Erinnern Sie sich an den Film *Roman Holiday* mit Gregory Peck und Audrey Hepburn, und kennen Sie vielleicht auch den italienischen Film *Caro Diario* mit Nanni Moretti? Was verbindet die beiden Filme? Eine Fahrt durch Rom auf der **Vespa**. Die motorisierte *Wespe* war perfekt auf die Bedürfnisse im Nachkriegsitalien zugeschnitten: ein sparsames Transportmittel, dem auch schadhafte Straßen nichts anhaben konnten. Mit der **Vespa** schuf die Firma Piaggio einen italienischen **Mythos**, der sich seit den Fünfziger auch nördlich der Alpen durchsetzte. Die moderne Variante der Vespa, der **scooter** *Motorroller*, ist noch heute das ideale Fortbewegungsmittel in Italien: Er ist kostengünstig, kann ohne Führerschein gefahren werden, lässt sich auf dem Bürgersteig parken, und man schlängelt sich im größten Verkehrschaos elegant an den stehenden Autokolonnen vorbei.

Erinnern Sie sich an den italienischen Filmklassiker *La Strada* von Fellini? Dann kennen Sie auch die größere Schwester der motorisierten Wespe: die **Ape** *Biene*, ein Dreiradtransporter, der den Italienern vor allem auf dem Land bis heute gute Dienste leistet.

Was können Sie schon?

	☺	😐	☹	
■ Zukunftspläne verstehen	□	□	□	▸ Ü1
■ Eigene Wünsche und Pläne formulieren	□	□	□	▸ Ü2, Ü3
■ Höfliche Bitten formulieren	□	□	□	▸ Ü3

Tag 29

Rückblick und Ausblick

In dieser Lektion lernen Sie

- eine Begebenheit in der Zeitenfolge gestern – heute – morgen darzustellen
- über das Wetter zu sprechen
- Notwendigkeiten auszudrücken

2/45 Cari saluti

Nuovo messaggio

A: bettina@yahoo.it
Oggetto: cari saluti

Carissimi,
come state? Martin ed io siamo rientrati al lavoro. Disfacendo le valigie ho trovato della sabbia nei costumi da bagno! Annusavo i costumi da bagno e sentivo il profumo della crema solare. Che bei ricordi della spiaggia di Marina di Pisa! Soffriamo già di nostalgia dell'Italia. Ieri sera abbiamo scelto le foto che metteremo su Facebook, così potrete vederle anche voi.
Per combattere la nostalgia ci voleva un piatto tipicamente italiano: spaghetti con le cozze. Ma Martin non ne voleva sapere e diceva: "Io, una cosa che si chiama 'cozze', non la mangio!" Che ignorante!
Nel frattempo mi sono iscritta alla scuola d'italiano a Firenze e l'anno prossimo ci farò una vacanza studio. E la mattina, quando arrivo in ufficio, accendo subito il computer, digito www.ilmeteo.it nel browser e guardo che tempo fa a Pisa. Oggi dava un tempo splendido: sole e qualche nuvola per i prossimi giorni.
Qui a Francoforte invece fa brutto, piove e grandina da ieri.
Ringrazio anche Livia per il link della webcam a Pisa che mi ha inviato. Ogni tanto ci do un'occhiata e sogno di esserci.
Un caro saluto,
Linda

Fragen zum Dialog

Kreuzen Sie an.

	vero	falso
1. Linda ha trovato sabbia nei costumi da bagno.	☐	☐
2. Linda ha perso la crema solare sulla spiaggia.	☐	☐
3. Martin e Linda mettono le loro foto su Facebook.	☐	☐
4. Linda guarda sul computer il meteo di Pisa.	☐	☐
5. A Francoforte fa un tempo splendido.	☐	☐

Liebe Grüße

Neue E-Mail

An: bettina@yahoo.it
Betreff: Liebe Grüße

Meine Lieben,
wie geht es euch? Martin und ich sind wieder bei der Arbeit (zur Arbeit zurückgekehrt). Beim Auspacken der Koffer habe ich Sand in den Badeanzügen gefunden! Ich schnupperte an den Badeanzügen und roch den Geruch der Sonnencreme. Welch schöne Erinnerungen an den Strand von Marina di Pisa! Wir haben (leiden an) jetzt schon Heimweh nach Italien. Gestern Abend haben wir die Fotos ausgesucht, die wir auf Facebook stellen werden, so könnt ihr sie auch ansehen.
Um die Nostalgie zu bekämpfen, war ein typisch italienisches Gericht angesagt: Spaghetti con le cozze. Aber Martin wollte nichts davon wissen und sagte: „Etwas, das sich *Kotze* nennt, esse ich nicht!“ So ein Banause!
In der Zwischenzeit habe ich mich an der Italienischschule in Florenz eingeschrieben und werde nächstes Jahr dort einen Ferienkurs besuchen.
Und morgens, wenn ich ins Büro komme, schalte ich sofort den Computer an, tippe www.ilmeteo.it in den Browser und schaue, was für Wetter in Pisa ist. Heute war strahlendes Wetter angesagt: Sonne und ein paar Wolken für die nächsten Tage. Hier in Frankfurt dagegen ist schlechtes Wetter, es regnet und hagelt seit gestern. Ich danke auch Livia für den Link zur Webcam in Pisa, den sie mir geschickt hat. Ab und zu werfe ich einen Blick hinein und träume davon, dort zu sein.
Liebe Grüße,
Linda

Tag 29 Lernwortschatz

3/26

accendere	einschalten, anzünden
afa *f*	Schwüle
annusare	riechen (an), beschnuppern
brutto, -a	schlecht, hässlich
cielo *m*	Himmel
combattere	bekämpfen
cozza *f*	Miesmuschel
cuocere	kochen, backen
dare un'occhiata	einen Blick auf etwas werfen
digitare	eintippen, eingeben
disfare	ausräumen, abdecken
fare attenzione	aufpassen
grado *m*	Grad
grandinare	hageln
ignorante *m*	Ignorant, Banause
lavare	waschen
meteo *m*	Wettervorhersage
nel frattempo	inzwischen, währenddessen
nevicare	schneien
nostalgia *f*	Heimweh, Nostalgie
occorre	man braucht
olio *m*	Öl
pentola *f*	Topf
piovere	regnen
previsione *f*	Vorhersage
profumo *m*	Geruch, Parfüm
proporre	vorschlagen
rientrare	zurückkehren
scaldare	erwärmen
sentire	riechen
soffrire di	leiden an
sognare	träumen
splendido, -a	strahlend, wunderbar
terribile	schrecklich
tipico, -a	typisch
vino *m* bianco	Weißwein

Das Wetter	
sole *m*	Sonne
pioggia *f*	Regen
temporale *m*	Gewitter
grandine *f*	Hagel
neve *f*	Schnee
nebbia *f*	Nebel
vento *m*	Wind
nuvola *f*	Wolke
sereno, -a	heiter
nuvoloso, -a	wolkig
nebbioso, -a	neblig
ventoso, -a	windig
variabile	wechselhaft

Grammatik und Redemittel

Stellung des Adjektivs ▸ *§3.3*

Adjektive können vor oder nach dem Substantiv stehen. Häufig vorkommende (und subjektive) Adjektive wie **bello**, **buono**, **grande**, **piccolo**, **vecchio**, **giovane**, **bravo** stehen oft vor dem Substantiv.
Che **bei** ricordi! *Was für schöne Erinnerungen*!

Faktische (nicht subjektive) und mehrsilbige Adjektive stehen hinter dem Substantiv:
un piatto **italiano** *ein italienisches Gericht*
un tempo **splendido** *ein strahlendes Wetter*

Das Pronominaladverb *ci* ▸ *§5.5*

Ci ersetzt eine Ortsangabe und kann mit *dort/dorthin* übersetzt werden.
[A Firenze] **Ci** farò un corso. *Dort werde ich einen Kurs besuchen.*
[A Pisa] Sogno di esser**ci.** *Ich träume davon, dort zu sein.*

Eine Notwendigkeit ausdrücken

ci vuole / ci vogliono
Ci voleva un piatto italiano. *Wir brauchten ein italienisches Gericht.*
occorre / occorrono
Occorre vino bianco per ... *Man braucht Weißwein, um ...*
bisogna / si deve
Oggi bisogna essere flessibili. *Heutzutage muss man flexibel sein.*

Über das Wetter sprechen

C'è bel tempo. / Fa bello. – *Es ist schönes Wetter. / Es ist schön.*
Il cielo è grigio, il tempo cambia. – *Der Himmel ist grau, das Wetter schlägt um.*
Piove e grandina. – *Es regnet und hagelt.*
In Germania nevica. – *In Deutschland schneit es.*
Ci sono tre gradi sotto zero. – *Es sind 3 Grad unter Null.*
C'è un temporale. – *Es gewittert. / Es gibt ein Gewitter.*

Übungen

1 Ergänzen Sie das Verb in der richtigen Form.

1. Un anno fa (noi) .... (essere in ferie) a Pisa.
2. Ciao Martin, (noi) .... (vedersi) domani!
3. Oggi .... (fare) bel tempo.
4. Ieri sera (Linda) .... (leggere) un libro.
5. Quando (Stefano) .... (essere) un bambino, aveva i capelli neri.

2 Ergänzen Sie das Rezept für Spaghetti alle cozze mit *bisogna / si deve* oder *ci vuole / occorre* in der richtigen Form.

1. .... un chilo di spaghetti e un chilo di cozze fresche.
2. .... cuocere gli spaghetti.
3. Nel frattempo .... lavare le cozze e scaldarle in una pentola con i pomodori.
4. Dopo .... il vino bianco che si aggiunge alle cozze.
5. Infine .... condire gli spaghetti con il sugo.

2/46

3 Hören Sie die Wettervorhersage und kreuzen Sie die richtige Antwort an.

1. Che tempo faceva ieri?
   a) ☐ caldo b) ☐ temporali c) ☐ nebbia
2. Che tempo fa oggi in Sicilia?
   a) ☐ molto caldo b) ☐ pioggia c) ☐ grandine
3. Che tempo farà domani in Toscana?
   a) ☐ pioggia b) ☐ forte vento c) ☐ nebbia
4. Che tempo farà domani in Sicilia?
   a) ☐ pioggia b) ☐ molto caldo c) ☐ forte vento

4 Lösen Sie das Kreuzworträtsel aus dem Bereich Wettervorhersage.

1. Oggi c'è un .... molto forte.
2. Oggi c'è sole e bel tempo al ....
3. Brrr... che ....
5. Il tempo non è bello qui, anzi è proprio ....
4. Hai visto le previsioni del ....?
6. La temperatura .... è di 15 gradi oggi.
7. Non hai freddo? No, io ho ....

5 Vervollständigen Sie die folgenden Sätze, indem Sie entweder *ci* „dorthin" oder *ne* „davon" (siehe Tag 7) einsetzen.

1. In questa scuola .... sono molti studenti.
2. Mi piacciono i libri; .... leggo uno alla settimana.
3. Ho deciso di non andare a Firenze domani; .... andrò la prossima settimana.
4. Andiamo al mare? Che .... dici?
5. Mi piace questa strada........ passo tutti i giorni per andare al lavoro.
6. Hai visto l'ultimo film di Tarantino? Cosa .... pensi?
7. Mi piace questa città, ... abito da venti anni.
8. Ho letto questo libro perché tutti i giornali .... hanno parlato.

6 Lesen Sie die Antwortmail von Bettina auf die Mail von Linda (S. 244) und beantworten Sie dann die Fragen.

Nuovo messaggio

A: linda.schneider@gmail.com
Oggetto: Re: cari saluti

Carissima Linda,
grazie per la tua mail. Anche noi abbiamo bellissimi ricordi dei giorni passati con voi. Aspetto di vedere le tue foto su Facebook!
Stasera, mentre stavo preparando la cena, Stefan ha detto: „Mi piacerebbe fare un viaggio in Germania. Perché non andiamo a trovare Linda e Martin?"
Ecco, mi sembra un'ottima idea! L'anno prossimo la scuola di Stefano chiuderà per una settimana a Pasqua. Potremmo venire a Francoforte per qualche giorno. Ora che c'è un volo diretto da Pisa a Francoforte, è comodissimo. Che ne pensi?

Un caro saluto,
Bettina

	vero	falso
1. A Stefano piacerebbe andare in Germania.	☐	☐
2. Bettina ha già visto tutte le foto di Linda.	☐	☐
3. Stefano ha un mese di ferie l'anno prossimo.	☐	☐
4. C'è un volo diretto da Pisa a Francoforte.	☐	☐
5. Bettina e Stefano vorrebbero fare un viaggio a Pasqua.	☐	☐

7 Sprechen Sie Glückwünsche oder Grüße aus, indem Sie die folgenden Elemente richtig miteinander verbinden.

1. Tanti	a) bocca al lupo!
2. Buon	b) Feste!
3. In	c) notte!
4. Buone	d) viaggio!
5. Buona	e) anno nuovo!
6. Felice	f) auguri!

Kulturtipp Auguri!

Auguri sind gute *Wünsche*. Wenn Sie jemandem *Gute Besserung* wünschen, sagen Sie: **Auguri**! Aber sagen Sie nie **Auguri,** wenn jemand vor einer Prüfung steht, denn das soll Unglück bringen. Einem Prüfungskandidaten wünscht man: **In bocca al lupo!** Es bedeutet *In den Rachen des Wolfs*!, auf Deutsch *Hals- und Beinbruch*. Die Antwort darauf ist: **Crepi!** *Dass er krepiere!* Dann kreuzen Sie Zeige- und Mittelfinger (**incrociare le dita**), das entspricht dem deutschen Daumendrücken.

Das Hufeisen ist auch in Italien ein **portafortuna** *Glücksbringer*. Und dementsprechend sagen die Italiener: **Tocca ferro!** *Berühre Eisen!*, wo die Deutschen *auf Holz klopfen*. Als Schutzvorkehrung gegen den gefürchteten **malocchio** *bösen Blick* sind **cornetti** (hornförmige Anhänger) sehr beliebt. **Il corno** *das Horn* war ursprünglich ein Symbol für Potenz und Fruchtbarkeit. Männer, die gerade kein **corno** zur Hand haben, stellen das Gehörn symbolisch dar, indem sie den Zeigefinger und den kleinen Finger der Hand abspreizen und damit (meist nicht sehr dezent) die eigenen Weichteile berühren.

Was können Sie schon?

	☺	😐	☹	
■ Anweisungen geben, die zur Zubereitung eines italienischen Gerichts notwendig sind	■	■	■	► Ü2
■ Wettervorhersagen verstehen	■	■	■	► Ü3
■ Zeitenfolgen beschreiben	■	■	■	► Ü1

Tag 30 Wiederholen und üben Sie

Hier wiederholen Sie

- einen Termin für ein Vorstellungsgespräch zu vereinbaren
- Berufsbezeichnungen
- Vergangenes und Zukünftiges auszudrücken
- über Arbeit und Beruf zu sprechen
- meteorologische Verhältnisse zu verstehen
- zu buchstabieren
- die Aussprache des Italienischen
- SMS zu lesen
- zu sagen, was Sie im Moment tun

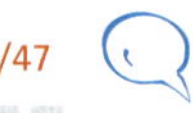

2/47

1 *Qu* wird im Italienischen *k + u* ausgesprochen. Hören Sie die Sätze und sprechen Sie sie nach.

1. **Quanti** anni hai?
2. **Giulio è un bambino tranquillo**.
3. Silvia ha **quarantaquattro** anni.
4. Ci vediamo domani alle **cinque**!
5. Stefano ha comprato un **quadro** di Picasso.

2 Setzen Sie das Verb in der richtigen Form ein.

1. La settimana prossima (noi) .... (fare) un viaggio a Roma.
2. Dimmi, (tu) mi .... (amare) per sempre?
3. Ciao, (noi) .... (sentirsi) domani!
4. Un giorno (tu) lo .... (capire).
5. Fra un mese, Stefano .... (prendere) una settimana di ferie.

3 Lesen Sie den Dialog und übernehmen Sie die Rolle von Angela.

2/48

Donna Pronto! Boutique "Trendy Girl", buongiorno.
Angela Buongiorno. Mi chiamo Angela Bianchi. Ho letto sul giornale che cercate personale e vorrei prendere un appuntamento con la direttrice.
Donna Sono io. Quindi, Lei è interessata al posto di lavoro come commessa.
Angela Sì, mi piacerebbe molto lavorare in una boutique.
Donna Ha già lavorato in un negozio?
Angela Sì, ho lavorato un anno in un negozio di scarpe a Firenze.
Donna Ah sì? E prima, che cosa ha fatto?
Angela Ho fatto il diploma di maturità. Poi ho lavorato per due anni come cameriera in un ristorante.
Donna Parla inglese o un'altra lingua?
Angela Parlo bene l'inglese e un po' di tedesco.
Donna Benissimo. Potremmo prendere un appuntamento venerdì prossimo, alle dieci. Le va bene?
Angela Mi va benissimo. Direttamente da Lei nel negozio?
Donna Sì, certo.
Angela La ringrazio e arrivederci.
Donna Arrivederci.

4 Welcher Beruf ist das? Ergänzen Sie.

1. Lava e taglia i capelli: *parrucchiere*
2. Canta canzoni: ……………………
3. Scrive lettere e e-mail, prende appuntamenti, risponde al telefono: ……………………
4. Disegna e progetta case: ……………………
5. Scrive sul giornale: ……………………
6. Vende prodotti in un negozio: ……………………
7. Cura i denti: ……………………

  **5 Im Palazzo ist ein Mord geschehen. Commissario Turbo untersucht den Fall und befragt die Bewohner. Hören Sie die Aussagen und kreuzen Sie an.**

	vero	falso
1. Il signor Croce dice che lavorava nell'ufficio.	☐	☐
2. La signora Cavallini preparava la cena.	☐	☐
3. Il signor Princi ha letto un libro.	☐	☐
4. La signora Princi è uscita.	☐	☐
5. La signora Princi ha visto il signor Croce e la signora Cavallini.	☐	☐

6 Sehen Sie sich die Tabelle an und beantworten Sie die Fragen.

Temperature in Italia: 27 ottobre		
	Min.	Max.
Aosta	5	15
Bologna	12	16
Bolzano	10	17
Cagliari	12	24
Catania	16	25
Firenze	14	20
Genova	16	20
Messina	11	19
Milano	13	17
Napoli	16	22
Palermo	19	23
Pisa	15	21
Reggio Calabria	16	25
Venezia	12	17

1. Quale è stata la temperatura più bassa il 27 ottobre?

   ....

2. In quale città faceva più freddo il 27 ottobre?

   ....

3. Quale è stata la temperatura più alta il 27 ottobre?

   ....

4. La temperatura massima è stata più alta a Genova o a Venezia?

   ....

5. Quanti gradi di differenza ci sono stati tra la temperatura massima a Palermo e Messina?

   ....

7 Hören Sie die buchstabierten Nachnamen und schreiben Sie sie auf.

2/50

1. ....
2. ....
3. ....
4. ....

8 Ergänzen Sie die weiblichen Berufsbezeichnungen.

1. scrittore – ....
2. cameriere – ....
3. avvocato – ....
4. cantante – ....
5. cuoco – ....

9 Beantworten Sie die Frage unter Verwendung der vorgegebenen Elemente. Hören Sie zur Kontrolle.

2/51

1. Cosa stai facendo?	*fare / colazione*
2. Cosa sta facendo Stefano?	*leggere / il giornale*
3. Cosa stanno facendo Ettore e Annarella?	*mangiare / un gelato*
4. Cosa sta facendo Livia?	*suonare / il pianoforte*
5. Cosa state facendo?	*preparare / cena*

10 Bilden Sie Adverbien aus den Adjektiven.

1. sereno	6. libero ....
2. gentile	7. comodo ....
3. chiaro	8. dolce ....
4. diretto	9. intenso ....
5. buono	10. sicuro ....

2/52

11 Übernehmen Sie im Dialog die Rolle von Angela und antworten Sie mithilfe der vorgegebenen Elemente.

Bettina Ciao, Angela. Come stai?
Angela [ciao – stare bene – grazie]
Bettina Che cosa stai facendo?
Angela [cercare – lavoro – aver bisogno – soldi]
Bettina Che tipo di lavoro cerchi?
Angela [lavoro part-time – volere continuare – studiare all'università]
Bettina Che cosa sai fare?
Angela [sapere usare il computer – sapere cucinare – comunicare con le persone]
Bettina Quali lingue conosci?
Angela [diploma di inglese – sapere bene tedesco]
Bettina Allora potresti lavorare in una gelateria. Ho visto oggi sul giornale che una gelateria sta cercando personale. Aspetta che guardo ...
Angela [grazie – (mi) piacere – lavorare in gelateria]
Bettina Eccolo! Guarda, la gelateria "Polo Nord" sta cercando personale.
Angela [benissimo – telefonare – subito]

12 Ergänzen Sie.

maturità formazione imparare
laureato soggiorno all'estero lavorare

Anita ha fatto una .... (1.) come cuoca, e poi è andata a .... (2.) in Canada. Manuel si è .... (3.) in architettura. Dopo la .... (4.), Annalisa ha fatto un .... (5.); è andata negli Stati Uniti per .... (6.) meglio l'inglese.

13 Doppelkonsonanten werden im Italienischen als intensive, deutlich längere Konsonanten ausgesprochen. Hören und notieren Sie folgende Wörter.

2/53

1. ....
2. ....
3. ....
4. ....
5. ....
6. ....
7. ....
8. ....
9. ....
10. ....

14 Was steht in den drei italienischen SMS? Schreiben Sie.

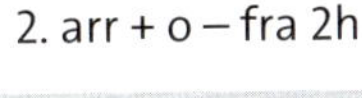

1. Ciao, dv 6?
2. arr + o – fra 2h
3. xké non risp?

1. ....

2. ....

3. ....

Mir bleibt an dieser Stelle nur noch zu sagen: **Complimenti!** *Ich gratuliere!* Sie haben es geschafft, in 30 Tagen Italienisch zu lernen. **Congratulazioni!** *Herzlichen Glückwunsch!*

Abschlusstest

1 ***Chi è*****? Ordnen Sie die Bilder der Beschreibung zu.**

a) Era il primo italiano in America.
b) Era un famoso cantante.
c) È un comodissimo mezzo di trasporto.
d) È una bellissima attrice.
e) Ha scritto il famoso libro *La Divina Commedia*.
__/6 f) Era un genio universale.

2 Welche Form ist richtig? Kreuzen Sie an.

	1. Dove abitano i tuoi	☐ genitore	☐ genitori?
	2. Tre volte alla settimana Linda va al	☐ corso	☐ corsi d'italiano.
	3. Ettore ha due	☐ fratelli	☐ fratello.
	4. A Venezia abbiamo visitato molte	☐ chiesa	☐ chiese.
__/5	5. Per la festa di Rita comprerò tre	☐ bottiglie	☐ bottiglia di vino rosso.

3 Sie haben Passanten auf der Straße nach der Uhrzeit gefragt. Hören Sie, was Ihnen geantwortet wird. 2/54

1. a) ☐ 10.30 b) ☐ 10.15 c) ☐ 11.15
2. a) ☐ 0.30 b) ☐ 12.00 c) ☐ 12.30
3. a) ☐ 16.00 b) ☐ 16.15 c) ☐ 15.50
4. a) ☐ 9.00 b) ☐ 5.00 c) ☐ 9.05 __/4

4 *Che tempo fa*? Beschreiben Sie das Wetter auf den Zeichnungen.

1. .... 2. .... 3. .... __/3

5 Hören Sie die Telefonnummern und bringen Sie sie in die richtige Reihenfolge. 2/55

☐ 050 45 38 90 ☐ 0039 340 54 20 49 ☐ 0049 171 40 39 17
☐ 02 30 41 28 15 ☐ 06 30 11 39 25 ☐ 0039 347 37 21 30 __/6

6 Vervollständigen Sie den Dialog, indem Sie die richtige Antwort ankreuzen.

▸ Senti, hai voglia di uscire con me sabato sera?
◂ ☐ Sì, volentieri. ☐ Sì, mi piaceva.
▸ Potremmo andare al Borderline.
◂ ☐ Sì, c'è sole? ☐ Sì, c'è un concerto?
▸ Ci suonerà un gruppo jazz.
◂ ☐ Allora, andiamoci! ☐ Allora, io prendo un caffè! __/3

7 Hören Sie den Dialog und beantworten Sie die Fragen. Kreuzen Sie an. 2/56

	vero	falso
1. Rita ordina un tè.	☐	☐
2. Francesca prende un succo di frutta.	☐	☐
3. Rita ordina un panino.	☐	☐
4. Anche Francesca ha fame.	☐	☐

__/4

8 **Schauen Sie sich die Personen an und schreiben Sie, was sie gerade tun.**

telefonare camminare mangiare parlare leggere parcheggiare

1. La bambina *sta mangiando* un gelato.
2. La signora con il cappello ....
3. I due ragazzi ....
4. Il gatto .... dietro all'uomo.
5. L'uomo in bici ....

__/5 6. La signora sulla poltrona .... un libro.

9 ***Il giorno più bello della vita!*** **Hören Sie den Dialog und kreuzen Sie die richtige Antwort an.** 2/57

1. Il giorno più bello per Roberto è stato quando ...
   a) ☐ si è trasferito a Pisa. b) ☐ ha trovato lavoro. c) ☐ si è laureato.
2. Che cosa ha studiato Roberto?
   a) ☐ medicina b) ☐ architettura c) ☐ ingegneria
3. Dove ha studiato Roberto?
   a) ☐ Firenze b) ☐ Pisa c) ☐ Roma
4. Come si sentiva Roberto il giorno della sua laurea?
   a) ☐ era triste b) ☐ era stanco c) ☐ era contento __/4

10 Ein Domino-Spiel mit Verbformen: Finden Sie die richtigen Paare.

1. io	a) parlava	2. loro	b) dormirò	3. noi	c) mangiavate
4. lui	d) vivono	5. tu	e) studieremo	6. voi	f) leggeresti

1. b 2. ☐ 3. ☐ 4. ☐ 5. ☐ 6. ☐ __/5

11 Schreiben Sie eine E-Mail an die Sprachschule „Progetto Lingua".

Gentili signori,
ho visto sul vostro sito Internet che offrite dei corsi di lingua.

1. Io – chiamarsi – Anna Huber
2. volere imparare – meglio – la lingua italiana
3. essere interessato/a – a frequentare – un corso
4. volere chiedere – alcune informazioni:
5. costare – un corso?
6. iniziare – il prossimo corso?
7. salutare __/7

2/58 **12 Berufe: Hören Sie und ordnen Sie die Berufe den Dialogen zu.**

☐ parrucchiere
☐ insegnante
☐ medico
☐ fornaio
☐ segretaria
☐ camionista

__/6

13 Lesen Sie den Text und kreuzen Sie die richtige Antwort an.

Linda e Martin vanno in un bel ristorante direttamente sul mare. Il cameriere gli porta il menù e consiglia un primo piatto di pesce: spaghetti con le cozze. Ma a Martin non piacciono i frutti di mare. Il cameriere gli consiglia allora un risotto ai funghi. Questa proposta piace molto a Martin. Linda invece vorrebbe mangiare dei frutti di mare. Da bere prendono un vino bianco e acqua minerale. Martin preferisce l'acqua gassata, a Linda invece piace di più l'acqua minerale naturale. Come dessert il cameriere gli porta un gelato al limone con vodka. Dopo il caffè chiedono il conto. Infine Linda e Martin escono dal ristorante e fanno una passeggiata lungo il mare.

1. Dove mangiano Linda e Martin?
   a) ☐ sul mare   b) ☐ in città   c) ☐ in montagna
2. Che cosa ordina Martin?
   a) ☐ un risotto ai funghi   b) ☐ un risotto ai frutti di mare   c) ☐ spaghetti con le cozze
3. A chi piacciono i frutti di mare?
   a) ☐ a Martin   b) ☐ a Linda   c) ☐ al cameriere
4. Chi preferisce l'acqua minerale naturale?
   a) ☐ Martin   b) ☐ Linda   c) ☐ cameriere
5. Che cosa mangiano come dessert?
   a) ☐ un gelato al limone   b) ☐ un bottiglia di vodka   c) ☐ un gelato al caffè
6. Cosa fanno Linda e Martin dopo aver pagato?
   a) ☐ bevono un caffè   b) ☐ fanno una passeggiata   c) ☐ vanno

__/6

14 Ersetzen Sie das unterstrichene Akkusativobjekt durch ein Pronomen und ergänzen Sie die richtige Partizip-Endung.

1. Ho mangiato la banana. L'ho .... mangiata.
2. Ho preso l'aereo. .... pres.... .
3. Ho bevuto una bottiglia di vodka. .... bevut.... .
4. Ho preparato gli spaghetti. .... preparat.... .
5. Ho visto il film "Indiana Jones". .... vist.... .
6. Ho sentito la notizia. .... sentit.... .
7. Ho letto i gialli di Agatha Christie. .... lett.... . __/6

15 Hören Sie das Interview von Radio Torre mit der Polin Danuta Iskra. Kreuzen Sie die richtige Antwort an. 2/59

1. Quando è arrivata in Italia la signora Danuta Iskra?
   a) ☐ nel 2000 b) ☐ nel 1990 c) ☐ nel 2005
2. Perché è venuta in Italia?
   a) ☐ per trovare i figli b) ☐ per un viaggio c) ☐ per lavorare
3. Che lavoro fa?
   a) ☐ operatore turistico b) ☐ collaboratrice domestica c) ☐ impiegata
4. Come è stata all'inizio la sua vita in Italia?
   a) ☐ interessante b) ☐ divertente c) ☐ difficile
5. Quanti figli ha la signora Danuta?
   a) ☐ cinque b) ☐ quattro c) ☐ tre
6. Dove abita il figlio più piccolo?
   a) ☐ in Italia b) ☐ in Polonia c) ☐ in Germania __/6

__/76

Grammatische Fachausdrücke

Fachausdruck	Deutsche Bezeichnung	Beispiel
Adjektiv	Eigenschaftswort	una bella casa
Adverb	Umstandswort	Ho lavorato bene.
bestimmter Artikel	bestimmtes Geschlechtswort	il mare, la spiaggia
Demonstrativpronomen	hinweisendes Fürwort	questa casa, quel bar
direktes Personalpronomen	persönliches Fürwort für die Satzergänzung	Lo mangio.
Femininum	weibliche Form	la casa
Futur	einfache Zukunft	Domani andrò al mercato.
Genus	Geschlecht	s. *Maskulinum* oder *Femininum*
Gerund	Verlaufsform	Rita sta leggendo un libro.
Grundzahl		uno, due, tre usw.
Hilfsverb		essere, avere
Imperativ	Befehlsform	Guarda!
Imperfekt	Vergangenheit	Mangiavo un gelato.
Indefinitadjektiv	unbestimmter Begleiter	ogni, alcuno
Indefinitpronomen	unbestimmtes Fürwort	qualcuno, qualcosa
Indikativ	Wirklichkeitsform	Guardo il mare.
indirektes Personalpronomen	persönliches Fürwort für die Satzergänzung	Gli porta un gelato.
Infinitiv	Grundform des Tätigkeitsworts	lavorare, dormire
Komparativ	Vergleichsform (1. Steigerungsstufe)	più bello di
Konditional	Bedingungsform	Vorrei dormire.
Konjunktion	Bindewort	e, ma, o usw.
Konsonant	Mitlaut	b, c, d, f usw.
Maskulinum	männliche Form	il marito
Ordnungszahlen		primo, secondo usw.
Partizip Perfekt	Mittelwort der Vergangenheit	parlato, bevuto
Perfekt		ho lavorato, sono andata
Personalpronomen	persönliches Fürwort	io, tu, noi usw.
Plural	Mehrzahl	i gelati, le case
Possessivpronomen	besitzanzeigendes Fürwort	mio marito
Präposition	Verhältniswort	con un libro, a Pisa
Präsens	Gegenwart	Ho fame.

Fachausdruck	Deutsche Bezeichnung	Beispiel
Pronominaladverb	Fürwort	ne und ci
reflexives Verb	rückbezügliches Tätigkeitswort	alzarsi
Relativpronomen	bezügliches Fürwort	il gatto che dorme
Singular	Einzahl	un bambino, la donna
Subjekt	Satzgegenstand	Livia è al mare.
Substantiv	Hauptwort	la casa
Superlativ	Vergleichsform (2. Steigerungsstufe)	il più grande, grandissimo
Teilungsartikel		Vorrei del pane, della frutta.
unbestimmter Artikel	unbestimmtes Geschlechtswort	un albergo, una camera
unbetontes Personal-pronomen	unbetontes persönliches Fürwort	mi, ti usw.
Verb	Tätigkeitswort	mangiare, bere
Vokal	Selbstlaut	a, e, i, o, u
Verneinung		Non posso venire.

Kurzgrammatik

§1 Der Artikel

§1.1 Der bestimmte Artikel ▸ *Tag 4*

Der bestimmte Artikel bildet sich anhand des grammatischen Geschlechts des folgenden Worts unter Berücksichtigung des Anlauts. Der bestimmte Artikel verweist auf etwas Bekanntes oder bereits Genanntes.

	Singular	Plural	
Maskulinum	il **vino** der Wein	i **vini** die Weine	
	l'**ospite** der Gast	**gli ospiti** die Gäste	vor Vokal
	lo **zaino** der Rucksack	gli **zaini** die Rucksäcke	vor **s** + Konsonant, vor **gn**, **ps**, **z**
Femininum	la **birra** das Bier	le **birre** die Biere	
	l'ora die Stunde	le **ore** die Stunden	vor Vokal

§1.2 Der unbestimmte Artikel ▸ *Tag 4*

Der unbestimmte Artikel verweist auf etwas nicht näher Bestimmtes oder noch nicht Genanntes. Er hat wie im Deutschen keine Pluralform. In bestimmten Situationen wird der Teilungsartikel (▸ *§ 1.3*) verwendet.

	Singular	
Maskulinum	**un** vino ein Wein	
	un ospite ein Gast	vor Vokal
	uno zucchero ein Zucker	vor **s** + Konsonant, vor **gn**, **ps**, **z**
Femininum	**una** birra ein Bier	
	un'ora eine Stunde	vor Vokal

§1.3 Der Teilungsartikel ▸ *Tag 7*

Der Teilungsartikel wird aus **di** + **dem bestimmten Artikel gebildet** (▸ *§ 1.1*). Er bezeichnet eine unbestimmte Menge und hat in den meisten Fällen keine deutsche Entsprechung.

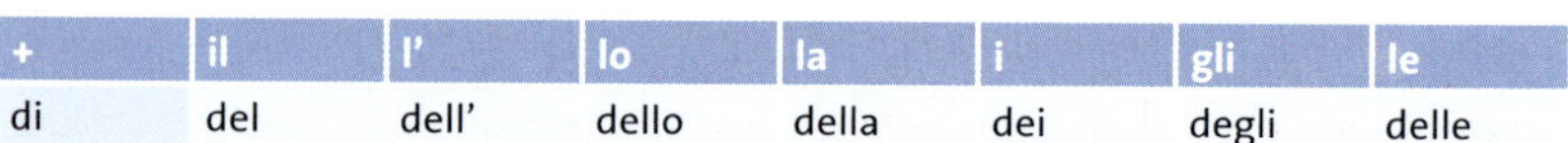

+	il	l'	lo	la	i	gli	le
di	del	dell'	dello	della	dei	degli	delle

C'è del latte? *Ist (etwas) Milch da?*

Ho comprato dei pomodori. *Ich habe (etwas) Tomaten gekauft.*

§1.4 Der bestimmte Artikel mit Präpositionen ▸ *Tag 18*

Analog zum Teilungsartikel (▸ *§ 1.3*) verbinden sich außer **di** auch die Präposition **a**, **da**, **in** und **su** mit dem bestimmtem Artikel zu einem Wort.

+	il	lo	l'	la	i	gli	le
a	al	allo	all'	alla	ai	agli	alle
da	dal	dallo	dall'	dalla	dai	dagli	dalle
in	nel	nello	nell'	nella	nei	negli	nelle
su	sul	sullo	sull'	sulla	sui	sugli	sulle

Achtung:
Das Italienische unterscheidet nicht zwischen Akkusativ (wohin) und Dativ (wo):
Rita entra nella casa. *Rita tritt ins Haus.*
Rita è nella casa. *Rita ist im Haus.*

§2 Das Substantiv

§2.1 Genus im Singular und Plural ▸ *Tag 2*

Im Italienischen gibt es nur zwei grammatische Geschlechter (Genera): Maskulinum und Femininum.

	Singular	Plural
Femininum	**casa** Haus	**case** Häuser
Maskulinum	**viaggio** Reise	**viaggi** Reisen

Substantive auf **-e** können maskulin oder feminin sein und erhalten im Plural die Endung **-i**.

	Singular	Plural
Maskulinum	**mare** Meer	**mari** Meere
Femininum	**stazione** Bahnhof	**stazioni** Bahnhöfe

Achtung:
Es gibt wenige Ausnahmen, wie zum Beispiel: la mano *die Hand*, il poeta *der Dichter*.

§3 Das Adjektiv

Die italienische Sprache kennt zwei Gruppen von Adjektiven: Adjektive auf **-o** (Maskulinum) oder **-a** (Femininum) sowie Adjektive auf **-e**.

	Singular	Plural
Femininum	**contenta** zufrieden	**contente**
Maskulinum	**contento** zufrieden	**contenti**
auf -e	**grande** groß	**grandi**

§3.1 Die Angleichung des Adjektivs ▸ *Tag 18*

Im Gegensatz zum Deutschen richten sich italienische Adjektive grundsätzlich in Genus und Zahl nach dem Substantiv:
i vini italiani *die italienischen Weine* – le ragazze bionde *die blonden Mädchen*
Auch dann, wenn das Adjektiv hinter dem Verb steht:
Livia è simpatica. *Livia ist sympathisch.*

§3.2 Unveränderliche Adjektive ▸ *Tag 20*

Es gibt einige unveränderliche Adjektive. Dabei handelt es sich hauptsächlich um:

- bestimmte Farbadjektive wie **blu** *blau*, **rosa** *rosa*, **viola** *violett*.
  Livia porta pantaloni **blu**. *Livia trägt eine blaue Hose.*
- zusammengesetzte Farbbezeichnungen wie **grigio chiaro** *hellgrau*, **blu scuro** *dunkelblau.*
  Linda porta una giacca **grigio chiara**. *Linda trägt eine hellgraue Jacke.*

§3.3 Die Stellung des Adjektivs ▸ *Tag 29*

Adjektive können vor oder nach dem Substantiv stehen. **Häufige** (und **subjektive**) Adjektive wie **bello** *schön*, **buono** *gut*, **grande** *groß*, **piccolo** *klein*, **vecchio** *alt*, **giovane** *jung*, stehen oft **vor** dem Substantiv.
Che bella giornata! *Was für ein schöner Tag!*
Folgende Adjektive stehen immer nach dem Substantiv:

- faktische Adjektive, die die Nation, Religion, Form oder Farbe bezeichnen:
  un vino italiano *ein italienischer Wein* – la casa azzurra *das himmelblaue Haus*
- mehrsilbige Adjektive: un letto aggiuntivo *ein zusätzliches Bett*
- Adjektive in Verbindung mit einem Adverb: un film molto bello *ein sehr schöner Film*

§3.4 Die Steigerung des Adjektivs ▸ *Tag 20*

Bei der Steigerung des Adjektivs zur Vergleichsbildung wird zwischen dem Komparativ und dem Superlativ unterschieden.

§3.4.1 Der Komparativ ▸ *Tag 20*

Der Komparativ wird mit **più** (*mehr*) oder **meno** (*weniger*) vor dem Adjektiv gebildet:
più comodo *bequemer* **più** tardi *später* **meno** costoso *billiger*

§3.4.2 Der Vergleichssatz

In einem Vergleichssatz wird *als*

- durch **di** ausgedrückt, wenn zwei Substantive oder Pronomen verglichen werden:
  Livia è **più alta di** Chiara. *Livia ist größer als Chiara.*
- durch **che** ausgedrückt, wenn zwei Adjektive, Adverbien oder Verben verglichen werden:
  In Italia fa **più caldo che** in Germania. *In Italien ist es wärmer als in Deutschland.*
  Questo vestito è **più bello che** comodo. *Dieses Kleid ist eher schön als bequem.*

§3.4.3 Der Superlativ ▸ *Tag 20*

Das Italienische unterscheidet zwischen dem relativen und dem absoluten Superlativ.

- Der relative Superlativ wird durch den **Komparativ + bestimmter Artikel** ausgedrückt:
  Questo è **il libro più bello**. *Dies ist das schönste Buch.*
- Der absolute Superlativ wird mit der Endung **-issimo/a** gebildet:
  Pisa è una città **bellissima.** *Pisa ist eine wunderschöne Stadt.*

§3.4.4 Die unregelmäßige Steigerung ▸ *Tag 20*

Einige Adjektive haben unregelmäßige Steigerungsformen:

Adjektiv		Komparativ		rel. Superlativ		abs. Superlativ	
buono	gut	migliore	besser	il migliore	der beste	ottimo	sehr gut
cattivo	schlecht	peggiore	schlechter	il peggiore	der schlechteste	pessimo	sehr schlecht

Il vino è ottimo. *Der Wein ist sehr gut.*

§4 Das Adverb ▸ *Tag 25*

Die italienischen Adverbien sind – wie im Deutschen – unveränderlich.
Sie qualifizieren ein Verb, ein Adjektiv oder ein anderes Adverb. Das aus dem Adjektiv abgeleitete Adverb bildet sich aus der weiblichen Singularform, an die die Endung **-mente** gehängt wird.

Adjektiv		**Femininum**		**Adverb**
tranquillo	→	tranquilla	→	tranquillamente *ruhig*
felice	→	felice	→	felicemente *glücklich*

Achtung:

Adjektive auf **-re** und **-le** verlieren das **-e** vor dem Suffix **-mente**:

facile → facilmente *leicht*

§4.1 Unregelmäßige Adverbien ▸ *Tag 25*

Einige Adjektive bilden das Adverb unregelmäßig:

Adjektiv		**Adverb**
buono	→	bene *gut*
cattivo	→	male *schlecht*

§4.2 Die Steigerung des Adverbs ▸ *Tag 25*

Die Adverbien werden wie die Adjektive in der Regel mit **più** gesteigert (▸ *§ 3.4*)
Ugo studia più facilmente la sera. *Ugo lernt abends leichter.*
Unregelmäßige Steigerungsformen:

Adverb		Komparativ		Superlativ	
bene	gut	**meglio**	besser	**benissimo**	sehr gut
male	schlecht	**peggio**	schlechter	**malissimo**	sehr schlecht
poco	wenig	**meno**	weniger	**pochissimo**	sehr wenig
molto	viel	**più**	mehr	**moltissimo**	sehr viel

Ho mangiato benissimo. *Ich habe sehr gut gegessen.*

§5 Das Pronomen

§5.1 Das Personalpronomen als Subjektpronomen ▸ *Tag 2*

Das Personalpronomen ersetzt ein bereits bekanntes oder vorher genanntes Subjekt.

io	ich
tu	du
lui/lei/Lei	er/sie/Sie
noi	wir
voi	ihr
loro	sie

Achtung:

Im Italienischen wird das Subjektpronomen meist weggelassen:
Vado al mare. *Ich gehe ans Meer.*
Siete contenti? *Seid ihr zufrieden?*

Höflichkeitsform: Die höfliche Anrede (*Sie*) einer Einzelperson (Männer + Frauen) wird im Italienischen durch die 3. Person Singular **Lei** ausgedrückt. Man schreibt es groß, um es von der 3. Person Singular weiblich **lei** *sie* zu unterscheiden. Im Plural wird meistens **Voi** verwendet.
È stanca, signora? *Sind Sie müde, Signora?*

§5.2 Das unbetonte direkte Personalpronomen ▸ *Tag 13*

Die unbetonten direkten Personalpronomen ersetzen ein Objekt, stehen direkt vor dem Verb und entsprechen dem deutschen Akkusativobjekt.

mi	mich	Mi vedi?	Siehst du mich?
ti	dich	Ora ti vedo.	Jetzt sehe ich dich.
lo	ihn/es	Lo bevo subito.	Ich trinke ihn/es gleich.
la	sie/es	Non la compro.	Ich kaufe sie/es nicht.
La	Sie	La chiamerò, signora.	Ich werde Sie anrufen, Signora.
ci	uns	Ci vedete?	Seht ihr uns?
vi	euch	Vi porterò al mare.	Ich werde euch ans Meer fahren.
li	sie (m)	I giornali? Li prende Rita.	Die Zeitungen? Rita holt sie.
le	sie (f)	Laura e Maria? Le conosco.	Laura und Maria? Ich kenne sie.

Achtung:

In den zusammengesetzten Zeiten wird die Endung im Partizip Perfekt an das direkte Personalpronomen angeglichen:
Li ho incontrati ieri. *Ich habe sie (mPl) gestern getroffen.*

Das unbetonte direkte Personalpronomen in der 3. Person wird im Singular vor Vokal und h zu **l'** bzw. **L'**:
L'ho vista ieri. *Ich habe sie gestern gesehen.*

Lo kann auch *es* bedeuten: Non **lo** so. *Ich weiß es nicht.*

§5.3 Das unbetonte indirekte Personalpronomen ▸ *Tag 8*

Die unbetonten indirekten Personalpronomen ersetzen ein Objekt, stehen direkt vor dem Verb und entsprechen dem deutschen Dativobjekt.

mi	mir	Mi fai un favore?	Tust du mir einen Gefallen?
ti	dir	Non ti credo.	Ich glaube dir nicht.
gli	ihm	Gli porto un dolce.	Ich bringe ihm ein Dessert.
le/Le	ihr/Ihnen	Le porto un dolce.	Ich bringe ihr ein Dessert.
ci	uns	Il cameriere ci porta tre caffè.	Der Kellner bringt uns drei Kaffee.
vi/Vi	euch/Ihnen	Vi compro un libro.	Ich kaufe euch ein Buch.
gli	ihnen	Il cameriere gli porta il menù.	Er bringt ihnen die Speisekarte.

Le und **Vi** sind die Höflichkeitsformen im Singular und Plural.
Che cosa Le porto, signora? *Was darf ich Ihnen (Sg) bringen, Signora?*
Vi porto il menù. *Ich bringe Ihnen (Pl) die Speisekarte.*

§5.4 Das Reflexivpronomen ▸ *Tag 9*

Das Reflexivpronomen wird wie im Deutschen bei reflexiven Verben verwendet und steht in der Regel vor dem konjugierten Verb.

mi	mich	Mi alzo la mattina presto.	Ich stehe morgens früh auf.
ti	dich	Ti lavi sempre?	Wäschst du dich immer?
si	sich	Si prepara.	Er/Sie bereitet sich vor.
ci	uns	Ci vediamo.	Wir sehen uns.
vi	euch	Vi rilassate.	Ihr entspannt euch.
si	sich	Si sentono stanchi.	Sie fühlen sich müde.

Achtung:

Bei Gebrauch mit einem Modalverb steht das Reflexivpronomen vor diesem oder wird an den Infinitiv (ohne die Endung **-e**) angehängt:
Domani **mi voglio alzare** / **voglio alzarmi** presto. *Morgen möchte ich früh aufstehen.*

§5.5 Die Pronominaladverbien *ci* und *ne* ▸ *Tag 7, Tag 29*

Das Pronominaladverb **ci** ersetzt:

- einen präpositionalen Ausdruck mit **a** in der Bedeutung von *daran, darum, darauf*:
  Ci penso io. *Darum kümmere ich mich.*
  Non **ci** credo. *Daran/Das glaube ich nicht.*
- eine Ortsangabe und bedeutet *dort, dorthin*:
  ▸ Sei già stato a Pisa? *Bist du schon in Pisa gewesen?*
  ◂ Sì, **ci** sono stato l'anno scorso. *Ja, ich bin letztes Jahr dort gewesen.*

Das Pronominaladverb **ne** steht:

- bei Mengenangaben in der Bedeutung von *davon* (im Deutschen meist unübersetzt):
  ▸ Ho bisogno di latte. *Ich brauche Milch.*
  ◂ Quanto? *Wie viel?*
  ▸ **Ne** prendo due litri. *Ich nehme zwei Liter (davon).*
- für einen präpositionalen Ausdruck und bedeutet *dazu, damit*:
  Che **ne** dici? *Was meinst du dazu?*

Achtung:

Bei den zusammengesetzten Zeiten muss das Partizip an das durch **ne** ersetzte Wort angeglichen werden:
▸ Quante mele hai mangiato? *Wie viele Äpfel hast du gegessen?*
◂ **Ne** ho mangiat**e** tr**e**. *Ich habe drei (davon) gegessen.*

§5.6 Doppelpronomen ▸ *Tag 16*

Das unbetonte indirekte Personalpronomen, das Reflexivpronomen und das Pronominaladverb **ci** verbinden sich mit dem unbetonten direkten Personalpronomen der 3. Person und dem Pronominaladverb **ne** zu folgenden Formen:

mi	+	lo (la, li, le, ne)	**me lo** (la, li, le, ne)
ti	+	lo (la, li, le, ne)	**te lo** (la, li, le, ne)
gli/le/Le	+	lo (la, li, le, ne)	**glielo** (gliela, glieli, gliele, gliene)
ci	+	lo (la, li, le, ne)	**ce lo** (la, li, le, ne)
vi	+	lo (la, li, le, ne)	**ve lo** (la, li, le, ne)
gli	+	lo (la, li, le, ne)	**glielo** (gliela, glieli, gliele, gliene)
si	+	lo (la, li, le, ne)	**se lo** (la, li, le, ne)
ci	+	lo (la, li, le, ne)	**ce lo** (la, li, le, ne)

Achtung:

Die Doppelpronomen stehen unmittelbar vor dem Verb.
Te lo dico dopo. *Ich sage es dir nachher.*

Das Partizip wird an das direkte Personalpronomen angeglichen:
▸ Hai comprato i biglietti per noi? *Hast du die Fahrkarten für uns gekauft?*
◂ Sì, **ve li** ho comprat**i**. *Ja, ich habe sie für euch gekauft.*

§5.7 Das Possessivpronomen ▸ Tag 10

Das Possessivpronomen bezeichnet ein Besitzverhältnis.

	Singular		Plural	
	Maskulinum	Femininum	Maskulinum	Femininum
mein(e)	mio	mia	miei	mie
dein(e)	tuo	tua	tuoi	tue
sein(e)/Ihr(e)	suo/Suo	sua/Sua	suoi/Suoi	sue/Sue
unser(e)	nostro	nostra	nostri	nostre
euer(e)	vostro	vostra	vostri	vostre
ihr(e)	loro	loro	loro	loro

Achtung:

Die Possessivpronomen werden an das Bezugswort angeglichen (außer **loro**) und verlangen in der Regel den bestimmten Artikel:
La tua amica ha telefonato. *Deine Freundin hat angerufen.*
Mi piace **la vostra** casa. *Mir gefällt euer Haus.*

Der Artikel entfällt nur bei Verwandtschaftsbezeichnungen im Singular und bei Anreden:
mio padre *mein Vater*
mia cara! *meine Liebe!*

§5.8 Das Demonstrativpronomen ▸ *Tag 7*

Das Demonstrativpronomen verweist auf Personen oder Dinge.

	Maskulinum		Femininum	
	Singular	Plural	Singular	Plural
diese(r)	questo	questi	questa	queste
jene(r)	quello	quelli	quella	quelle

Questo verweist auf Personen oder Dinge, die sich räumlich oder zeitlich nahe beim Sprechenden befinden.
Ti piace **questo** libro? *Gefällt dir dieses Buch?*
Questi sono i miei figli. *Dies sind meine Kinder.*

Quello weist auf Personen oder Dinge hin, die sich in räumlicher oder zeitlicher Distanz zu beiden Gesprächspartnern befinden. Es kann adjektivisch oder als Pronomen gebraucht werden.
Vorrei provare **quelle** scarpe. *Ich möchte die Schuhe dort anprobieren.*
Quale? **Quelle** blu? *Welche? Die blauen dort?*

§5.9 Das Relativpronomen ▸ *Tag 21*

Das Relativpronomen **che** *der, die, das* leitet einen Relativsatz ein, es ist unveränderlich und kann als Subjekt oder Objekt verwendet werden:
Questo è il cuoco **che** ha preparato il piatto. *Das ist der Koch, der das Gericht zubereitet hat.*
Ho già letto i giornali **che** mi ha portato Livia. *Ich habe die Zeitungen, die mir Livia gebracht hat, schon gelesen.*
Wenn der Relativsatz mit einer Präposition eingeleitet wird, verwendet man **cui** (unveränderlich) oder **il quale** (veränderlich):
Ecco il libro **di cui** / **del quale** ti ho parlato. *Hier ist das Buch, von dem ich dir erzählt habe.*
Pisa è la città **in cui** / **nella quale** ha vissuto Galileo Galilei. *Pisa ist die Stadt, in der Galileo Galilei gelebt hat.*

§5.10 Das Indefinitpronomen ▸ *Tag 11*

Man unterscheidet zwischen Indefinitadjektiven, die ein nachfolgendes Subjekt ergänzen, und Indefinitpronomen, die nicht näher bestimmte Personen oder Dinge ersetzen. Die wichtigsten im Überblick:

Indefinitadjektive	alcuno, -a	irgendein
	qualche	irgendein, einige
	ogni	jeder, alle
Indefinitpronomen	uno, -a	ein
	qualcuno, -a	irgendein
Indefinitpronomen	qualcosa	(irgend)etwas
	ognuno, -a	jeder
	niente	nichts
Indefinitadjektiv oder -pronomen	tutto, -a, -i, -e	alle
	altro, -a, -i, -e	anderer
	nessuno, -a, -i, -e	niemand
	poco, -a, -i, -e	wenig
	molto, -a, -i, -e	viel
	tanto, -a, -i, -e	sehr viel
	troppo, -a, -i, -e	zu viel

§6 Das Verb

§6.1 Die Konjugationen ▸ *Tag 3, Tag 8, Tag 9*

Die Verben werden gemäß ihrer Infinitivendung in drei Gruppen unterteilt: Verben auf **-are**, **-ere** und **-ire**.

-are	**-ere**	**-ire**
lavorare	**prendere**	**dormire**

Achtung:

Bei einigen Verben auf **-ire** wird der Verbstamm im Singular und in der 3. Person Plural um die Silbe **-isc** erweitert:
io cap**isc**o *ich verstehe* – io fin**isc**o *ich beende*

§6.2 Die Hilfsverben *avere* und *essere* ▸ *Tag 2*

Die Verben **essere** und **avere** werden unregelmäßig konjugiert:

	essere sein	**avere** haben
io	sono	ho
tu	sei	hai
lui/lei/Lei	è	ha
noi	siamo	abbiamo
voi	siete	avete
loro	sono	hanno

Sie dienen als Hilfsverben bei der Bildung zusammengesetzter Zeiten (▸ *§ 6.7.1*)

§6.3 Das Modalverb ▸ *Tag 10*

Die Modalverben drücken aus, ob eine Handlung notwendig, möglich oder gewollt ist.

	potere können	**volere** wollen	**dovere** müssen
io	posso	voglio	devo
tu	puoi	vuoi	devi
lui/lei/Lei	può	vuole	deve
noi	possiamo	vogliamo	dobbiamo
voi	potete	volete	dovete
loro	possono	vogliono	devono

§6.4 Das reflexive Verb ▸ *Tag 9*

Reflexive Verben werden mithilfe der Reflexivpronomen (▸ *§ 5.4*) gebildet.
In den zusammengesetzten Zeiten muss das Hilfsverb **essere** verwendet werden.

	lavarsi sich waschen
io	mi lavo
tu	ti lavi
lui/lei/Lei	si lava
noi	ci laviamo
voi	vi lavate
loro	si lavano

§6.5 Das unpersönliche Verb ▸ *Tag 29*

Unpersönliche Verben werden in der 3. Person Singular verwendet:
bisogna *es ist nötig*, **ci vuole** *man braucht*, **mi piace** *mir gefällt*, **fa caldo** *es ist heiß*.
Das deutsche *man* wird oft in einer **si**-Konstruktion wiedergegeben:
Qui si mangia bene. *Hier isst man gut.*

§6.6 Das Präsens ▸ *Tag 3, Tag 8, Tag 9*

Das Präsens dient der Schilderung einer Handlung in der Gegenwart.

	-are **lavorare** arbeiten	**-ere** **prendere** nehmen	**-ire** **dormire** schlafen	**-ire** **capire** verstehen
io	lavor**o**	prend**o**	dorm**o**	cap**isco**
tu	lavor**i**	prend**i**	dorm**i**	cap**isci**
lui/lei/Lei	lavor**a**	prend**e**	dorm**e**	cap**isce**
noi	lavor**iamo**	prend**iamo**	dorm**iamo**	cap**iamo**
voi	lavor**ate**	prend**ete**	dorm**ite**	cap**ite**
loro	lavor**ano**	prend**ono**	dorm**ono**	cap**iscono**

§6.7 Die Vergangenheit

§6.7.1 Das Perfekt ▸ *Tag 12*

Das Perfekt wird mit dem Präsens von **essere** oder **avere** (▸ *§ 6.2*) und dem Partizip Perfekt (▸ *§ 6.12*) gebildet. Beim Perfekt mit **essere** muss an das Subjekt angeglichen werden (▸ *§ 6.2*).

	andare gehen	**vendere** verkaufen	**dormire** schlafen
io	sono andato,-a	ho venduto	ho dormito
tu	sei andato, -a	hai venduto	hai dormito
lui/lei/Lei	è andato, -a	ha venduto	ha dormito
noi	siamo andati, -e	abbiamo venduto	abbiamo dormito
voi	siete andati, -e	avete venduto	avete dormito
loro	sono andati, -e	hanno venduto	hanno dormito

Bei der Verwendung von **essere** wird das Partizip an das Subjekt angeglichen:
avere + Partizip Perfekt: Abbiamo lavorat**o**. *Wir haben gearbeitet.*
essere + Partizip Perfekt: Siete partit**i**? *Seid ihr weggefahren?*

Mit **essere** gebildete Verben:

- Verben der Bewegung/des Zustands:
  Rita è andata al cinema. *Rita ist ins Kino gegangen.*
  Sono a casa *Ich bin zu Hause.*
- Reflexive Verben:
  Ti sei lavato i denti? *Hast du dir die Zähne geputzt?*

Mit **avere** gebildete Verben:

- alle transitiven Verben:
  Livia ha scritto una lettera. *Livia hat einen Brief geschrieben.*
- Verben der Bewegung, die weder Ausgangspunkt noch Ziel angeben:
  viaggiare *reisen*, **passeggiare** *spazieren*, **nuotare** *schwimmen*, **sciare** *skilaufen*, **camminare** *wandern*.

Das Perfekt wird verwendet:

- bei einer abgeschlossenen Handlung:
  Rita è tornata ieri. *Rita ist gestern zurückgekommen.*
- bei einer Handlung, die einsetzt, während eine andere noch andauert:
  Mentre mangiavo, è arrivato mio padre. *Während ich aß, ist mein Vater angekommen.*

§6.7.2 Das Imperfekt ▸ *Tag 24*

Das Imperfekt wird gebildet, indem die Endung **-re** durch die in allen Konjugationen gleichen Imperfektendungen ersetzt wird.

	lavorare arbeiten	**prendere** nehmen	**dormire** schlafen
io	lavora**vo**	prende**vo**	dormi**vo**
tu	lavora**vi**	prende**vi**	dormi**vi**
lui/lei/Lei	lavora**va**	prende**va**	dormi**va**
noi	lavora**vamo**	prende**vamo**	dormi**vamo**
voi	lavora**vate**	prende**vate**	dormi**vate**
loro	lavora**vano**	prende**vano**	dormi**vano**

Das Verb **essere** *sein* wird unregelmäßig konjugiert:

	essere sein	
io	ero	ich war
tu	eri	du warst
lui/lei/Lei	era	er/sie war
noi	eravamo	wir waren
voi	eravate	ihr wart
loro	erano	sie waren

Das Imperfekt wird verwendet:

- bei einer nicht abgeschlossenen oder gewohnheitsmäßigen Handlung:
  Navigavo in Internet. *Ich surfte im Internet.*
- bei Beschreibungen und Zuständen:
  Aveva i capelli lunghi. *Er/Sie hatte lange Haare.*
  La casa era bella. *Das Haus war schön.*
- für zwei gleichzeitige Handlungen:
  Mentre telefonavo, mi mettevo le scarpe. *Während ich telefonierte, zog ich mir die Schuhe an.*

§6.8 Das Futur ▸ *Tag 27*

Das Futur verwendet man, um Handlungen in der Zukunft auszudrücken.
Zur Bildung des Futurs werden an den Infinitiv ohne Endung **-e** die für alle Konjugationen gleichen Endungen angehängt. Bei den Verben auf **-are** wird das **-a-** der Infinitivendung zu **-e-** abgeschwächt.

	lavorare arbeiten	**prendere** nehmen	**dormire** schlafen
io	lavorer**ò**	prender**ò**	dormir**ò**
tu	lavorer**ai**	prender**ai**	dormir**ai**
lui/lei/Lei	lavorer**à**	prender**à**	dormir**à**
noi	lavorer**emo**	prender**emo**	dormir**emo**
voi	lavorer**ete**	prender**ete**	dormir**ete**
loro	lavorer**anno**	prender**anno**	dormir**anno**

Das Verb **essere** wird unregelmäßig konjugiert:

	essere sein
io	sarò
tu	sarai
lui/lei/Lei	sarà
noi	saremo
voi	sarete
loro	saranno

Weitere unregelmäßige Formen:

andare	→	andrò	avere	→	avrò	dovere	→	dovrò	potere	→	potrò
vedere	→	vedrò	sapere	→	saprò	dare	→	darò	dire	→	dirò
fare	→	farò	stare	→	starò	venire	→	verrò	volere	→	vorrò

Achtung:

Verben auf **-ciare**/**-giare**: ohne **-i-**:
Comincerò domani. *Ich werde morgen beginnen.*
Verben auf **-care**/**-gare**: eingeschobenes **-h-**:
Cerc**h**erò il libro. *Ich werde das Buch suchen.*

Das Futur drückt eine Handlung in der Zukunft aus. Es kann aber auch zum Ausdruck einer Vermutung verwendet werden.
Saranno le dieci. *Es wird (wohl) 10 Uhr sein.*

§6.9 Der Konditional ▸ *Tag 28*

Der Konditional wird ähnlich wie das Futur (▸ *§ 6.8*) gebildet: Die Endungen werden an den Infinitivstamm ohne **-e** angehängt.

	lavorare arbeiten	**prendere** nehmen	**dormire** schlafen
io	lavorer**ei**	prender**ei**	dormir**ei**
tu	lavorer**esti**	prender**esti**	dormir**esti**
lui/lei/Lei	lavorer**ebbe**	prender**ebbe**	dormir**ebbe**
noi	lavorer**emmo**	prender**emmo**	dormir**emmo**
voi	lavorer**este**	prender**este**	dormir**este**
loro	lavorer**ebbero**	prender**ebbero**	dormir**ebbero**

Das Verb **essere** wird unregelmäßig konjugiert:

	essere sein
io	sarei
tu	saresti
lui/lei/Lei	sarebbe
noi	saremmo
voi	sareste
loro	sarebbero

Weitere unregelmäßige Formen:

andare	→	andrei	avere	→	avrei	dovere	→	dovrei	potere	→	potrei
vedere	→	vedrei	sapere	→	saprei	dare	→	darei	dire	→	direi
fare	→	farei	stare	→	starei	venire	→	verrei	volere	→	vorrei

Der Konditional dient:

- zum Ausdruck eines Wunsches oder einer höflichen Bitte:
  Vorrei un cappuccino. *Ich hätte gern einen Cappuccino.*
  Potrebbe chiudere la finestra, per favore? *Könnten Sie bitte das Fenster schließen?*
- zum Ausdruck einer irrealen Handlung oder einer Hypothese:
  Verrei volentieri, ma ... *Ich käme gern, aber ...*
  Potresti venire a Pisa. *Du könntest nach Pisa kommen.*

§6.10 Der Imperativ ▸ *Tag 16, Tag 17, Tag 19*

§6.10.1 Der bejahte Imperativ

Der Imperativ (Befehlsform) entspricht in der 1. und 2. Person Plural dem Präsens des entsprechenden Verbs. Bei den Verben auf **-ere** und **-ire** entspricht außerdem auch die 2. Person Singular dem Präsens. Verben, die im Präsens unregelmäßig sind, übernehmen die unregelmäßigen Formen auch im Imperativ.

	aspettare warten	**prendere** nehmen	**sentire** hören	**capire** verstehen
tu	aspett**a**!	prend**i**!	sent**i**!	cap**isci**!
Lei	aspett**i**!	prend**a**!	sent**a**!	cap**isca**!
noi	aspett**iamo**!	prend**iamo**!	sent**iamo**!	cap**iamo**!
voi	aspett**ate**!	prend**ete**!	sent**ite**!	cap**ite**!

Unregelmäßiger Imperativ einiger Verben:

	andare gehen	**stare** bleiben	**fare** machen	**dire** sagen	**avere** haben	**essere** sein	**dare** geben
tu	vai/va	stai/sta	fai/fa	dì	abbi	sii	dai/dà
Lei	vada	stia	faccia	dica	abbia	sia	dia
noi	andiamo	stiamo	facciamo	diciamo	abbiamo	siamo	diamo
voi	andate	state	fate	dite	abbiate	siate	date

§6.10.2 Imperativ mit Personalpronomen

In der 2. Person Singular und in der 1. und 2. Person Plural werden die Personalpronomen direkt an das Verb angehängt:
Aspetta**mi**! *Warte auf mich!*
In der Höflichkeitsform **Lei** bleiben die Pronomen vor dem Verb:
Mi faccia vedere, signora! *Lassen Sie mich sehen, Signora!*

Bei den unregelmäβigen (gekürzten) Imperativformen verdoppeln sich in der 2. Person Singular die Anfangsbuchstaben der Pronomen:
(dà + mi) **Dammi** la mano! *Gib mir die Hand!*

§6.10.3 Der verneinte Imperativ

Bei einer Verneinung in der Befehlsform, die sich an eine Person (Du-Form) richtet, verwendet man **non** + Infinitiv:
Non guardare! *Schau nicht!*
In der Höflichkeitsform gilt dagegen:
Non appoggi il piede, signora! *Treten Sie mit dem Fuß nicht auf, Signora!*

Achtung:
Bei der Verneinung mit Pronomen entfällt der letzte Buchstabe des Verbs:
Non sederti per terra! *Setz dich nicht auf den Boden!*

§6.11 Der Infinitiv ▸ *Tag 23*

Im Infinitiv Präsens (Grundform) lauten die regelmäßigen Verbendungen **-are**, **-ere** und **-ire**: **lavorare** *arbeiten*, **prendere** *nehmen*, **dormire** *schlafen*.
Folgende Infinitivkonstruktionen sind möglich:

ohne Präposition

- nach Modalverben (**potere**, **dovere**, **volere**) und Verben, die eine Vorliebe ausdrücken (**desiderare**, **preferire**, **piacere**):
  Rita deve andare dal dentista. *Rita muss zum Zahnarzt gehen.*
  Mi piacerebbe andare in Argentina. *Ich würde gern nach Argentinien reisen.*
- nach unpersönlichen Ausdrücken:
  È possibile vedere il mare da qui? *Ist es möglich, das Meer von hier aus zu sehen?*

mit Präposition

- nach Verben und Ausdrücken, die eine Präposition verlangen:
  Ho voglia di fare una passeggiata. *Ich habe Lust, einen Spaziergang zu machen.*
  Vado a fare la spesa. *Ich gehe einkaufen.*

§6.12 Das Partizip Perfekt ▸ *Tag 12*

Das Partizip Perfekt leitet sich aus dem Stamm des Infinitivs ab, an den die Endungen **-ato**, **-uto**, **-ito** angehängt werden.

Verben	auf **-are**	lavorare *arbeiten*	lavor**ato**
	auf **-ere**	vendere *verkaufen*	vend**uto**
	auf **-ire**	dormire *schlafen*	dorm**ito**

Zahlreiche Verben haben ein unregelmäßiges Partizip:

fare	→	fatto	leggere	→	letto	prendere	→	preso
decidere	→	deciso	aprire	→	aperto			

Achtung:
Das Hilfsverb **essere** hat dasselbe Partizip Perfekt wie stare: **stato**.
Das Hilfsverb **avere** hat ein regelmäßiges Partizip Perfekt: **avuto**.

Die wichtigste Verwendung findet das Partizip Perfekt mit den Hilfsverben in den zusammengesetzten Zeiten:
Ho mangiato un gelato. *Ich habe ein Eis gegessen.*
Sono andata al mare. *Ich bin ans Meer gefahren.*

§6.13 Das Gerund ▸ *Tag 26*

Das Gerund bildet man, indem die Infinitivendung durch **-ando** bzw. **-endo** ersetzt wird:

Verb auf	**-are**	→	**-ando**	lavorare *arbeiten*	→	lavor**ando**
	-ere	→	**-endo**	leggere *lesen*	→	legg**endo**
	-ire	→	**-endo**	dormire *schlafen*	→	dorm**endo**

Unregelmäßige Formen:
bere *trinken* → bevendo   dire *sagen* → dicendo   fare *machen* → facendo

Das Gerund drückt eine Handlung aus, die gerade stattfindet. Sie bildet sich aus der konjugierten Form von **stare** und dem Gerund:
Sto lavorando molto. *Ich arbeite (im Moment) viel.*

§7 Die Präpositionen ▸ *Tag 15*

Präpositionen geben an, in welchem Verhältnis Personen, Dinge oder Vorgänge zueinander stehen. Die häufigsten Präpositionen sind:

a

- dient der Orts- und Richtungsangabe bei Städten, antwortet auf die Frage *wo?* oder *wohin?* und hat die Bedeutung *in* oder *nach*:
  Abito **a** Pisa. *Ich wohne in Pisa.*
  Vado **a** Venezia. *Ich fahre nach Venedig.*
- Bei Zeitangaben bedeutet es *bis*:
  A domani! *Bis morgen*!

di

- bezeichnet die Herkunft:
  Di dove è Martin? *Woher kommt Martin?*
  Di steht außerdem für den Genitiv:
  La casa **di** Rita è grande. *Ritas Wohnung ist groß.*

in

- dient zur Ortsangabe bei Ländern und großen Inseln, antwortet auf die Frage *wo?* oder *wohin?* und hat die Bedeutung *in* oder *nach*:
  Abito **in** Germania. *Ich wohne in Deutschland.*
  Vado **in** Sardegna. *Ich fahre nach Sardinien.*
- Bei Zeitangaben steht **in** für *in, innerhalb*:
  in primavera *im Frühling*
  in un mese *innerhalb eines Monats*

§8 Die Verneinung

§8.1 Die einfache Verneinung ▸ *Tag 2*

Die Verneinung wird mit **non** *nicht* ausgedrückt. **Non** steht vor dem Verb bzw. vor dem unbetonten Personalpronomen.
Rita **non** lavora. *Rita arbeitet nicht.*
Questo colore **non** mi piace. *Diese Farbe gefällt mir nicht.*
Auch das deutsche *kein* wird meist mit **non** wiedergegeben. Steht *kein* vor dem Subjekt, wird es durch ein Indefinitpronomen ersetzt.
Non ho fame. *Ich habe keinen Hunger.*
Nessun bambino mangia volentieri l'insalata. *Kein Kind isst gern Salat.*
Als negative Antwort auf eine Entscheidungsfrage steht **no** *nein.*
▸ Hai fame? *Hast du Hunger?*
◂ No. *Nein.*

§8.2 Die doppelte Verneinung ▸ *Tag 11*

Die wichtigsten doppelten Verneinungen sind:

non ... mai	*nie*	non ... nessuno	*niemand*
non ... più	*nicht mehr*	non ... niente	*nichts*
non ... ancora	*noch nicht*		

Bei der doppelten Verneinung steht **non** immer vor dem konjugierten Verb, das zweite Verneinungselement in der Regel danach.
Non ho **mai** bevuto il vino. *Ich habe nie Wein getrunken.*
Non è **mai** troppo tardi. *Es ist nie zu spät.*
Nessuno und **niente** stehen hinter der ganzen Verbgruppe.
Non è venuto **nessuno**. *Es ist niemand gekommen.*
Non vedo più **niente**. *Ich sehe nichts mehr.*

Achtung:
Wenn **nessuno**, **niente** oder **mai** am Satzanfang stehen, wird **non** weggelassen:
Nessuno ha telefonato. *Niemand hat angerufen.*

Wenn **mai** ohne **non** gebraucht wird, kann es auch eine positive Bedeutung haben: Sei **mai** stato a Pisa? *Bist du jemals in Pisa gewesen?*

Verbtabellen

1. Die regelmäßigen Verben

Die Verben auf *-are*

parlare *sprechen*

	Präsens	Imperfekt	Futur	Konditional
io	parlo	parlavo	parlerò	parlerei
tu	parli	parlavi	parlerai	parleresti
lui/lei/Lei	parla	parlava	parlerà	parlerebbe
noi	parliamo	parlavamo	parleremo	parleremmo
voi	parlate	parlavate	parlerete	parlereste
loro	parlano	parlavano	parleranno	parlerebbero

Partizip Perfekt: parlato

Die Verben auf *-ere*

vendere *verkaufen*

	Präsens	Imperfekt	Futur	Konditional
io	vendo	vendevo	venderò	venderei
tu	vendi	vendevi	venderai	venderesti
lui/lei/Lei	vende	vendeva	venderà	venderebbe
noi	vendiamo	vendevamo	venderemo	venderemmo
voi	vendete	vendevate	venderete	vendereste
loro	vendono	vendevano	venderanno	venderebbero

Partizip Perfekt: venduto

Die Verben auf *-ire*

dormire *schlafen*

	Präsens	Imperfekt	Futur	Konditional
io	dormo	dormivo	dormirò	dormirei
tu	dormi	dormivi	dormirai	dormiresti
lui/lei/Lei	dorme	dormiva	dormirà	dormirebbe
noi	dormiamo	dormivamo	dormiremo	dormiremmo
voi	dormite	dormivate	dormirete	dormireste
loro	dormono	dormivano	dormiranno	dormirebbero

Partizip Perfekt: dormito

finire *beenden* (mit Stammerweiterung)

	Präsens	Imperfekt	Futur	Konditional
io	finisco	finivo	finirò	finirei
tu	finisci	finivi	finirai	finiresti
lui/lei/Lei	finisce	finiva	finirà	finirebbe
noi	finiamo	finivamo	finiremo	finiremmo
voi	finite	finivate	finirete	finireste
loro	finiscono	finivano	finiranno	finirebbero

Partizip Perfekt: finito

2. Die Verben *avere* und *essere*

avere *haben*

	Präsens	Imperfekt	Futur
io	ho	avevo	avrò
tu	hai	avevi	avrai
lui/lei/Lei	ha	aveva	avrà
noi	abbiamo	avevamo	avremo
voi	avete	avevate	avrete
loro	hanno	avevano	avranno

Partizip Perfekt: avuto

essere *sein*

	Präsens	Imperfekt	Futur
io	sono	ero	sarò
tu	sei	eri	sarai
lui/lei/Lei	è	era	sarà
noi	siamo	eravamo	saremo
voi	siete	eravate	sarete
loro	sono	erano	saranno

Partizip Perfekt: stato

3. Die unregelmäßigen Verben

Infinitiv	Präsens	Part. Perf.	Futur
andare gehen	vado, vai, va, andiamo, andate, vanno	andato	andrò
bere trinken	bevo, bevi, beve, beviamo, bevete, bevono	bevuto	berrò
chiedere fragen	chiedo, chiedi, chiede, chiediamo, chiedete, chiedono	chiesto	chiederò
conoscere kennen	conosco, conosci, conosce, conosciamo, conoscete, conoscono	conosciuto	conoscerò
dare geben	do, dai, dà, diamo, date, danno	dato	darò
dire sagen	dico, dici, dice, diciamo, dite, dicono	detto	dirò
dovere müssen	devo, devi, deve, dobbiamo, dovete, devono	dovuto	dovrò
fare machen	faccio, fai, fa, facciamo, fate, fanno	fatto	farò
leggere lesen	leggo, leggi, legge, leggiamo, leggete, leggono	letto	leggerò
potere können	posso, puoi, può, possiamo, potete, possono	potuto	potrò
rimanere bleiben	rimango, rimani, rimane, rimaniamo, rimanete, rimangono	rimasto	rimarrò
sapere wissen	so, sai, sa, sappiamo, sapete, sanno	saputo	saprò
stare stehen	sto, stai, sta, stiamo, state, stanno	stato	starò
tenere halten	tengo, tieni, tiene, teniamo, tenete, tengono	tenuto	terrò
venire kommen	vengo, vieni, viene, veniamo, venite, vengono	venuto	verrò
volere wollen	voglio, vuoi, vuole, vogliamo, volete, vogliono	voluto	vorrò

Lösungen und Hörtexte

Tag 2

Fragen zum Dialog

1. Am Flughafen von Pisa. – **2.** Es geht ihnen gut, aber sie sind etwas müde. – **3.** Es ist heiß. – **4.** Stefano ist mit Livia zu Hause und wartet auf die Gäste.

1 **1.** noi siamo – **2.** io ho – **3.** noi stiamo – **4.** voi siete – **5.** voi avete – **6.** tu sei – **7.** loro sono – **8.** tu hai – **9.** loro stanno – **10.** lui/lei/Lei è – **11.** loro hanno – **12.** tu stai

2 **Dialog 1**: Sie-Form – **Dialog 2**: Du-Form

3 **1.** falsch – **2.** richtig – **3.** richtig

Hörtext

Stefano Ciao Linda! Che bello vederti! Stai bene?
Linda No, non sto bene.
Stefano Sei stanca?
Linda Sì, sono molto stanca. Ma adesso siamo a Pisa. Uff, che caldo che fa qui!
Stafano Eh, sì, lo so, fa caldo. Ma ora sì va tutti al mare.
Linda Che bello! Andiamo al mare, sì!

4 **1.** c) – **2.** a) – **3.** b)

5 **1.** fortuna – **2.** casa – **3.** bene – **4.** qui

6 **1.** stai – **2.** grazie

7 **1.** sono – **2.** ha – **3.** è – **4.** sta

8 **1.** *Femininum:* borse, casa, machina, fortuna
2. *Maskulinum:* aeroporto, mare, parcheggio, viaggi

9 **1.** domani – **2.** valigia – **3.** estate – **4.** andiamo – **5.** benvenuti

Tag 3

Fragen zum Dialog

1. a) – **2.** b)

1 **1.** presento – **2.** chiama – **3.** abita – **4.** ventotto – **5.** lavora – **6.** è – **7.** ha – **8.** due – **9.** cinque – **10.** sette

3 **1.** b) – **2.** c)

Hörtext

Frau Buongiorno, professore! Come sta?
Mann A Buongiorno, signora Marini. Sto bene, grazie. Le presento un mio amico, Roberto Neri.
Frau Molto lieta.
Mann B Buongiorno, signora. Come va?
Frau Bene, grazie. Scusi, com'è il suo nome?
Mann B Mi chiamo Neri, Roberto Neri.
Frau Ah, Roberto Neri. E che lavoro fa?
Mann B Sono manager in una grande azienda internazionale.
Frau Ah, interessante.

4 **1.** a) – **2.** b) – **3.** c)

5 **1.** c) – **2.** h) – **3.** g) – **4.** a) – **5.** b) – **6.** d) – **7.** f) – **8.** e)

6 **1.** Mi chiamo – **2.** No, sono – **3.** Ho
7 **1.** ventinove – **2.** zero – **3.** sette – **4.** diciassette – **5.** otto – **6**. quattro – **7.** cinque
8 **1.** Mi chiamo Therese Felder. – **2.** Abito a Lipsia. – **3.** Ho 30 anni. – **4.** Sono insegnante. – **5.** Sono tedesca.

Tag 4

Fragen zum Dialog

1. Linda und Martin sitzen im Wohnzimmer bei Bettina, Stefano und Livia zu Hause. – **2.** Livia trinkt einen Orangensaft. – **3.** Martin kommt aus Berlin.
1 **1.** famiglia, figlia – **2.** frigorifero, caffè – **3.** macchina, cravatta – **4.** famiglie, amiche – **5.** aeroporto, estate – **6.** viaggi, salotti – **7.** lavoro, anno
2 **1.** Maria – **2.** Licondi – **3.** Napoli – **4.** Pisa – **5.** sposata – **6.** due – **7.** segretaria
3 **1.** Mi chiamo Linda. – **2.** Vengo dalla Germania. – **3.** Molto bene, grazie. – **4.** No, non sono di Amburgo, sono di Francoforte. – **5.** Sì, mi chiamo Livia. – **6.** Il gatto ha undici anni.
4 **1.** Vienna – **2.** Amburgo – **3.** Lubecca – **4.** Firenze – **5.** Ticino – 6. Milano – **7.** Roma – **8.** Napoli – **9.** Berlino
5 **1.** casa, tedeschi – **2.** Francoforte, cravatte – **3.** chiama – **4.** vecchio
6 **1.** un caffè – una città
2. un'amministrazione – un succo
3. un frigorifero – un anno
4. uno studente – un divano
5. un tedesco – una famiglia
6. un luogo – un'amica
7. un gatto – un'azienda
7 **1.** d) – **2.** b) – **3.** a) – **4.** e) – **5.** g) – **6.** f) – **7.** c)
8 *c'è*: un succo di frutta – un divano – una casa – un frigorifero – un'azienda
ci sono: quattro amici – dieci gatti – tre negozi – due caffè – tre lavori

Tag 5

Fragen zum Dialog

1. c) – **2.** a)
1 [tʃ] wie **Tsch**üss: **ci**ao, **Ci**na, arrivede**rci, ce**ntro, aran**cia, ci**nema
[k] wie **k**urz: **ca**ffè, **co**me, prose**cco,** ami**che,** mac**chi**na, **Cu**ba
[dʒ] wie **J**eans: formag**gi**o, buon**gio**rno, **Ge**rmania, **ge**lato, parmi**gia**no, **Gi**ro d'Italia
[g] wie **g**ut: la**go** di **Ga**rda, fun**ghi, ghe**tto, yo**gu**rt, spa**ghe**tti, Ambur**go**
Regel
Die Aussprache von **c** ist [tʃ] vor **e** oder **i**, aber [k] vor **a**, **o** oder **u** – oder eingeschobenem **h**.
Die Aussprache von **g** ist [dʒ] vor **e** oder **i**, aber [g] vor **a**, **o** oder **u** – oder eingeschobenem **h**.
2 **1.** vino – **2.** spaghetti – **3.** pizza – **4.** cravatta
4 **1.** j) – **2.** d) – **3.** a) – **4.** i) – **5.** g) – **6.** f) – **7.** b) – **8.** h) – **9.** c) – **10.** k) – **11.** e) – **12.** l)
5 **1.** Caffè – **2.** Macchiato – **3.** Cappuccino – **4.** Americano – **5.** Ristretto
Lösungswort: AMORE

6 **1.** un tavolo – una macchina – una sedia
2. un treno – un ombrello – un'isola
3. uno psicologo – un'ora – un libro
4. una moneta – un albero – un inverno

7 **1.** b) – **2.** c) – **3.** a)

8 **1.** Mi chiamo Livia e sono la figlia di Stefano.
2. Il gatto si chiama Gino.
3. Linda è nata a Basilea ma vive a Francoforte.
4. Stefano prende un succo di frutta.

Tag 6

1 **1.** Linda e Martin arrivano all'aeroporto di Pisa. – **2.** Livia ha dieci anni. – **3.** Ci sono due succhi di frutta nel frigorifero. – **4.** Gino è un gatto vecchio e timido. – **5.** Buongiorno, dottor Neri, come sta?

2 **1.** Sto molto bene, grazie. – **2.** Non sto bene, sono molto stanco.

3, 4 **Individuelle Antworten**

6 **Männlich**: il negozio, i viaggi, il lavoro, il gatto, l'aeroporto, i salotti, gli accessori
Weiblich: l'azienda, le famiglie, la casa, le amiche, la figlia, le macchine, la borsa

7 **1.** Come – **2.** Dove – **3.** Come – **4.** Quanti – **5.** Come – **6.** Da dove – **7.** Che cosa – **8.** come – **9.** Che cosa

8 **senkrecht: 1.** diciassette – **2.** otto – **3.** due – **4.** cinque – **9.** diciannove
waagerecht: 5. sette – **6.** trenta – **7.** tredici – **8.** ventitre – **10.** sei – **11.** venti

9 **1.** richtig – **2.** falsch – **3.** falsch – **4.** richtig – **5.** falsch – **6.** richtig
Hörtext
L'uomo che voglio presentarvi è il mio amico Manuel Croce, cioè si chiama Manuel di nome e Croce di cognome. È italiano, è nato in Sicilia, ma vive da venti anni a Roma. Manuel è sposato e ha due figli. Cosa fa di lavoro? È pilota, lavora per l'Alitalia e viaggia molto.

10 **1.** è – **2.** ama – **3.** ha – **4.** arrivano – **5.** sono – **6.** sta – **7.** parli – **8.** lavorano – **9.** studia

11 **1.** non è – **2.** non ama – **3.** non ha – **4.** non arrivano – **5.** Non ci sono – **6.** non sta – **7.** non parli – **8.** non lavorano – **9.** non studia

13 **1.** Scusi, Lei è Filiberto Marchi? No, io sono Manuel Croce. –**2.** Stefano è a casa con Livia. – **3.** Maria è segretaria e lavora all'aeroporto. – **4.** Il signor Marchi organizza viaggi. – **5.** Ci sono succhi di frutta? Sì, c'è un succo d'arancia. – **6.** Susanna è sposata e ha tre figli. – **7.** Sul divano c'è un gatto.

Zwischentest 1

1 **1.** b) – **2.** a) – **3.** b) – **4.** a)
▸ *Tag 2*

2 **1.** a), c) – **2.** a), b) – **3.** a), c) – **4.** b), c) – **5.** a), c) – **6.** b), c)
▸ *Tag 4*

3 **1.** b) – **2.** a) – **3.** c) – **4.** a) – **5.** a) – **6.** b)
▸ *Tag 2, Tag 3*

4 12 – 0 – 13 – 2 – 7 – 19 – 17 – 29 – 14 – 24 – 8 – 15 – 4 – 10
▸ *Tag 3*

5 **1.** c) – **2.** a) – **3.** c) – **4.** b) – **5.** c) – **6.** a) – **7.** b) – **8.** a)
▸ *Tag 4*

6 **1.** b) – **2.** b) – **3.** b) – **4.** c)

▸ *Tag 3, Tag 4*

7 **1.** a) – **2.** b) – **3.** b) – **4.** b) – **5.** a)

▸ *Tag 2, Tag 3, Tag 4*

Hörtext

Mann Ciao a tutti! Qui Radio Torre, la radio di Pisa. Siamo all'aeroporto di Pisa dove arrivano i nuovi turisti. – Lei! Buongiorno. Come si chiama?
Frau Buongiorno. Mi chiamo Daniela Buri.
Mann Non ho capito. Com'è il suo nome?
Frau Il mio nome è Daniela Buri.
Mann Ah. Ora ho capito. Bene. Come sta, signora Buri?
Frau Sono un po' stanca, ma sto abbastanza bene, grazie.
Mann Da dove viene?
Frau Vengo da Milano.
Mann Lei è qui per turismo?
Frau No, non sono turista. Io lavoro qui a Pisa.
Mann E che lavoro fa?
Frau Sono insegnante d'italiano.
Mann È qui a Pisa con la famiglia?
Frau Sì, sono qui con mio marito e i figli.
Mann Quanti figli ha, signora?
Frau Cinque.
Mann Cinque figli? Oh lala. Che bello, però!
Frau Bello, sì. Ma sono stanca.
Mann Grazie mille per questa intervista e benvenuta a Pisa!

insgesamt 51 Punkte
molto bene: 44 – 51
bene: 34 – 43
medio: fino a 33

Tag 7

Fragen zum Dialog

1. falsch – **2.** richtig – **3.** falsch

1 **1.** facciamo – **2.** compro – **3.** pacco – **4.** andate – **5.** comprate – **6.** chilo – **7.** etti – **8.** litro – **9.** compra – **10.** costano – **11.** fanno – **12.** mangiamo

2 **1.** b) – **2.** a) – **3.** c) – **4.** d) – **5.** f) – **6.** e)

4 **1.** richtig – **2.** falsch – **3.** falsch – **4.** richtig – **5.** falsch – **6.** richtig

5 *frutta:* ciliegie, uva, arancia, banana, fragola
verdura: insalata, rucola, cipolla, patata, pomodoro

6 **1.** Verkäufer – **2.** Kunde – **3.** Kunde – **4.** Kunde – **5.** Verkäufer – **6.** Verkäufer

7 **1.** del – **2.** di – **3.** dell' – **4.** di – **5.** del, di

8 **1.** 5 x (mercato, compriamo, tocca, cosa, chilo) – **2.** 1 x (centro) – **3.** 2 x (formaggio, buongiorno)

Tag 8

Fragen zum Dialog

1. Linda ist Vegetarierin und die Lasagne enthält Fleisch. – **2.** Sie sind in einem Wirtshaus, nicht in einer Pizzeria. – **3.** Sie trinken ein stilles Mineralwasser.

2 **1.** mi – **2.** gli – **3.** ti – **4.** vi – **5.** gli

3 **1.** falsch – **2.** falsch – **3.** richtig – **4.** richtig – **5.** falsch

Hörtext

Maria e Roberto sono a pranzo in una trattoria. Il cameriere gli porta il menù e consiglia un primo piatto di pesce: spaghetti alle vongole. Ma a Roberto non piacciono i frutti di mare. Il cameriere gli consiglia un piatto di penne al pomodoro. Le penne al pomodoro piacciono molto anche a Maria. Da bere prendono un vino rosso e acqua minerale. Roberto preferisce l'acqua gassata, a Maria invece piace l'acqua minerale naturale. Come dessert il cameriere gli porta una macedonia. Dopo il caffè chiedono il conto e pagano.

4 Osteria – mangiare – cameriere – buongiorno – porto – grazie – primi piatti – ragù – risotto – vorrei – carne

5 Cameriere – Piazza Regina Margherita – Prezzo conveniente – Paninoteca– Mercoledì

6 **1.** panin**i** – **2.** pizz**e** – **3.** piatt**i** – **4.** lattin**e** – **5.** litr**i** – **6.** birr**e**

7 **1.** b) – **2.** a) – **3.** a) – **4.** c) – **5.** b)

8 birra – cinghiale – dessert – fame – pranzo – ragù – pizza – sugo – sete
Lösungswort: POMODORO

Tag 9

Fragen zum Dialog

1. b) – **2.** b) – **3.** c)

1 **1.** richtig – **2.** falsch – **3.** falsch

2 **1.** 9.05 – **2.** 12.00 – **3.** 6.50 – **4.** 3.20 – **5.** 10.55 – **6.** 10.15 – **7.** 6.30 – **8.** 7.45

3 **1.** mi alzo – **2.** faccio – **3.** mi lavo – **4.** mi vesto – **5.** vado – **6.** torno – **7.** è – **8.** vado – **9.**leggo – **10.** dormo

4 **2**. martedì – **3.** mercoledì – **5.** Venerdì – **7.** domenica

5 8 è mezzogiorno
7 sono le dodici meno dieci
3 sono le undici e un quarto
4 sono le undici e venticinque
10 è mezzanotte
6 sono le dodici meno venti
2 sono le undici e dieci
5 sono le undici e trentacinque
1 sono le otto e un quarto
9 sono le cinque del pomeriggio

6 chiamo – lavoro – mi sveglio – faccio – esco – l'autobus – mezzogiorno– dormo – tempo – sera – dormire

7 **1.** Alle sette mi sveglio, ma – **2.** mi alzo alle sette e mezza. – **3.** Poi mi vesto e – **4.** faccio una bella colazione con – **5.** un cappuccino e un cornetto. – **6.** Alle otto meno un quarto prendo – **7.** l'autobus e vado al lavoro. – **8.** Lavoro cinque ore, – **9.** poi torno a casa, – **10.** mangio il pranzo e – **11.** dormo un'ora.

8 **1.** f) – **2** a) – **3.** c) – **4.** d) – **5.** e) – **6.** h) – **7.** g) – **8.** b)

Tag 10

Fragen zum Dialog

1. falsch – **2.** richtig – **3.** falsch

1 **1.** Voglio/Vorrei – **2.** possono– sanno – **3.** Puoi – **4.** Dobbiamo – **5.** deve – sa – **6.** volete – **7.** posso – devo

2 **Livia:** mare, nuotare – **Stefano:** leggere, musei – **Annarella:** montagna, passeggiate – **Martin:** montagna, jogging, tennis – **Linda:** mare, nuotare, jogging, tennis

Hörtext

- ► Mi chiamo Livia. Amo il mare e mi piace molto nuotare.
- ◄ Mi chiamo Stefano. Non mi piace il mare e non so nuotare. Preferisco leggere un bel libro e visitare musei.
- ► Sono Annarella. Adoro la montagna, mi piace fare lunghe passeggiate in campagna.
- ◄ Sono Martin. Preferisco la montagna, e mi piace giocare a tennis e fare jogging.
- ► Mi chiamo Linda. Mi piace il mare e fare sport: nuotare, fare jogging e giocare a tennis.

3 **1.** b) – **2.** e) – **3.** c) – **4.** f) – **5.** d) – **6.** a)

4 **1.** f) – **2.** k) – **3.** a) – **4.** n) – **5.** b) – **6.** l – **7.** c) – **8.** m) – **9.** d) – **10.** e) – **11.** j) – **12.** g) – **13.** i) – **14.** h)

5 **1.** adora – **2.** preferisce – **3.** vuole – **4.** piace – si addormenta – **5.** ama – **6.** preferisce

6 **1.** nuoto – **2.** sabato – **3.** limone – **4.** frigorifero

7 **1.** Il suo – **2.** La nostra – **3.** La loro – **4.** il vostro – **5.** i miei

8 **1.** c) – **2.** e) – **3.** d) – **4.** b) – **5.** a)

Tag 11

Fragen zum Dialog

1. Annarella organisiert an San Ranieri immer ein Abendessen mit ihren Freunden. Diesmal möchte sie auch Linda und Martin einladen. **– 2.** Linda hat Bedenken, dass sie an diesem Abendessen unter Freunden niemanden kennen, außerdem spricht Martin nicht gut Italienisch. **– 3.** Linda und Martin sollen um 20.30 Uhr zu Annarella nach Hause kommen.

1 **1.** qualche – **2.** qualcosa – **3.** niente – **4.** tutto – **5.** nessuno

2 **1.** b) – **2.** a) – **3.** b)

Hörtext

Roberto Ciao Manuel.
Manuel Oh, ciao, Roberto. Come va?
Robert Bene, grazie. Senti, per stasera ho organizzato una cena con amici. Hai voglia di venire anche tu?
Manuel Sì, certo, vengo molto volentieri. Ma dove?
Roberto Alla pizzeria "Margherita" dove si mangia molto bene.
Manuel Dove si trova questa pizzeria?
Roberto La pizzeria si trova nel mio quartiere, vicino a casa mia.

Manuel Tutto chiaro. Benissimo. E a che ora?
Roberto Ti aspetto alle otto direttamente in pizzeria. Va bene?
Manuel D'accordo, alle otto in pizzeria. A stasera. Ciao!

4 **1.** Ciao, mi farebbe piacere andare a cena con te.
2. Mi sento in imbarazzo, ma non posso mangiare il pesce perché sono vegetariana.
3. Possiamo andare a mangiare una pizza.
4. Ci troviamo alle otto alla pizzeria „Bella Napoli", okay?

6 **1.** 6.45 – **2.** 21.35 – **3.** 6.40 – **4.** 6.40 – **5.** 17.15 – **6.** 23.20

7 **1.** a) – **2.** a) – **3.** a)

Tag 12

Fragen zum Dialog

1. b) – **2.** a) – **3.** c)

1 **(1)** Oggi (io) **ho avuto** una giornata intensa:
(2) Come tutti i giorni, (io) **ho fatto** colazione alle 7.00.
(3) Alle 8.00 (io) **sono uscito** di casa, **ho portato** mia figlia a scuola e **sono andato** al lavoro.
(4) Alle 16.30 (io) **ho preso** la figlia a scuola e (noi) **siamo tornati** a casa.
(5) Dopo (io) **ho giocato** con mia figlia fino all'ora di cena.
(6) Alle 22.30 (io) **sono andato** a letto.

3 **1.** h) – **2.** d) – **3.** f) – **4.** j) – **5.** i) – **6.** e) – **7.** a) – **8.** g) – **9.** b) – **10.** c)

4 **1.** è – **2.** è – **3.** è – **4.** ha – **5.** ha – **6.** ha – **7.** è – **8.** è –**9.** è – **10.** è – **11.** ha – **12.** ha – **13.** è – **14.** ha

5 **1.** un anno fa – **2.** un mese fa – 3. una settimana fa – **4.** l'altro ieri – **5.** ieri –
6. questa mattina – **7.** oggi a mezzogiorno – **8.** questo pomeriggio – **9.**stasera –
10. domani mattina – **11.** domani a mezzanotte – **12.** l'anno prossimo

6 Ho fatto – sono salita – siamo stati – Mi sono rilassata – ho fatto – ho letto – Abbiamo fatto – mi sono abbronzata – siamo stati

7 **1.** è venuta – **2.** sei andato – **3.** sono salite – **4.** è uscito – **5.** sono andate – **6.** siete stati/e

Tag 13

Fragen zum Dialog

1. a) – **2.** c) – **3.** b)

1 **1.** richtig – **2.** richtig – **3.** falsch – **4.** falsch – **5.** richtig

Hörtext

Maria Pronto, Roberto? Sono Maria.
Roberto Oh, ciao. Come va?
Maria Bene. Senti, hai voglia di venire con me a teatro stasera? C'è uno spettacolo di danza classica.
Roberto Mah, non lo so. Non mi piace molto la danza classica. Ma che ne dici di andare al cinema invece?
Maria Al cinema? Perché no! Che film c'è?
Roberto Al cinema Odeon c'è l'ultimo James Bond e una commedia italiana.
E al cinema Arno c'è il famoso film The Blues Brothers.
Maria I Blues Brothers? Meraviglioso! Adoro questo film. Andiamo! A che ora inizia?
Roberto Aspetta che guardo sul giornale ... il film inizia alle 19.30.

Maria Per me è troppo presto. Non c'è uno spettacolo più tardi?
Roberto Sì, c'è uno spettacolo alle 22.00.
Maria Perfetto. Ci vediamo direttamente al cinema alle 22.00?
Roberto Va benissimo. A stasera, allora. Ciao!

2 **1.** Li – **2.** vi – **3.** La – **4.** ti – **5.** vi
5 **1.** Commedia – **2.** Teatro – **3.** Jazz – **4.** Cinema – **5.** Concerto – **6.** Sport
6 **1.** Qual – **2.** dove – **3.** Quante – **4.** Quando – **5.** Cosa – **6.** Quanto
7 **1.** c) – **2.** a) – **3.** c)
8 **2.** si cena – **3.** si mangia – **4.** si parla – **5.** si va

Tag 14

1 **1.** cipolla – **2.** arancia – **3.** pomodoro – **4.** banana – **5.** patata – **6.** insalata – **7.** ciliegie – **8.** fungo
3 **1.** i vostri – la vostra – **2.** il loro – **3.** il suo – **4.** i nostri – **5.** la sua – **6.** il mio
4 **1.** b) – **2.** a) – **3.** c) – **4.** c) – **5.** a) – **6.** b) – **7.** c) – **8.** a)

Hörtext

1. Sono le dieci e un quarto. – **2.** Sono le sette e mezza. – **3.** È mezzogiorno e un quarto. – **4.** Ehh ... è mezzogiorno meno un quarto. – **5.** Sono le quattro in punto. – **6.** Aspetti ... Sono le due e venti. – **7.** Sono le nove e cinque. – **8.** Sono ... le cinque.

5 **1.** sono nata – **2.** ha trovato – **3.** siamo trasferiti – **4.** ho frequentato – **5.** ho fatto – **6.** ho studiato – **7.** ho cominciato – **8.** ho sposato – **9.** sono nati – **10.** è cresciuta – **11.** abbiamo comprato – **12.** sono andata
6 **1.** richtig – **2.** falsch – **3.** richtig – **4.** falsch – **5.** falsch

Hörtext

Roberto Manuel, ciao! Che sorpresa vederti!
Manuel Oh, ciao, Roberto. Come va?
Roberto Non c'è male. Hai tempo per un caffè?
Manuel Sì, certo. C'è un bar qui vicino. Andiamo a bere qualcosa.
Barista Buongiorno. Mi dica!
Roberto Per me un caffè. Tu cosa prendi?
Manuel Io prendo un succo di frutta.
Barista Che succo desidera?
Manuel Ha un succo d'ananas?
Barista No, mi dispiace, il succo d'ananas è finito.
Manuel Allora mi dia un succo d'arancia.
Barista Va bene. Un caffè e un succo d'arancia. Subito.
Roberto Senta, che cos'ha da mangiare?
Barista Panini, tramezzini, toast ...
Roberto Vorrei un panino al prosciutto.
Barista Benissimo.
Roberto Mangi qualcosa anche tu?
Manuel No, io non ho fame.
Barista Ecco a lei.

7 **1.** Si fa – **2.** Si mangia – **3.** Si va – **4.** Si dorme – **5.** Si prende
8 **1.** Vorrei prenotare due biglietti per il concerto dei Pink Floyd di giovedì sera.
2. Vorrei prenotare un tavolo per quattro persone, per mercoledì a mezzogiorno e mezza, a nome Barelli.

3. Vorrei prenotare due biglietti per il film The Rocky Horror Picture Show sabato sera alle undici.

9 **2.** Quando **hai letto** il giornale? – **3.** Quando **siamo stati** sulla Torre Pendente? – **4.** Quando **è andata** al cinema? – **5.** Quando **è nato** Stefano?

10 **piace:** leggere libri, fare passeggiate, uscire con gli amici, andare al cinema, ascoltare la musica
non piace: andare al mare, nuotare, fare sport, guardare la televisione

Hörtext

Sono Annarella. Mi piace tantissimo leggere libri, soprattutto romanzi. Ma poi mi piace anche fare lunghe passeggiate in montagna. Non mi piace andare al mare, non mi piace nuotare. In generale, non mi piace molto fare sport. Invece mi piace uscire con i miei amici, oppure andare al cinema con un'amica. Devo dire che non mi piace molto guardare la televisione, ma mi piace ascoltare la musica.

11

Infinitiv	Partizip Perfekt
1. arrivare	arrivato
2. scrivere	scritto
3. dormire	dormito
4. visitare	visitato
5. essere	stato
6. nuotare	nuotato
7. leggere	letto
8. andare	andato
9. avere	avuto

12 **1.** a) – **2.** c) – **3.** b) – **4.** a)

Hörtext

Filiberto Pronto.
Manuel Sono Manuel. Ciao, Filiberto.
Filiberto Oh, ciao Manuel. Come stai?
Manuel Bene, grazie. Senti un po'. Hai voglia di venire al cinema con me domani sera?
Filiberto Al cinema? Sì, certo. Che cosa vuoi andare a vedere?
Manuel Al cinema Odeon danno l'ultimo James Bond. Ti va?
Filiberto Mah, sì, un bel film d'azione. Quando vuoi andare?
Manuel Vorrei andare allo spettacolo delle otto e mezza. Va bene per te?
Filiberto Sì, alle otto e mezza mi va bene. Che cinema hai detto?
Manuel L'Odeon, vicino a casa mia.
Filiberto Ho capito. E dove ci troviamo?
Manuel Direi, direttamente al cinema. Okay?
Filiberto Perfetto. A domani, allora. Ciao.
Manuel Ciao.

Zwischentest 2

1 **1.** Linda e Martin sono saliti sulla Torre Pendente. – **2.** Livia ha fatto i compiti di matematica. – **3.** Io ho mangiato un bel risotto. – **4.** Voi siete andati a Berlino l'anno scorso. – **5.** Io e Livia abbiamo letto un libro sotto l'ombrellone.
▸ *Tag 12*

2 **1.** e) – **2.** b) – **3.** g) – **4.** f) – **5.** d) – **6.** h) – **7.** c) – **8.** a)
▸ *Tag 9*

3 **1.** chiusa – **2.** preso – **3.** stati – **4.** giocato – **5.** giocato – **6.** arrivata – **7.** lavorato
▸ Tag 12
4 € 9,50 – € 12,- – € 9,10 – € 30,- – € 57,20 – € 120,- – € 92,60 – € 150,- – € 3,80 – € 14,50
▸ Tag 7
Hörtext
nove euro e cinquanta – dodici euro – nove euro e dieci – trenta euro – cinquantasette euro e venti – centoventi euro – novantadue euro e sessanta – centocinquanta euro – tre euro e ottanta – quattordici euro e cinquanta
5 **Linda:** penne ai funghi, formaggi misti, patate arrosto, acqua minerale, macedonia.
Martin: spaghetti alle vongole, cotoletta, patate arrosto, vino rosso, caffè.
▸ Tag 8
Hörtext

Martin	Cameriere, possiamo ordinare?
Cameriere	Subito, eccomi. Buonasera. Vi porto il menù?
Linda	No, grazie. Che cosa ci consiglia?
Cameriere	Prendete un antipasto?
Martin	No, grazie. Cominciamo con un primo.
Cameriere	Come primi oggi abbiamo: penne ai funghi oppure al ragù, spaghetti alle vongole oppure lasagne.
Martin	Prendo gli spaghetti alle vongole.
Linda	Io invece vorrei le penne ai funghi.
Cameriere	Benissimo. E di secondo vi posso consigliare la carne alla griglia o una cotoletta, oppure una delle nostre specialità di pesce alla griglia.
Martin	Vorrei una cotoletta.
Linda	Io non mangio la carne. Posso avere un piatto di formaggi misti?
Cameriere	Certamente, signora. Quindi, una cotoletta per il signore e formaggi misti per Lei. E di contorno?
Linda	Per me patate arrosto.
Martin	Anche per me.
Cameriere	E da bere?
Martin	Prendiamo un po' di vino?
Linda	Per me solo acqua minerale, grazie.
Martin	Allora ci porti mezzo litro di vino rosso e una bottiglia di acqua minerale.
Cameriere	Gassata o naturale?
Martin	Gassata, per favore.
Linda	Che cosa avete di dolce?
Cameriere	Abbiamo la macedonia oppure un tiramisù.
Linda	Prendo la macedonia.
Cameriere	Due macedonie?
Martin	No, per me niente, grazie. Prendo un caffè e basta.

6 **1.** vero – **2.** falso – **3.** vero – **4.** vero – **5.** falso.
▸ Tag 12
7 **1.** b) – **2.** b) – **3.** c) – **4.** a)
▸ Tag 8, Tag 10
Hörtext

Reporter	Ciao a tutti! Qui Radio Torre, la radio di Pisa. È una splendida giornata e siamo a Marina di Pisa. Buongiorno, lei, come si chiama?
Carla	Ehm ... buongiorno, mi chiamo Carla Carlesi.

Reporter Signora Carla, Le piace andare al mare?

Carla Sì, mi piace moltissimo. Mi piace il sole, mi piace guardare il mare, mi piace vedere tutta la gente ...

Reporter Fa anche sport acquatici?

Carla Che cosa?

Reporter Sport acquatici ... Le piace nuotare, andare in barca, fare windsurf ...

Carla Ma no! Non mi piacciono queste cose! Non mi piace l'acqua, non so nuotare, e non ho una barca!

Reporter Ma allora, che cosa fa al mare?

Carla Qui a Marina di Pisa incontro i miei amici, parlo con la gente, prendo il sole ...

Reporter ... e legge un bel libro sotto l'ombrellone, vero?

Carla A dire il vero, no. Non leggo mai al mare. Ma ... ascolto la radio, per esempio Radio Torre.

Reporter Questo mi fa molto piacere. Buona giornata!

insgesamt 54 Punkte
molto bene: 47 – 54
bene: 37 – 46
medio: fino a 36

Tag 15

Fragen zum Dialog

1. vero – **2.** vero – **3.** falso – **4.** falso

1 **2.** L'abbiamo incontrato in città. – **3.** Sì, Livia l'ha fatta. – **4.** Li ho comprati al mercato. – **5.** Li abbiamo invitati ieri.

3 **1.** vero – **2.** falso – **3.** vero – **4.** falso

Hörtext

Reception Buongiorno, desidera?

Daniela Buri Buongiorno. Vorrei fare qualche giorno di ferie qui a Marina di Pisa. Avete una camera libera per la settimana prossima?

Reception Una camera singola?

Daniela Buri No, una camera matrimoniale con un letto aggiuntivo per nostro figlio.

Reception Per quanti giorni Le serve la camera?

Daniela Buri Per una settimana. Da sabato a sabato.

Reception Un attimo ... Ho una camera matrimoniale con letto aggiuntivo. Ma la camera è un po' rumorosa perché dà sulla strada e ha soltanto la doccia. Altrimenti le posso dare una camera tripla, con tre letti.

Daniela Buri Preferisco una camera tranquilla. La camera tripla, com'è?

Reception Spaziosa e con bagno grande. Ha anche la vasca.

Daniela Buri Bene. Quanto costa la camera tripla?

Reception Sono 135 euro al giorno.

Daniela Buri Va bene, vorrei prenotare la camera tripla per una settimana.

Reception A che nome, signora?

Daniela Buri A nome Buri.

Reception Benissimo. Grazie e arrivederci.

Daniela Buri Arrivederci.

4 Vorrei prenotare una camera matrimoniale dal 10 al 12 agosto. – Quanto costa? – Preferisco con prima colazione. – Va bene, prendo la camera. – A nome di Max Pezzali – Arrivederci.
5 **1.** b) – **2.** a) – **3.** a) – **4.** b)
6 **1.** a – A – **2.** in – a – **3.** a – **4.** in– in – **5.** a – in – **6.** in
7 **2.** l'ho – **3.** li abbiamo – **4.** l'ha – **5.** l'ho – **6.** l'ha – **7.** l'ho
8 **Individuelle Antwort**

Tag 16

Fragen zum Dialog

1. Stefano vuole andare a Venezia. – **2.** Vuole un biglietto di seconda classe. – **3.** Compra cinque biglietti, quattro interi e uno ridotto.
1 **1.** A Torino P. N. – **2.** 09.35 – **3.** 20 minuti – **4.** Binario 1
2 **1.** vieni – **2.** guarda – **3.** Pulisci – **4.** ordina – **5.** fai – **6.** chiudi – **7.** studia – **8.** vai
3 Hörtext

Impiegato	Buongiorno. Desidera?
Martin	Buongiorno. Vorrei prenotare un volo per Roma.
Impiegato	Quando vuole partire?
Martin	Martedì prossimo.
Impiegato	In quale classe? Business o Economy?
Martin	Economy, per favore.
Impiegato	Allora, martedì c'è un volo Alitalia, partenza da Pisa alle 10.25 e arrivo a Roma Fiumicino alle 11.50.
Martin	Perfetto. Quanto costa il biglietto?
Impiegato	150 euro.

5

M	O	T	O	R	I	N	O	A	U	T	O	B	U	S
O	A	R	E	Q	U	A	F	E	H	T	B	A	S	C
T	B	E	N	V	A	V	O	R	P	U	C	R	T	K
O	C	N	R	E	G	E	G	E	W	K	D	C	L	N
S	C	O	O	T	E	R	F	O	M	I	L	A	M	O

6 **1.** b) – **2.** b) – **3.** a)
7 **1.** glielo – **2.** te la – **3.** ve lo
8 **1.** b) – **2.** a)

Tag 17

Fragen zum Dialog

1. b) – **2.** a) – **3.** c)
1 **4.** – **1.** – **6.** – **2.** – **5.** – **3.**
Hörtext

Manuel	Mi scusi, per la Torre Pendente?
Passante	Ehm ..., deve andare a piedi perché il centro storico è chiuso al traffico.
Manuel	E dove posso parcheggiare la macchina?
Passante	Qui siamo in Via Crispi. Deve attraversare il ponte, poi gira a destra e arriva in Piazza Carrara dove c'è un parcheggio.

Manuel	E poi?
Passante	È semplice. Deve attraversare Piazza Carrara, poi gira a sinistra, e al semaforo va sempre dritto fino a Piazza dei Miracoli dove trova la Torre Pendente.
Manuel	Grazie mille.
Passante	Prego.

2 **1.** porti – **2.** Abbia – **3.** Dica – **4.** telefoni – **5.** faccia – **6.** chiuda
4 **1.** a) – **2.** b) – **3.** c)
5 **1.** Settentrione – **2.** Oriente – **3.** Sudest – **4.** Meridione – **5.** Occidente – **6.** Nordovest
6 **1.** c) **2.** b) **3.** a)
7 **1.** Prenda – **2.** giri – **3.** Attraversi – **4.** vada – **5.** prenda – **6.** continui
8 **1.** prima – **2.** terzo – **3.** primo – **4.** quinta – **6.** terza

Tag 18

Fragen zum Dialog

1. vero – **2.** vero – **3.** falso – **4.** falso
1 **1.** c) – **2.** b) – **3.** d) – **4.** h) – **5.** a) – **6.** e) – **7.** g) – **8.** f)
3 **1.** vero – **2.** vero – **3.** falso – **4.** falso

Hörtext

R. Neri	Buongiorno. Ho prenotato una camera a nome di Neri.
Reception	Vediamo ... Sì, ecco, una camera singola con mezza pensione.
R. Neri	Esatto.
Reception	Mi dia la sua carta d'identità, per favore.
R. Neri	Eccola.
Reception	Grazie.
R. Neri	Mi scusi, c'è un collegamento Internet nella camera?
Reception	No, mi dispiace. Le camere non dispongono di collegamento Internet, ma qui nella hall ne abbiamo uno.
R. Neri	Perfetto, grazie.
Reception	Ecco le sue chiavi. La camera è la numero 14. L'ascensore si trova qui a sinistra.
R. Neri	Grazie e arrivederci.

4 **1.** a) – **2.** b) – **3.** a)
5 **1.** sulla – **2.** dalla – **3.** alle –al – **4.** al
6 **1.** d) – **2.** e) – **3.** b) – **4.** a) – **5.** c)
7 **1.** tavolo – **2**. armadio – **3.** lampada – **4.** comodino – **5.** letto – **6.** finestra
8 **1.** d) – **2.** b) – **3.** d) – **4.** c)

Tag 19

Fragen zum Dialog

1. A Linda fanno male il piede, il braccio e la testa. – **2.** Il farmacista le dà una crema. – **3.** Deve prendere due pastiglie.
1 **1.** Vada – **2.** cammin**i** – **3.** Prenda – **4.** Legga – **5.** Stia – **6.** Applichi
2 **1.** Ohh ... Mi fa male un dente. – **2.** Ho mal di pancia. – **3.** Ho la febbre.
3 **1.** a) – **2.** c) – **3.** b)

4 Piede – braccio – testa – stomaco
5 **1.** a) – **2.** c) – **3.** a) – **4.** a) – **5.** b)
6 **1.** prenda – stia – **2.** prenda – vada – **3.** stia – si riposi
7 **1.** Non bere questo caffè! – **2.** Non portate la valigia in camera! – **3.** Non prenda un'aspirina, signora! – **4.** Non guardare le macchine! – **5.** Non si tolga la giacca!

Tag 20

Fragen zum Dialog

1. b) – **2.** c) – **3.** a)
1 **2.** I pantaloni sono più **pratici della** gonna. – **3.** Il tedesco è più **facile dell**'inglese. – **4.** Il caffè è più **buono del** tè.
3 **1.** L'uomo porta un **cappello nero**, una **camicia bianca** con una **cravatta rossa a righe e pantaloni blu.**
2. La donna porta una **gonna verde**, una **camicetta azzurra a fiori** e una **cintura nera**.
4 **1.** h) – **2.** j) – **3.** d) – **4.** a) – **5.** c) **6.** i) – **7.** f) – **8.** e) – **9.** b) –**10.** g)
5 **1.** più – di – **2.** più – di – **3.** più – che – **4.** più – di – **5.** più – che – **6.** più – della
6 **1.** b) – d) – **2.** a) – c) – **3.** b) – c) – d)
7 **1.** b) – **2.** c) – **3.** b) – **4.** a)
8 **1.** troppo – più – **2.** troppo – meno – **3.** troppo – più – **4.** più

Tag 21

Fragen zum Dialog

1. falso – **2.** vero – **3.** vero
1 **Anita:** basso, occhiali – **Tiziana:** alto, capelli lunghi – **Rudolfo:** occhi azzuri – **Luigi:** alto, magro, sigaretta – **Marco:** barba, grasso

Hörtext

C Allora? Come è andata la gita?
B Benissimo! Ci siamo divertiti tanto. Guarda questa foto. Qui ci siamo tutti. Questa è la mia amica Anita.
A Quella alta con i capelli lunghi?
B Ma no, quella è Tiziana. Anita è quella bassa con gli occhiali.
A Ah, ecco. E chi è quel ragazzo bello ed elegante con gli occhi azzurri?
B Quello è Rodolfo. E accanto a lui c'è mio fratello Luigi.
A È sempre stato così grasso?
B Ma che dici! Luigi è l'altro: è quello alto e magro, con la sigaretta in mano.
A Ho capito. Ma quello grasso con la barba, chi è? Mi piace.
B Quello è Marco. Sì, è molto simpatico.

2 **1.** che – **2.** cui – **3.** cui – **4.** che – **5.** che
4 **1.** Stasera abbiamo visto un film che è molto bello.
2. Ho conosciuto un ragazzo che è simpatico.
3. Martin e Linda hanno visitato Venezia che è un' antica città italiana.
4. Tutti i giovedì gioco a tennis con degli amici che sono molto sportivi.
5. Hai comprato il vestito che costa moltissimo?
6. Ho parlato con una signora che non è contenta.

5 **1.** Il portafoglio – **2.** un'ora fa – **3.** il documento, una carta di credito, 75 euro, una foto – **4.** Nero – **5.** di pelle

6 **1.** j) – **2.** h) – **3.** e) – **4.** g) – **5.** i) – **6.** c) – **7.** a) – **8.** b) – **9.** d) – **10.** f)

7 **1.** Reception, buonasera. – **2.** Buonasera. Sono Maria Licondi e ho un problema. – **3.** Mi dica, signora. – **4.** Nella mia camera non si chiude la finestra. – **5.** Viene subito qualcuno da lei. – **6.** Grazie mille. – **7.** Prego. **8.** Ah, e poi un'altra cosa. – A che ora c'è la colazione? – **9.** Dalle 7.30 alle 10.00, signora. – **10.** Grazie ancora. – **11.** Prego, e buona notte.

8

O	R	O	L	O	G	I	O	B	I	R	R	A
A	F	M	I	L	M	E	L	A	C	O	P	A
S	D	R	B	C	B	U	M	N	B	H	Q	N
D	F	H	R	E	T	E	O	A	G	N	P	Q
L	V	K	O	W	T	P	A	N	I	N	O	S
L	G	C	E	L	L	U	L	A	R	E	R	T

Tag 22

1 **1.** inverno – **2.** febbraio – **3.** novembre – **4.** estate – **5.** luglio – **6.** dicembre – **7.** aprile
Lösungswort: VIVALDI

2 **1.** b) – **2.** a) – **3.** b) – **4.** a) – **5.** c) – **6.** c) – **7.** a)

Hörtext

Linda Buongiorno, vorrei delle informazioni sulle navi per la Corsica.
Impiegato Da dove vuole partire? Da Livorno o da Civitavecchia?
Linda Da Livorno.
Impiegato E quando vuole partire?
Linda Vogliamo partire il 10 luglio.
Impiegato Quanti siete?
Linda Siamo in due. Due adulti.
Impiegato Avete qualche mezzo di trasporto? Auto, roulotte, moto?
Linda La macchina.
Impiegato Come volete viaggiare? In poltrona, in cabina ...
Linda Vogliamo una cabina doppia di seconda classe.
Impiegato Va bene. Vediamo un po' la disponibilità ... Allora, c'è un traghetto che parte il 10 luglio da Livorno alle 11 di sera e arriva a Bastia la mattina dopo alle 7.
Linda Quindi il viaggio dura 8 ore. Perfetto.
Impiegato Per l'imbarco dovete essere al porto almeno un'ora prima.
Linda Va bene. E quanto costa?
Impiegato Il biglietto per 2 adulti costa 42 euro, per la macchina sono 30 euro, una cabina con 2 letti costa 25 euro ... il prezzo totale, cioè con le tasse, è di 127 euro.
Linda D'accordo.
Impiegato Bene, allora prenoto subito.

3 Oggi Livia ha **preparato** la pasta. Nel libro di cucina ha **trovato** una ricetta: spaghetti al sugo. L'ha **letta** e poi ha **cominciato**: prima ha **messo** sale nell'acqua, poi ha **preso** gli spaghetti e li ha **messi** nell'acqua. Dopo ha **preparato** i pomodori e la cipolla per il sugo. Alla fine ha **servito** gli spaghetti e il sugo sul piatto e li ha **mangiati**.

5 **1.** d) – **2.** b) – **3.** a) – **4.** e) – **5.** f) – **6.** c)

6 **1.** Sì, te lo compro. – **2.** Sì, ve li prendo. – **3.** Sì, me li lavo sempre. – **4.** Sì, te lo preparo. – **5.** Sì, gliele porto.

7 **1.** b) Alessia è alta e magra, ha i capelli corti. – **2.** d) Marco è basso e robusto, ha la barba. **3.** e) Maria ha 73 anni e porta gli occhiali. – **4.** g) Antonio ha i capelli neri e fuma. – **5.** c) Tiziana ha i capelli lunghi e porta una gonna. – **6.** a) Livia è una bambina.
Nicht zur Gruppe gehört: f)

8 L'appartamento che Livia descrive è: il primo 1.

Hörtext

Livia: Io vivo a Pisa in un appartamento al terzo piano. Purtroppo non abbiamo l'ascensore. Ma la mia casa è molto bella. Ci sono cinque stanze: una cucina, un salotto, due camere da letto e un bagno. Entrando in casa c'è un lungo corridoio. La prima stanza a sinistra è la cucina. Di fronte alla cucina c'è il salotto. Dal salotto si accede a un bel balcone. Accanto alla cucina c'è il bagno. Il bagno è piccolo. In fondo al corridoio ci sono le due camere da letto.

9 Io vivo **a** Pisa in un appartamento al terz**o** piano. Purtroppo non abbiamo l'ascensore. Ma la mia casa è molto bell**a**. Ci sono cinque stanze: una cucina, un salotto, due camere da letto e un bagno. Entrando **in** casa c'è un lung**o** corridoio. La prim**a** stanza **a** sinistra è la cucina. Di fronte **alla** cucina c'è il salotto. Dal salotto si accede a un bel balcone. Accanto **alla** cucina c'è il bagno. Il bagno è piccol**o**. In fondo **al** corridoio ci sono le due camere **da** letto.

10 **1.** e) – **2.** d) – **3.** a) – **4.** b) – **5.** f) – **6.** c)

11 ### Hörtext

Commessa Buongiorno. Posso aiutarLa?
Bettina Buongiorno. Senta, cerco un regalo per mio marito.
Commessa Per esempio un bel maglione?
Bettina Sì, buona idea.
Commessa Che taglia porta suo marito?
Bettina Una XXL.
Commessa Le piace questo modello?
Bettina I colori mi sembrano un po' troppo giovanili.
Commessa I colori vivaci vanno molto di moda quest'anno.
Bettina Sì, ma non piacciono a mio marito.
Commessa Allora forse un modello più classico come questo?
Bettina Sì, questo è un bel maglione. Quanto costa?
Commessa 150 euro.
Bettina Accidenti! Ma è carissimo!
Commessa È un maglione della nuova collezione invernale e poi di ottima qualità.
Bettina Va bene. ... Senta, eventualmente posso cambiarlo?
Commessa Certamente, signora. Ma soltanto con lo scontrino.

12 **1.** pratici delle – **2.** lungo dell' – **3.** caro della – **4.** alcolica del – **5.** grandi delle – **6.** freddo dell'

13 **1.** vero – **2.** falso – **3.** vero – **4.** falso – **5.** vero – **6.** falso

Hörtext

Medico Buongiorno, signora. Come va?
Maria Licondi Buongiorno, dottore. Ah, non mi sento per niente bene.
Medico Mi dica, signora, cos'ha?
Licondi Da diversi giorni ho un terribile mal di testa.
Medico Ha anche la febbre?
Licondi Credo di no. Ma mi fa male la gola. Sono molto malata, dottore?

Medico	Non si preoccupi, signora. Non è grave. Vada a casa e si riposi! Non guardi la televisione! Beva un bel tè!
Maria	Non mi dà nessuna medicina, dottore?
Medico	Prenda un'aspirina. Ma solo una al giorno, a stomaco pieno, mi raccomando!

Zwischentest 3

1 **2. L'ho** lett**o**. – **3. Li ho** comprat**i**. – **4. L'ho** bevut**o**. – **5. Le ho** vist**e**. – **6. L'ho** pres**o**.

▸ *Tag 15*

2 **1.** b) – **2.** c) – **3.** e) – **4.** a) – **5.** d)

▸ *Tag 18*

3 **1.** vero – **2.** falso – **3.** vero – **4.** vero – **5.** falso – **6.** falso – **7.** vero

▸ *Tag 16*

Hörtext

Impiegato	Buongiorno, mi dica.
Linda	Buongiorno, devo andare a Roma domani.
Impiegato	A che ora vuole partire?
Linda	Domani mattina.
Impiegato	C'è un treno diretto da Pisa alle 9.50 che arriva a Roma Termini alle 13.10.
Linda	Vorrei arrivare a Roma prima delle 13.00.
Impiegato	Allora prenda il treno delle 7.32, cambi a Firenze e prenda l'Eurostar delle 9.55. Arriva a Roma alle 12.20.
Linda	Perfetto. Quanto tempo ho per cambiare a Firenze?
Impiegato	20 minuti.
Linda	Dovrebbero bastare. Quanto costa il biglietto?
Impiegato	Di prima o di seconda classe?
Linda	Di prima classe.
Impiegato	Pisa–Roma in prima classe costa 67 euro con la prenotazione obbligatoria sull'Eurostar.
Linda	Va bene. Allora prendo due biglietti di prima classe per Roma, andata e ritorno.
Impiegato	Volentieri.

4 **1.** molt**i** – **2.** modern**a** – tranquill**o** – **3.** piccol**a** – bell**a** – **4.** grand**i** – **5.** nuov**i** – **6.** comod**o**

▸ *Tag 18*

5 **1.** in – **2.** a – **3.** al – **4. a** – **5.** a – **6. in** – **7. a** – **8.** a – **9.** al

▸ *Tag 15, Tag 17*

6 **1.** Martin deve andare alla Posta. **2.** Deve prendere il Borgo Stretto. **3.** Deve attraversare il Ponte di Mezzo. **4.** Deve andare lungo Via Montanelli. **5.** Deve girare a sinistra in Piazza Giusti. **6.** Si trova di fronte alla gelateria "Pinguino".

▸ *Tag 17*

Hörtext

Martin	Mi scusi, per andare alla Posta?
Passante	Sì, allora da qui deve prendere il Borgo Stretto, la strada che vede lì. Dopo circa 200 metri arriva all'Arno, dove deve attraversare il Ponte di Mezzo. Dopo deve andare sempre dritto lungo Via Montanelli. Quando arriva in Piazza Giusti, gira a sinistra e si trova di fronte a una gelateria. Le Poste sono lì, accanto alla gelateria "Pinguino".

7 **1.** a) – **2.** c) – **3.** a) – **4.** c) – **5.** b)
▸ *Tag 19, Tag 20*

Hörtext

Reporter Ciao a tutti! Qui Radio Torre, la radio di Pisa. È iniziata la stagione dei saldi e siamo qui al centro commerciale. Lei, come si chiama?
Frau Ehm, Rita.
Reporter Signora Rita, vedo che ha fatto shopping, hem? Cosa c'è in queste cinque borse?
Frau Eh sì, ho fatto shopping. Allora, ho comprato questi pantaloni neri, una camicetta azzurra e una giacca blu.
Reporter Grazie mille. E Lei, signore? Ha fatto shopping anche Lei?
Mann Sì, mi serviva un nuovo vestito per il lavoro. Ho trovato questo bel vestito grigio, una camicia bianca e una cravatta a righe.
Reporter Grazie. E Lei?
Mann 2 Non ho comprato niente. Devo uscire subito, mi sento male.
Reporter Si sente male? Perché?
Mann 2 Qui c'è troppa gente, troppo rumore. Ho un terribile mal di testa.
Reporter Mi dispiace. E tu, piccola? Come ti chiami?
Livia Livia.
Reporter E che cosa hai comprato tu?
Livia Un gelato!

8 **1.** Carlo e Mario, **venite** subito da me! – **2.** Dottore, mi **dica** la verità! – **3.** Ho freddo, **chiudi** la finestra, per favore! – **4.** Livia, **porta** questo libro a tuo padre! – **5.** Martin, non **telefonare** in chiesa!
▸ *Tag 16, Tag 17*

insgesamt 48 Punkte
molto bene: 43 – 48
bene: 34 – 42
medio: fino a 33

Tag 23

Fragen zum Dialog

1. falso – **2.** vero – **3.** falso

1 **2.** Linda comincia a lavorare alle **8.**00. – **3.** Vorrei parlare con Linda. – **4.** Livia aiuta a preparare la cena. – **5.** Preferisco aspettare la chiamata di Stefano.

2 **1.** vero – **2.** falso – **3.** vero – **4.** falso

Hörtext

Martin Ora chiamo Ettore e Annarella per invitarli a cena.
Voce Informazione gratuita: attenzione, il numero selezionato è inesistente.
Martin Ho sbagliato numero.
Bettina Hai controllato sull'elenco telefonico?
Martin Sì.
Bettina Hai selezionato il prefisso?
Martin No, l'ho dimenticato. Hai ragione. Riprovo, questa volta con il prefisso.
Voce Risponde la segreteria telefonica del numero zero, cinquanta, cinquantasette, trentadue, ottanta. In questo momento siamo assenti. Potete lasciare un messaggio dopo il segnale acustico. Grazie.

messaggio dopo il segnale acustico. Grazie.

Martin Sono Martin. Vorrei invitarvi a cena domenica sera. Telefonatemi quando siete a casa. Grazie. Ciao.

3 **Hörtext**

Mann A Pronto!

Stefano Buongiorno. Sono Stefano. Vorrei parlare con Ettore.

Mann B Mi può ripetere il suo nome, per favore?

Frau A Mi chiamo Rabe: R come Roma, A come Ancona, B come Bologna, E come Empoli.

Frau B Risponde la segreteria telefonica del numero 340 544 34 64. Siamo momentaneamente assenti. Lasciate un messaggio dopo il segnale acustico, grazie.

Mann A Ciao, sono Mario. Ho la febbre e non posso venire al cinema stasera.

4 **1.** Buongiorno, vorrei parlare con il signor Tozzi.
2. Sono YX.
3. Vorrei parlare con Federico Tozzi.
4. Oh, mi scusi, ho sbagliato numero. Arrivederci.

5 **1.** vero – **2.** falso – **3.** vero – **4.** vero – **5.** falso – **6.** vero

6 **1.** di – **4.** di – **5.** a – **7.** a

7 **1.** 24 17 12 – **2.** 13 22 60 – **3.** 38 15 19 – **4.** 30 27 05 – **5.** 24 14 17 – **6.** 18 10 22

Tag 24

Fragen zum Dialog

1. Linda ha fatto un viaggio in Italia quando era bambina. – **2.** Giocava con due bambini. – **3.** Le è venuta la voglia di studiare meglio l'italiano.

1 **1.** era – **2.** aveva – **3.** portava – **4.** ha – **5.** porta – **6.** era – **7.** amava – **8.** gioca – **9.** ama – **10.** abitava – **11.** vive

2 **1.** b) – **2.** a) – **3.** b) – **4.** c)

Hörtext

Stefano Qui siamo a Porta a Lucca, così si chiama un antico quartiere di Pisa, dove abitavo da bambino.

Linda Davvero? E dove esattamente?

Stefano Vedi quella casa lì, accanto alla chiesa?

Linda Sì.

Stefano Abitavo proprio lì.

Linda È bello qui, mi piace questo quartiere.

Stefano Eravamo molti bambini e giocavamo sempre qui in strada.

Linda Insomma, eravate sempre fuori. Ma le vostre mamme non avevano paura?

Stefano Erano altri tempi. C'era molto meno traffico, non era così pericoloso giocare per strada. Verso le otto di sera, poi, le nostre mamme ci chiamavano: "Vieni, si mangia!" E allora tornavamo a casa.

3 **1.** c) – **2.** e) – **3.** a) – **4.** g) – **5.** d) – **6.** f) – **7.** b)

4 **1.** stava – ha fatto – **2.** prendevano – **3.** aspettavamo – è arrivato – **4.** nuotava – **5.** aveva – ha preso – **6.** perdeva – **7.** ero – ho letto – **8.** ha perso – **9.** ero – abitavo – **10.** portava – era

5 **2.** ho trovato un'informazione. – **3.** ho bevuto un caffè. – **4.** ho telefonato a mia mamma. –

5. ho mangiato un gelato.
6 Ciao Linda,
come va? Un messaggio per te: cena da Bettina sabato sera alle 20.00. Vieni? Io vengo dopo e porto un vino, okay? Mi rispondi? Grazie
7 **1.** falso – **2.** vero – **3.** falso – **4.** vero – **5.** falso

Tag 25

Fragen zum Dialog

1. b) – **2.** a) – **3.** c)
2 **1.** a) urgente b) urgentemente – **2.** a) tranquillamente b) tranquilla – **3.** a) buona b) bene
3 **1.** falso – **2.** vero – **3.** vero – **4.** falso

Hörtext

Direttrice Scuola Dante Alighieri, buongiorno.
Linda Buongiorno. Mi chiamo Linda Schneider e ho ricevuto la sua e-mail. Vorrei prendere un appuntamento per parlare dei vostri corsi d'italiano a Firenze.
Direttrice Volentieri. Quando desidera venire?
Linda Pensavo di venire a Firenze giovedì o venerdì.
Direttrice Giovedì sono assente tutto il giorno, mi dispiace. Ma possiamo incontrarci venerdì alle 11.00.
Linda Alle 11.00 è troppo presto per me. Possiamo fare nel pomeriggio?
Direttrice Aspetti che controllo. ... Sì, va bene. Possiamo vederci alle 15.00.
Linda Quindi, venerdì alle 15.00. Benissimo. E dove?
Direttrice La nostra scuola si trova in Via Capponi 4.
Linda Bene. Allora ci vediamo venerdì. Buona giornata.
Direttrice Buona giornata anche a Lei, e a presto.

4 **1.** elegantemente – **2.** nuovi – **3.** normalmente – **4.** raramente – **5.** industriale – **6.** felicemente
5 *Aggettivi:* bello – antico – alcolico – caro – grande – nuovo
Avverbi: bene – prima – dopo – tempo fa – comodamente – nuovamente
6 **1.** vero – **2.** vero – **3.** falso – **4.** falso – **5.** vero – **6.** vero
7 **1.** c) – **2.** e) – **3.** g) – **4.** a) – **5.** i) – **6.** h) – **7.** b) – **8.** d) – **9.** f)

Tag 26

Fragen zum Dialog

1. vero – **2.** falso – **3.** vero
1 **2.** (Loro) stanno giocando nel giardino. – **3.** Stefano sta cercando le chiavi. – **4.** Livia sta facendo colazione. – **5.** Dove sta andando, signora?
2 **Hörtext**

Sig. Pampalone Ditta Pampalone, buongiorno.
Rita Buongiorno. Mi chiamo Rita Torre. Telefono per il posto di lavoro come segretaria.
Sig. P. Ah, sì. Bene. Ha esperienze di lavoro?
Rita Sì, ho lavorato per tre anni come segretaria in una grande azienda.
Sig. P. Benissimo. Ha un diploma?

Sig. P.	Va bene. Possiamo fissare un appuntamento? Le va bene mercoledì prossimo alle 10.30?
Rita	Mi va benissimo. La ringrazio e arrivederci.
Sig. P.	A mercoledì, arrivederci.

3 **1.** cantante – **2.** collaboratrice domestica – **3.** parrucchiere – **4.** dentista – **5.** camionista – **6.** cuoco

4 **2.** mi sono trasferito ad Amburgo. – **3**. la mattina bevo caffè. – **4.** ho aperto una gelateria. – **5.** faccio anche molto sport. – **6.** ho imparato il mestiere del fornaio.

5 **1.** camionista – **2.** impiegato – **3.** parrucchiere – **4.** cuoco – **5.** avvocato – **6.** architetto – **7.** segretaria – **8.** dentista

6 **1.** sto bevendo – **2.** sto mangiando – **3.** sto telefonando **4.** – to ascoltando **5.** – sto parlando

7 **1.** falso – **2.** vero – **3.** vero – **4.** falso – **5.** vero – **6.** falso – **7.** vero

Tag 27

Fragen zum Dialog

1. Marco De Franchi ha elaborato un protocollo per il controllo della qualità. – **2.** Lo leggerà in ufficio. – **3.** Sì, le piace molto.

1 **1.** Quando sarà vecchio, andrà a vivere all'estero. – **2.** Prima o poi Linda e Martin faranno un viaggio in America Latina. – **3.** Quando avremo un po' di soldi, compreremo una casa sul mare. – **4.** Quando avrò un po' di tempo, leggerò un bel libro.

3 **1.** Anita Rossi – **2.** a Vancouver, British Columbia, in Canada – **3.** da 8 anni – **4.** lavora come cuoca in un ristorante – **5.** tornare in Italia e aprire un ristorante

Hörtext

Mann	Senta, vorrei farLe alcune domande.
Anita	Va bene.
Mann	Come si chiama?
Anita	Mi chiamo Anita Rossi.
Mann	E Lei vive all'estero, giusto?
Anita	Sì, io vivo in Canada, a Vancouver, in British Columbia.
Mann	Da quanto tempo?
Anita	Ehm, sono otto anni ormai.
Mann	E perché si è trasferita in Canada?
Anita	Dopo la scuola ho fatto un periodo di formazione come cuoca in un albergo a Roma. Poi sono andata in Australia dove ho fatto un corso d'inglese. E tre mesi dopo ho letto sul giornale che un grande ristorante in Canada cercava un cuoco. Ho telefonato e mi sono presentata a un colloquio di lavoro. Infine ho accettato il posto di lavoro e sono partita per Vancouver.
Mann	Quali sono i Suoi progetti per il futuro? Pensa di rimanere per sempre in Canada o di tornare in Italia un giorno?
Anita	Ho un grande sogno: prima o poi voglio tornare in Italia e aprire un ristorante.
Mann	Allora non mi resta altro che augurarLe buona fortuna!
Anita	Grazie.

5

C	O	M	P	U	T	E	R	F	A	X
A	P	O	L	T	R	O	N	A	B	M
D	G	I	L	A	M	P	A	D	A	E
K	C	S	T	A	M	P	A	N	T	E
S	C	R	I	V	A	N	I	A	L	F

6 **1.** cambieremo – **2.** perderò – **3.** parleranno – **4.** – studierà – **5.** prenderai – **6.** arriveremo – **7.** sposerò

7 **1.** Manuel – **2.** Negli Stati Uniti / a New York – **3.** Il cameriere – **4.** Non lo sa ancora.

8 **1.** Sì, l'ho visto e mi è piaciuto. – **2.** Sì, trovo molto bello il design. – **3.** Non sono d'accordo. – **4.** Ha ragione.

Tag 28

Fragen zum Dialog

1. a) – **2.** c) – **3.** b)

1 **1.** vero – **2.** falso – **3.** falso – **4.** vero – **5.** falso

Hörtext

Rita Pronto, sono Rita.
Francesca Oh, Rita, ciao! Come stai? Da quanto tempo che non ci sentiamo ...
Rita Eh sì, è vero. Ti ho chiamato per darti una bella notizia.
Francesca Dimmi!
Rita Ho trovato un nuovo lavoro.
Francesca Davvero? Non dirmi che andrai finalmente a Shanghai!
Rita Macché, sarebbe troppo bello. Per Shanghai partirei anche domani, ma per adesso ho accettato un posto come ingegnere ad Amburgo.
Francesca Sono felice per te. E quando comincerai a lavorare ad Amburgo?
Rita Partirò la settimana prossima, prima per cercare una casa. Poi tornerò in Italia e preparerò il trasloco. Comincerò a lavorare tra un mese.

2 **1.** Gianni smetterebbe di lavorare. – **2.** Scriverei un giallo. – **3.** Martin e Linda comprerebbero una casa. – **4.** Tu faresti un lungo viaggio. – **5.** Martin e Linda andrebbero a vivere alle Hawaii.

3 **2.** Ora mangeremmo volentieri un gelato. – **3.** Luigi, potresti chiudere la porta, per favore? – **4.** Rita e Manuel lavorerebbero volentieri all'estero. – **5.** Mi potrebbe dare il suo numero di telefono? – **6.** Mi piacerebbe attraversare l'Italia in bicicletta.

4 **1.** mangerei – **2.** abiteremmo – **3.** tornerebbe – **4.** sposeresti – **5.** starei – **6.** dormirebbe – **7.** compreremmo – **8.** fareste

5

I	M	P	O	S	S	I	B	I	L	E
A	C	E	V	I	S	I	B	I	L	E
D	S	C	O	N	T	E	N	T	O	B

6 **1.** per la bella cena. – **2.** per il viaggio a Venezia che abbiamo fatto insieme. – **3.** per il colloquio interessante.

7 **1.** Martin – **2.** sei mesi – **3.** la cuoca – **4.** Stefano – **5.** Manuel – **6.** Annarella – **7.** in Canada

Tag 29

Fragen zum Dialog

1. vero – **2.** falso – **3.** vero – **4.** vero – **5.** falso

1 **1.** siamo stati in ferie – **2.** ci vedremo – **3.** fa – **4.** ha letto – **5.** era

2 **1.** Ci vogliono / Occorrono – **2.** Bisogna / Si deve – **3.** si deve / bisogna – **4.** occorre / ci vuole – **5.** bisogna / si deve

3 **1.** b) – **2.** a) – **3.** b) – **4.** a)

Hörtext

Buongiorno, gentili ascoltatori, e benvenuti a Meteo Italia. Le previsioni per oggi: dopo i temporali e la grandine di ieri, oggi, lunedì, 27 giugno, il tempo migliora in tutto il paese. Ci sarà ancora qualche nuvola in Lombardia, ma in Toscana le temperature saliranno notevolmente. E al sud, specialmente in Calabria e in Sicilia, oggi fa molto caldo. A partire da domani il tempo cambierà di nuovo. Ci sarà forte vento in Toscana e pioggia in Sicilia. Attenzione automobilisti: la mattina c'è nebbia sulle strade in tutto il nord Italia!

4 **1.** Vento – **2.** Nord – **3.** Freddo – **4.** Tempo – **5.** Brutto – **6.** Media – **7.** Caldo

5 **1.** ci – **2.** ne – **3.** ci – **4.** ne – **5.** ci – **6.** ne – **7.** ci – **8.** ne

6 **1.** vero – **2.** falso – **3.** falso – **4.** vero – **5.** vero

7 **1.** f) – **2.** d) – **3.** a) – **4.** b) – **5.** c) – **6.** e)

Tag 30

2 **1.** faremo – **2.** amerai – **3.** ci sentiremo – **4.** capirai – **5.** prenderà

4 **2.** cantante – **3.** segretario/a – **4.** architetto – **5.** giornalista – **6.** commesso/a – **7.** dentista

5 **1.** vero – **2.** falso – **3.** falso – **4.** vero – **5.** vero

Hörtext

Commissario Turbo Bene, cominciamo da Lei, signor Croce: Cosa faceva ieri sera alle 19 e 30?
Sig. Croce Io? Ero ancora in ufficio e lavoravo.
Comm. Turbo E Lei, signora Cavallini?
Sig. Cavallini Senta, io ero in casa e guardavo la televisione.
Comm. Turbo E Lei, signor Princi?
Sig. Princi Allora, io ero in cucina e ... mentre preparavo la cena, mia moglie è uscita di casa.
Comm. Turbo Signora Princi, dove è andata a quell'ora?
Sig. Princi Stavo leggendo un libro quando ho sentito un rumore – peng! – e sono uscita sulle scale e allora ho visto... due persone.
Comm. Turbo Due persone? E conosceva queste persone, signora?
Sig. Princi Sì. Erano il signor Croce e la signora Cavallini.
Comm. Turbo Aha. Interessante.

6 **1.** 5 °C – **2.** Aosta – **3.** 25 °C – **4.** Genova – **5.** 4 °C

7 **1.** Rossi – **2.** Ferrari – **3.** Marchetti – **4.** Lazzarini

Hörtext

1. R come Roma, O come Otranto, S come Savona, S come Savona, I come Imola

2. F come Firenze, E come Empoli, R come Roma, R come Roma, A come Ancona, R come Roma, I come Imola

3. M come Milano, A come Ancona, R come Roma, C come Como, Acca come Hotel, E come Empoli, T come Torino, T come Torino, I come Imola.

4. L come Livorno, A come Ancona, Zeta, Zeta, A come Ancona, R come Roma, I come Imola, N come Napoli, I come Imola

8 **1.** scrittrice – **2.** cameriera – **3.** avvocatessa – **4.** cantante – **5.** cuoca

9 **1.** Sto facendo colazione. – **2.** Stefano sta leggendo il giornale. – **3.** Ettore e Annarella stanno mangiando un gelato. – **4.** Livia sta suonando il pianoforte. – **5.** Stiamo preparando la cena.

10 **1.** serenamente – **2.** gentilmente – **3.** chiaramente – **4.** direttamente – **5.** bene – **6.** liberamente – **7.** comodamente – **8.** dolcemente – **9.** intensamente – **10.** sicuramente

11 **Hörtext**

Bettina Ciao, Angela. Come stai?
Angela Ciao. Sto bene, grazie.
Bettina Che cosa stai facendo?
Angela Sto cercando lavoro perché ho bisogno di soldi.
Bettina Che tipo di lavoro cerchi?
Angela Cerco un lavoro part-time perché voglio continuare a studiare all'università.
Bettina Che cosa sai fare?
Angela So usare il computer, so cucinare, so comunicare con le persone ...
Bettina Quali lingue conosci?
Angela Ho un diploma di inglese e so bene il tedesco.
Bettina Allora potresti lavorare in una gelateria. Ho visto oggi sul giornale che una gelateria sta cercando personale. Aspetta che guardo ...
Angela Grazie! Mi piacerebbe lavorare in una gelateria.
Bettina Eccolo! Guarda, la gelateria "Polo Nord" sta cercando personale.
Angela Benissimo. Telefonerò subito!

12 **1.** formazione – **2.** lavorare – **3.** laureato – **4.** maturità – **5.** soggiorno – **6.** imparare

13 **1.** la doccia – **2.** il salotto – **3.** accompagnare – **4.** la spiaggia – **5.** il raffreddore – **6.** eccomi – **7.** la giacca – **8.** il prezzo – **9.** l'anno prossimo – **10.** il piatto

14 **1.** Ciao, dove sei? – **2.** Arrivo più o meno fra 2 ore. – **3.** Perché non rispondi?

Abschlusstest

1 **1.** f) – **2.** b) – **3.** c) – **4.** d) – **5.** a) – **6.** e)
‣ Tag 24, Tag 26

2 **1.** genitori – **2.** corso – **3.** fratelli – **4.** chiese – **5.** bottiglie
‣ Tag 2

3 **1.** b) – **2.** c) – **3.** a) – **4.** c)
‣ Tag 9

Hörtext

1. Sono le dieci e un quarto.
2. Ehh ... è mezzogiorno e mezzo.
3. Sono le quattro in punto.
4. Aspetti ... Sono le nove e cinque.

4 **1.** Piove. – **2.** Fa bel tempo. / Fa bello. – **3.** C'è un temporale.
‣ Tag 29

5 **1.** 0039 340 54 20 49 – **2.** 0039 347 37 21 30 – **3.** 050 45 38 90 – **4.** 0049 171 40 39 17 – **5.** 06 30 11 39 25 – **6.** 02 30 41 28 15
‣ Tag 3, Tag 7

Hörtext

1. Il mio numero di telefono è: prefisso internazionale per l'Italia zero zero tre nove, poi tre quattro zero, cinquantaquattro, venti, quarantanove.
2. Il mio cellulare ha il numero zero zero tre nove, tre quattro sette, trentasette, ventuno, trenta.
3. Il mio numero di casa è zero cinquanta, quarantacinque, trentotto, novanta.
4. Il mio numero di cellulare è zero zero quattro nove come prefisso internazionale della Germania, uno sette uno, poi quaranta, trentanove, diciassette.
5. Il mio numero di telefono in ufficio è zero sei, trenta, undici, trentanove, venticinque.
6. Chiamami a Milano! Numero: zero due, trenta, quarantuno, ventotto, quindici.

6

A	Senti, hai voglia di uscire con me sabato sera?
B	Sì, volentieri.
A	Potremmo andare al Borderline.
B	Sì, c'è un concerto?
A	Sì, ci suonerà un gruppo jazz.
B	Allora, andiamoci!

‣ Tag 13

7 **1.** falso – **2.** vero – **3.** vero – **4.** falso
‣ Tag 8

Hörtext

Francesca	Rita, ciao! Che sorpresa vederti!
Rita	Oh, ciao, Francesca. Come stai?
Francesca	Benissimo. Hai tempo per un caffè?
Rita	Certo! Andiamo al bar qui vicino.
Barista	Buongiorno. Che cosa vi porto?
Rita	Un cappuccino. Tu cosa prendi?
Francesca	Io prendo un succo d'arancia.
Barista	Va bene. Un cappuccino e un succo d'arancia. Subito.
Rita	Senta, che cos'ha da mangiare?
Barista	Panini, tramezzini, toast ...
Rita	Vorrei un panino al prosciutto.

Barista	Va bene.
Rita	Prendi qualcosa anche tu?
Francesca	No, grazie, non ho fame.

8 **2.** sta parcheggiando – **3.** stanno parlando – **4.** sta camminando – **5.** sta telefonando – **6.** sta leggendo

▸ Tag 26

9 **1.** c) – **2.** a) – **3.** b) – **4.** c)

▸ Tag 20, Tag 24

Hörtext

Manuel	Roberto, qual è stato il giorno più bello della tua vita?
Roberto	Il mio giorno più bello? Ehm, difficile da dire. Forse, sì, quando mi sono laureato.
Manuel	Perché?
Roberto	Ho studiato medicina a Pisa e gli anni universitari sono stati per me molto intensi perché in quel periodo ho anche lavorato.
Manuel	Accidenti! Che lavoro facevi?
Roberto	Mah, un po' di tutto. Facevo il cameriere in una pizzeria, poi lavoravo in una gelateria, poi in un albergo ...
Manuel	E il giorno della laurea ...?
Roberto	Il giorno che mi sono laureato mi sentivo al settimo cielo. È stato un giorno bellissimo per me!

10 **2.** d) – **3.** e) – **4.** a) – **5.** f) – **6.** c)

11 **1.** Mi chiamo Anna Huber. – **2.** Vorrei imparare meglio la lingua italiana. – **3.** Sono interessata a frequentare un corso. – **4.** Vorrei chiedere alcune informazioni: – **5.** Quanto costa un corso? – **6.** Quando inizia il prossimo corso? – **7.** Cordiali saluti

▸ Tag 24

12 **1.** segretaria – **2.** medico – **3.** camionista – **4.** insegnante – **5.** fornaio – **6.** parrucchiere.

▸ Tag 26

Hörtext

1. Sono Angela e lavoro in un ufficio. Scrivo lettere, rispondo al telefono, faccio fotocopie. – **2.** Mi chiamo Elisabetta. Ho studiato medicina e adesso curo le persone malate. – **3.** Mi chiamo Alfredo e sono sempre in viaggio. Con il mio camion attraverso tutta Italia. – **4.** Sono Ignazio e il mio luogo di lavoro è la scuola. – **5.** Mi chiamo Mario. Preparo ogni giorno il pane per la vostra colazione. – **6.** Sono Simona e ho un piccolo negozio dove lavo, taglio e asciugo i capelli.

13 **1.** a) – **2.** a) – **3.** b) – **4.** b) – **5.** a) – **6.** b)

▸ Tag 8

14 **2. L'ho** pres**o**. – **3. L'ho** bevut**a**. – **4. Li ho** preparat**i**. – **5. L'ho** vist**o**. – **6. L'ho** sentit**a**. – **7. Li ho** lett**i**.

▸ Tag 13, Tag 15

15 **1.** a) – **2.** c) – **3.** b) – **4.** c) – **5.** a) – **6.** b)

▸ Tag 3, Tag 4, Tag 26

Hörtext

Reporter	Ciao a tutti! Qui Radio Torre, la radio di Pisa. L'ospite di oggi è la signora Danuta Iskra che viene dalla Polonia e ci racconta della sua vita in Italia. Buongiorno, Danuta.
Danuta	Buongiorno.
Reporter	Benvenuta nel nostro programma dedicato agli immigrati in Italia. Cominciamo dall'inizio. Quando è arrivata in Italia?
Danuta	Sono arrivata in Italia nel 2000.

Reporter	E perché?
Danuta	Ho dovuto lasciare il mio paese, la Polonia. Ero disoccupata e mio marito è malato. Ho cinque figli da mantenere, cercavo lavoro e quando mi è stato offerto un posto di lavoro in Italia, ho fatto le valigie e sono partita.
Reporter	Che lavoro fa, signora?
Danuta	Lavoro come collaboratrice domestica.
Reporter	È contenta del suo lavoro?
Danuta	Beh, un lavoro è sempre meglio di niente. Ma il mio lavoro è faticoso e malpagato.
Reporter	Come è stata all'inizio, la sua vita in Italia?
Danuta	È stata molto difficile. Non parlavo bene l'italiano e non avevo amici. Mi sentivo molto sola.
Reporter	E la sua famiglia?
Danuta	Quattro dei miei cinque figli sono grandi e dopo qualche anno sono venuti da me in Italia. Hanno trovato lavoro anche loro. Ma il mio figlio più piccolo è ancora a scuola, e vive con suo padre in Polonia.
Reporter	Quando l'ha visto l'ultima volta?
Danuta	A Natale. Per fortuna c'è il telefono, ci sentiamo tutti i giorni.
Reporter	La ringrazio molto per quest'intervista.
Danuta	Grazie a lei.

insgesamt 76 Punkte
molto bene: 58 – 76
bene: 48 – 57
medio: fino a 47

Alphabetisches Wörterverzeichnis

A

a [a] in, an, zu
a chi tocca? [a ki 'tokka] Wer ist dran?; wer ist an der Reihe?
a righe [a 'rige] gestreift, mit Streifen
abbassare [abbas'sare] senken, herabsetzen
abbastanza [abbast'antsa] genügend
abbronzarsi [abbron'dzarsi] sich bräunen
abitare [abi'ta:re] wohnen
accanto [ak'kanto] neben
accedere a [at'tʃɛdere a] Zugang haben zu
accendere [at'tʃɛndere] einschalten, anzünden
accessori *mPl* di moda [attʃes'sɔ:ri di 'mɔda] Mode-Accessoires
accettare [at'tʃettare] annehmen
accidenti! [attʃi'dɛnti] Hoppla!
accomodarsi [akkomo'darsi] Platz nehmen; es sich bequem machen
accompagnare [akkompa'ɲa:re] begleiten
accorgersi [ak'kɔrdʒersi] bemerken
acqua *f* ['akkua] Wasser
acqua *f* minerale ['akkua mine'ra:le] Mineralwasser
acqua *f* naturale ['akkua natu'ra:le] stilles Wasser
addormentarsi [addormen'tarsi] einschlafen
adesso [a'dɛsso] jetzt
adorare [ado'ra:re] lieben, bewundern
aereo *m* [a'ɛ:reo] Flugzeug
aerobica *f* [aɛ'rɔ:bika] Aerobic
aeroporto *m* [aɛro'pɔrto] Flughafen
afa *f* ['a:fa] Schwüle
agenda *f* [a'dʒɛnda] Terminkalender
aggiungere [ad'dʒundʒere] hinzufügen
aggiuntivo, -a [addʒun'tivo] zusätzlich, Zusatz-
agosto *m* [a'gosto] August
aiutare [aiu'ta:re] helfen
aiuto *m* [ai'u:to] Hilfe
albergo *m* [al'bɛrgo] Hotel
alcolico, -a [al'kɔ:liko] alkoholisch
allegato, -a [alle'ga:to] angehängt, im Anhang
allegro, -a [al'le:gro] lustig, lebhaft
allergico, -a [al'lɛrdʒiko] allergisch
allora [al'lora] dann
almeno [al'me:no] zumindest
alto, -a ['alto] groß, hoch
altrimenti [altri'menti] sonst, andernfalls
altro, -a ['altro] andere, anderes
alzarsi [al'tsarsi] aufstehen
amare [a'ma:re] lieben
ambiente *m* [ambi'ɛnte] Umfeld, Umwelt
Amburgo [am'burgo] Hamburg
America [a'mɛrika] Amerika

americano, -a [ameri'ka:no] amerikanisch
amico, -a [a'mi:ko] Freund, -in
amministrazione *f* [amministratsi'o:ne] Verwaltung
amore *m* [a'mo:re] Liebe
analcolico, -a [anal'kɔ:liko] alkoholfrei
anche ['aŋke] auch
ancora [aŋ'ko:ra] noch
andare [an'da:re] gehen
andare a cavallo [an'da:re a ka'vallo] reiten
andata *f* [an'data] Hinfahrt
angelo *m* ['andʒelo] Engel
anno *m* ['anno] Jahr
annusare [annu'za:re] riechen (an), beschnuppern
antico, -a [an'ti:ko] alt, antik
antinfiammatorio, -a [antinfiamma'torio] entzündungshemmend
antipasto *m* [anti'pasto] Vorspeise
aperto, -a [a'pɛrto] offen, geöffnet
appartamento *m* [apparta'mento] Wohnung
applicare [appli'ka:re] anwenden
appoggiare [appod'dʒa:re] aufstützen
appuntamento *m* [appunta'mento] Termin
aprile *m* [a'pri:le] April
aprire [a'pri:re] (er)öffnen
arancia *f* [a'rantʃa] Orange
architetto *m* [arki'tetto] Architekt
architettura *f* [arkitet'tu:ra] Architektur
aria *f* **condizionata** ['a:ria konditsio'nata] Klimaanlage
armadio *m* [ar'ma:dio] Schrank
arrabbiato, -a [arrab'biato] wütend
arrivare [arri'va:re] ankommen
arrivederci! [arrive'dertʃi] auf Wiedersehen
ascensore *m* [aʃʃen'so:re] Aufzug
ascoltare [askol'ta:re] (zu)hören
asma *f* ['azma] Asthma
aspettare [aspet'ta:re] warten
assaggiare [assad'dʒa:re] kosten, probieren
assente [as'sɛnte] abwesend
attendere [at'tɛndere] warten
attesa *f* [at'te:za] Warten, Erwartung
attimo *m* ['attimo] Augenblick
attività *f* [attivi'ta] Tätigkeit
attivo, -a [at'ti:vo] aktiv
attore, -trice *m/f* [at'to:re, -tritʃe] Schauspieler, -in
attraversare [attraver'sa:re] überqueren
attualmente [attwal'mente] im Moment, derzeit
auguri *mPl* [au'guri] Glückwünsche
auto *m* ['a:uto] Auto
autobus *m* ['autobus] Autobus, Bus
automobile *m* [auto'mɔ:bile] Auto
autunno *m* [au'tunno] Herbst
avanti [a'vanti] vorwärts
avere [a've:re] haben
avere ragione [a've:re ra'dʒone] recht haben
avere voglia di [a've:re 'vɔ:ʎa 'di] Lust haben

avventura *f* [avven'tu:ra] Abenteuer
avvisare [avvi'za:re] benachrichtigen
avvocato, -tessa *m/f* [avvo'ka:to] Rechtsanwalt, -wältin
azienda *f* [adzi'ɛnda] Unternehmen, Firma
azzurro, -a [ad'dzurro] (himmel)blau

B

baffi *mPl* ['baffi] Schnurrbart
bagno *m* ['ba:ɲo] Badezimmer
balcone *m* [bal'ko:ne] Balkon
ballare [bal'la:re] tanzen
bambino *m* [bam'bi:no] Kind
banana *f* [ba'na:na] Banane
banca *f* ['baŋka] Bank
bancarotta *f* [baŋka'rotta] Konkurs
banchiere *m* [baŋki'ɛ:re] Banker, Bankier
barba *f* ['barba] Bart
barca *f* ['barka] Boot
barista *m/f* [ba'rista] Barmann, Barfrau
Basilea [bazi'lɛ:a] Basel
basso, -a ['basso] klein, niedrig
bastare [bas'ta:re] genügen, (aus)reichen
battere ['battere] (auf)schlagen
bello, -a ['bɛllo] schön
bene ['bɛne] gut
benvenuto, -a [benve'nu:to] willkommen
bere ['be:re] trinken
Berlino [ber'li:no] Berlin
bianco, -a [bi'aŋko] weiß
bicchiere *m* [bikki'ɛ:re] Glas
bici *f* ['bitʃi] Rad
bicicletta *f* [bitʃi'kletta] Fahrrad
biglietto *m* [bi'ʎetto] Ticket, Eintrittskarte
bilancio *m* [bi'lantʃo] Bilanz
binario *m* [bi'na:rio] Gleis
birra *f* ['birra] Bier
bisogna [bi'zoɲa] man muss
blu [blu] blau
bocca *f* ['bokka] Mund
bordo *m* ['bordo] Bord
borsa *f* ['borsa] Tasche
bottiglia *f* [bot'ti:ʎa] Flasche
boutique *f* [bou'tik] Boutique, Shop
braccio *m* ['brattʃo] Arm
bravo, -a ['bra:vo] brav, gut, fähig
brevemente [breve'mente] kurz
bruciare [bru'tʃa:re] brennen
brutto, -a ['brutto] schlecht, hässlich
buonasera [buona'se:ra] Guten Abend
buongiorno [buon'dʒorno] Guten Tag
buono, -a [bu'ɔ:no] gut

C

cabina *f* [ka'bi:na] Umkleidekabine
cadere [ka'de:re] fallen
caffè *m* [kaf'fɛ] Kaffee, Espresso
caffè *m* **corretto** [kaf'fɛ kor'rɛtto] Kaffee mit einem Schuss Cognac

caffè *m* **macchiato** [kaf'fɛmak'kiato] Kaffee mit etwas Milch
caffè *m* **ristretto** [kaf'fɛ ris'tretto] besonders starker Espresso
calcio *m* ['kaltʃo] Fußball
caldo, -a ['kaldo] warm, heiß (Wetter)
calle *f* ['kalle] Gasse
calmare ['kalma:re] lindern
calvo, -a ['kalvo] kahl
cambiare [kambi'a:re] wechseln
camera *f* ['ka:mera] Zimmer
camera *f* **doppia** ['ka:mera 'doppia] Zweibett-Zimmer
camera *f* **matrimoniale** ['ka:mera matrimoni'a:le] Doppelzimmer, Zimmer mit Doppelbett
camera *f* **singola** ['ka:mera 'singola] Einzelzimmer
camera *f* **tripla** ['ka:mera 'tripla] Dreibett-Zimmer
cameriere, -a *m/f* [kame'riɛre] Kellner, -in
camicetta *f* [kami'tʃetta] Bluse
camicia *f* [ka'mi:tʃa] Hemd
camionista *m/f* [kamio'nista] Lastwagenfahrer, -in
camminare [kammi'na:re] gehen
camper *m* ['kamper] Wohnmobil
campo *m* ['kampo] Feld, Platz
Canada *f* ['ka:nada] Kanada
canale *m* [ka'na:le] Kanal
cantante *m/f* [kan'tante] Sänger, -in
cantare [kan'ta:re] singen
canzone *f* [kan'tsone] Lied
capelli *mPl* [ka'pelli] Haar
capire [ka'pi:re] verstehen; begreifen
Capodanno *m* [kapo'danno] Neujahr
cappello *m* [kap'pɛllo] Hut
Carabinieri *mPl* [karabi'niɛri] Gendarmerietruppe
carne *f* ['karne] Fleisch
caro, -a ['ka:ro] lieb, teuer
carta *f* **d'identità** ['karta didenti'ta] Personalausweis
casa *f* ['ka:sa] Haus
caso *m* ['ka:zo] Fall, Zufall
cassa *f* ['kassa] Kasse
cassetto *m* [kas'setto] Schublade
catalogo *m* [ka'ta:logo] Katalog
cattivo, -a [kat'ti:vo] schlecht
cavallo *m* [ka'vallo] Pferd
cellulare *m* [tʃellu'la:re] Handy
cena *f* ['tʃe:na] Abendessen
cenare [tʃe'na:re] zu Abend essen
centesimo, -a [tʃen'tɛ:zimo] hundertste(r)
cento ['tʃɛnto] hundert
centomila [tʃɛnto'mila] hunderttausend
centralinista *m/f* [tʃentrali'nista] Telefonist, -in
centro *m* ['tʃɛntro] Zentrum
cercare [tʃer'ka:re] suchen
certamente [tʃerta'mente] gewiss, sicher
certo, -a ['tʃɛrto] gewiss, sicher
che ['ke] welche(r,s); was für ein
che cosa ['ke 'kɔ:za] was
chi [ki] wer

chiamare [kia'mare] anrufen
chiamarsi [kia'marsi] heißen
chiamata *f* [kia'maːta] Anruf
chiaro, -a [ki'aːro] hell; klar
chiave *f* [ki'aːve] Schlüssel
chiedere ['kiɛdere] fragen, bitten um
chiesa *f* [ki'ɛːza] Kirche
chilo *m* ['kiːlo] Kilo
chiudere [ki'uːdere] schließen
ciao ['tʃao] Hallo
cielo *m* ['tʃɛːlo] Himmel
ciliegia *f* [tʃili'ɛːdʒa] Kirsche
cima *f* ['tʃiːma] Spitze; Gipfel
Cina *f* ['tʃiːna] China
cinema *m* ['tʃiːnema] Kino
cinghiale *m* [tʃiŋgi'aːle] Wildschwein
cinquanta [tʃiŋku'anta] fünfzig
cinque ['tʃiŋkue] fünf
cintura *f* [tʃin'tuːra] Gürtel
cioè [tʃo'ɛː] das heißt; und zwar
cipolla *f* [tʃi'polla] Zwiebel
circa ['tʃirka] ungefähr
città *f* [tʃit'ta] Stadt
classe *f* ['klasse] Klasse
classico, -a ['klassiko] klassisch
codice *m* **fiscale** ['kɔditʃe fis'kaːle] Steuernummer
cognome *m* [ko'ɲoːme] Familienname
coincidenza *f* [kointʃi'dɛntsa] Anschlusszug
collaboratore, -trice *m/f* [kollaboratoːre, -tritʃe] Mitarbeiter, -in
collaboratrice *f* **domestica** [kollaborat'tritʃe do'mɛstika] Haushaltshilfe
collegamento *m* **Internet** [kollega'mento internet] Internetanschluss
collezione *f* [kollettsi'oːne] Kollektion
collo *m* ['kɔllo] Hals
colloquio *m* [kol'lɔːkuio] Gespräch
colore *m* [ko'loːre] Farbe
combattere [kom'battere] bekämpfen
come ['kome] als, wie
cominciare [komin'tʃaːre] anfangen
commedia *f* [kom'mɛːdia] Komödie
commesso, -a *m/f* [kom'messo] Verkäufer, -in
commissariato *m* [kommissari'aːto] Kommissariat
comodino *m* [komo'diːno] Nachttisch
comodo, -a ['kɔːmodo] bequem
compiere [kompi'ere] vollenden, abschließen
compilare [kompi'laːre] ausfüllen (ein Formular)
completo *m* **pantalone** [kom'plɛːto panta'loːne] Hosenanzug
complimenti! [kompli'menti] Gratuliere!
composizione *f* [kompositsi'oːne] Zusammensetzung
comprare [kom'praːre] kaufen
comprensione *f* [komprensi'oːne] Verständnis
compressa *f* [kom'prɛssa] Tablette

computer *m* [kom'piuter] Computer
comunicare [komuni'ka:re] verbunden sein
comunque [ko'muŋkue] wie auch immer
con [kon] mit
concerto *m* [kon'tʃerto] Konzert
concorso *m* [koŋ'korso] Wettbewerb, Wettkampf
condire [kon'di:re] würzen
confermare [konfer'mare] bestätigen
congratulazioni *fPl* [koŋgratulatsi'o:ni] Herzlichen Glückwunsch!
conoscere [ko'noʃʃere] kennen, kennenlernen
consigliare [konsi'ʎa:re] raten, empfehlen
contattare [kontat'tare] kontaktieren
contenere [konte'ne:re] enthalten
contento, -a [kon'tɛnto] froh, zufrieden
continuare [kontinu'a:re] weitermachen
conto *m* ['konto] Rechnung
contorno *m* [kon'torno] Beilage
contro ['kontro] gegen
controllare [kontrol'la:re] prüfen, kontrollieren
controllo *m* [kon'trɔllo] Kontrolle
conveniente [konveni'ɛnte] (preis)günstig
cordiali saluti [kor'diali sa'luti] Herzliche Grüße
cordialmente [kordial'mente] herzlich
cornetto *m* [kor'netto] Hörnchen, Croissant
corno *m* ['kɔrno] Horn
corpo *m* ['kɔrpo] Körper
corridoio *m* [korri'do:io] Korridor, Flur
corrispondere [korris'pondere] entsprechen
Corsica *f* ['korsika] Korsika
corso *m* ['kɔrso] Kurs
cortese [kor'te:ze] höflich
cortile *m* [kor'ti:le] Hof
corto, -a ['korto] kurz
così [ko'zi] so
costare [kos'ta:re] kosten
costoso, -a [kos'to:zo] teuer, kostspielig
costume *m* **da bagno** [kos'tu:me da 'baɲo] Badeanzug, Badehose
cotone *m* [ko'to:ne] Baumwolle
cozza *f* ['kɔttsa] Miesmuschel
cravatta *f* [kra'vatta] Krawatte
credere ['kre:dere] glauben
crema *f* ['krɛ:ma] Creme
crema *f* **solare** ['krɛ:ma so'la:re] Sonnencreme
crescere ['kreʃʃere] aufwachsen
crudo, -a ['kru:do] roh
cuba *f* ['kuba] Kuba
cucina *f* [ku'tʃi:na] Küche
cucinare [kutʃi'na:re] kochen
cui [k'ui] dem, dessen
culturale [kultu'ra:le] kulturell
cuocere [ku'ɔ:tʃere] kochen, backen
cuoco, -a *m/f* ['kuɔko] Koch, Köchin
curare [ku'ra:re] behandeln

D

da [da] aus, seit
danza *f* **classica** ['dantsa 'klassika] klassisches Ballett
dare ['da:re] geben
davanti [da'vanti] vor
davvero [dav've:ro] tatsächlich
decidere [de'tʃi:dere] entscheiden
decimo, -a ['dɛ:tʃimo] zehnte(r)
dente *m* ['dɛnte] Zahn
dentista *m/f* [den'tista] Zahnarzt, -ärztin
dentro ['dentro] in
denuncia *f* [de'nuntʃa] Anzeige, Meldung
deprimente [depri'mɛnte] deprimierend
descrivere [de'skrivere] beschreiben
descrizione *f* [deskritsi'o:ne] Beschreibung
desiderare [deside'ra:re] wünschen
dessert *m* [des'ser] Nachspeise
destinazione *f* [destinatsi'o:ne] Zielort, Reiseziel
destro, -a ['dɛstro] rechte, -er
dettagliato, -a [dettaʎ'ʎato] ausführlich
di [di] von
di fronte a [di 'fronte a] gegenüber
di solito [di 'sɔ:lito] gewöhnlich
diavolo *m* [di'a:volo] Teufel
dicembre *m* [di'tʃɛmbre] Dezember
diciannove [ditʃan'nɔ:ve] neunzehn
diciassette [ditʃas'sɛtte] siebzehn
diciotto [di'tʃɔtto] achtzehn
dieci [di'ɛ:tʃi] zehn
dietro [di'ɛ:tro] hinter
differenza *f* [diffe'rɛntsa] Unterschied
digitare [didʒi'ta:re] eintippen, eingeben
dimenticare [dimenti'ka:re] vergessen
diploma *m* [di'plɔ:ma] Diplom
dire ['di:re] sagen
direttamente [diretta'mente] direkt; persönlich
direttore, -trice *m/f* [diret'tore] Chef, Chefin
direttrice *f* **del personale** [diret'tritʃe 'del perso'na:le] Personalchefin
direzione *f* [diretsi'o:ne] Richtung
discorso *m* [dis'korso] Gespräch, Unterhaltung
disdire [diz'di:re] absagen
disegnare [diseɲ'ɲare] zeichnen; entwerfen
disfare [dis'fa:re] ausräumen, abdecken
disinfettare [dizinfet'ta:re] desinfizieren
disoccupato, -a [dizokku'pa:to] arbeitslos
disordinato, -a [dizordi'na:to] unordentlich
disponibile [dispo'ni:bile] verfügbar, vorrätig
distare [dis'ta:re] entfernt sein
Distinti saluti [dis'tinti sa'luti] Mit freundlichen Grüßen
dito *m* ['dito] Finger; Zehe
ditta *f* ['ditta] Firma

divano *m* [di'va:no] Sofa
diverso, -a [di'vɛrso] verschieden
divertente [diver'tɛnte] amüsant, vergnüglich
divertirsi [diver'tirsi] sich amüsieren
dizionario *m* [ditsio'na:rio] Wörterbuch
doccia *f* ['dottʃa] Dusche
documento *m* [doku'mento] Dokument, Ausweis
dodici ['doditʃi] zwölf
dolce ['doltʃe] Nachspeise
dolore *m* [do'lo:re] Schmerz
domani [do'ma:ni] morgen
domenica *f* [do'me:nika] Sonntag
donna *f* ['dɔnna] Frau
dopo ['do:po] nach, danach
dopodomani [dopodo'ma:ni] übermorgen
dormire [dor'mi:re] schlafen
dottore *m* [dot'to:re] Doktor; Arzt
dove ['do:ve] wo
dovere [do've:re] müssen
Dresda ['drezda] Dresden
dritto ['dritto] geradeaus
due [du:e] zwei
duecento [due'tʃɛnto] zweihundert
duemila [due'mila] zweitausend
dunque ['dunkue] nun, also
duomo *m* [du'ɔ:mo] Dom
durante [du'rante] während
durare [du'rare] dauern

E

e [e] und
ebraico, -a [e'bra:iko] jüdisch
ecco ['ɛkko] da (ist)
economia *f* [ekono'mi:a] Wirtschaft
economia *f* **aziendale** [ekono'mi:a adzien'da:le] Betriebswirtschaft
egregio, -a [e'grɛdʒo] sehr geehrter
elaborare [elabo'ra:re] ausarbeiten
elegante [ele'gante] elegant
elenco *m* **telefonico** [e'lɛnko tele'fɔ:niko] Telefonbuch
elettronico, -a [elet'trɔ:niko] elektronisch
e-mail *f* [i'meil] E-Mail
emergenza *f* [emer'dʒɛntsa] Notfall
entrare [en'tra:re] eintreten
Epifania *f* [epifa'ni:a] Dreikönigstag
esattamente [ezatta'mente] genau
esatto, -a [e'zatto] genau, exakt
esperienza *f* [espe'riɛntsa] Erfahrung
esserci ['ɛssertʃi] vorliegen
essere ['ɛssere] sein
est *m* [ɛst] Osten
estate *f* [es'ta:te] Sommer
estero *m* ['ɛstero] Ausland
etto *m* ['ɛtto] hundert Gramm
euro *m* ['ɛ:uro] Euro
eventualmente [eventual'mente] eventuell

F

facile ['faːtʃile] leicht
facilmente [fatʃil'mente] leicht
falso, -a ['falso] falsch
fame *f* ['faːme] Hunger
famiglia *f* [fa'miːʎa] Familie
famoso, -a [fa'moːzo] berühmt
fare ['faːre] machen
fare attenzione ['faːre attentsi'oːne] aufpassen
fare colazione ['faːre kolatsi'oːne] frühstücken
fare la spesa ['faːre la 'speːsa] einkaufen
farmacia *f* [farma'tʃiːa] Apotheke
farmacista *m/f* [farma'tʃista] Apotheker, -in
farsi male ['farsi 'male] (sich) weh tun
fatica *f* [fa'tiːka] Mühe, Mühsal
faticoso, -a [fati'koːzo] mühsam, anstrengend
febbraio *m* [feb'braːio] Februar
febbre *f* ['fɛbbre] Fieber
femminile [femmi'niːle] weiblich
ferie *fPl* ['fɛːrie] Ferien, Urlaub
ferita *f* [fe'riːta] Wunde
fermata *f* [fer'maːta] Haltestelle
Ferragosto *m* [ferra'gosto] Mariä Himmelfahrt
ferro *m* ['fɛrro] Eisen
ferrovia *f* [ferro'via] Eisenbahn
festa *f* ['fɛsta] Fest
figlia *f* ['fiːʎa] Tochter
figlio *m* ['fiːʎo] Kind, Sohn
fine *f* ['fiːne] Ende
finestra *f* [fi'nɛstra] Fenster
finire [fi'niːre] beenden, abschließen
Firenze *f* [fi'rɛntse] Florenz
firma *f* ['firma] Unterschrift
forma *f* ['forma] Form
formaggio *m* [for'maddʒo] Käse
formazione *f* [formattsi'oːne] Ausbildung
fornaio *m* [for'naːio] Bäcker
forno *m* ['forno] Ofen
forse ['forse] vielleicht
forte ['fɔrte] stark
foto *f* ['fɔːto] Foto
fotocopia *f* [foto'kɔpia] Fotokopie
fra [fra] zwischen
fragola *f* ['fraːgola] Erdbeere
francese [fran'tʃeːze] französisch, Franzose
Francoforte [franko'fɔrte] Frankfurt
fratello *m* [fra'tɛllo] Bruder
freddo, -a ['freddo] kalt
frenetico, -a [fre'nɛtiko] hektisch
frequentare [frekuen'taːre] besuchen
fresco, -a ['fresko] frisch
frigorifero *m* [frigo'riːfero] Kühlschrank
frutta *f* ['frutta] Obst
fruttivendolo *m* [frutti'vendolo] Obsthändler
fungo *m* ['fuŋgo] Pilz
funzionare [funtsio'nare] funktionieren
fuori [fu'ɔːri] draußen
furto *m* ['furto] Diebstahl
futuro *m* [fu'tuːro] Zukunft

G

gamba *f* ['gamba] Bein
garage *m* [ga'ra:ʒ] Garage
gassato, -a [gas'sa:to] mit Kohlensäure
gatto *m* ['gatto] Katze, Kater
gel *m* ['dʒɛl] Gel
gelataio *m* [dʒela'taio] Eisverkäufer
gelateria *f* [dʒelate'ri:a] Eisdiele
gelato *m* [dʒe'la:to] Eis
genitori *mPl* [dʒeni'to:ri] Eltern
gennaio *m* [dʒen'na:io] Januar
Genova ['dʒɛ:nova] Genua
gente *fSg* ['dʒɛnte] Leute
gentile [dʒen'tile] sehr geehrte
Germania *f* [dʒer'ma:nia] Deutschland
ghetto *m* ['getto] Ghetto
già [dʒa] schon; bereits
giacca *f* ['dʒakka] Jacke
giallo *m* ['dʒallo] Krimi
giallo, -a ['dʒallo] gelb
giardino *m* [dʒar'di:no] Garten
ginocchio *m* [dʒi'nɔkkio] Knie
giocare [dʒo'ka:re] spielen
giornale *m* [dʒor'na:le] Zeitung
giornalista *m/f* [dʒorna'lista] Journalist, -in
giornata *f* [dʒor'na:ta] Tag
giorno *m* ['dʒorno] Tag
giovane *m/f* ['dʒo:vane] junger Mann, junge Frau
giovanile [dʒova'nile] jugendlich
giovedì *m* [dʒove'di] Donnerstag
girare [dʒi'ra:re] wenden, abbiegen
giro *m* ['dʒiro] Rundfahrt
gita *f* ['dʒi:ta] Ausflug
giugno *m* ['dʒu:ɲo] Juni
giusto ['dʒusto] richtig
gnocchi *mPl* ['ɲɔkki] Klößchen
godere [go'de:re] genießen
gola *f* ['go:la] Hals
gonfio, -a ['goŋfio] geschwollen
gonna *f* ['gonna] Rock
grado *m* ['gra:do] Grad
grande ['grande] groß
grandinare [grandi'na:re] hageln
grandine *f* ['grandine] Hagel
grasso, -a ['grasso] dick, fett
grazie ['gra:tsie] danke
grigio, -a ['gri:dʒo] grau
gruppo *m* ['gruppo] Gruppe, Band
guanto *m* ['guanto] Handschuh
guardare [guar'da:re] schauen
Guardia *f* **di Finanza** [gu'ardia di fi'nantsa] Finanzwache
gusto *m* ['gusto] Geschmack

I

idea *f* [i'dɛ:a] Idee
ieri [i'ɛ:ri] gestern
ignorante *m/f* [i'ɲo'rante] Ignorant, Banause
illeggibile [illed'dʒi:bile] unleserlich
imbarazzo *m* [imba'rattso] Verlegenheit
imparare [impa'ra:re] lernen

impegnativa *f* [impeɲɲa'tiva] Überweisungsschein
impegno *m* [im'pe:ɲo] Verpflichtung
impiegato, -a *m* [impie'gato] Angestellte(r)
impossibile [impos'si:bile] unmöglich
in [in] in; nach
in fondo a [in 'fondo a] am Ende
inciampare [intʃam'pa:re] stolpern
incluso, -a [in'klu:zo] einschließlich
incontrare [inkon'trare] begegnen; treffen
inconveniente *m* [iŋkonveni'ɛnte] Unannehmlichkeit, Zwischenfall
incrociare [iŋkro'tʃa:re] kreuzen
indicazione *f* [indika'tsione] Hinweis; Anweisung
indietro [indi'ɛ:tro] zurück
indirizzo *m* [indi'rittso] Adresse
inesistente [inezis'tɛnte] nicht existent; ungültig
informatica *f* [infor'ma:tika] Informatik
informazione *f* [informatsi'o:ne] Information
infradito *m/f* [iŋfra'dito] Flip-Flops
ingegnere *m/f* [indʒe'ɲɛ:re] Ingenieur, -in
inglese [iŋ'gle:ze] englisch; Engländer, -in
iniziare [initsi'a:re] anfangen, beginnen
inoltre [i'noltre] außerdem
insalata *f* [insa'la:ta] Salat
insegnante *m/f* [inse'ɲante] Lehrer, -in
insieme [insi'ɛ:me] zusammen
intenso, -a [in'tɛnso] intensiv
interessante [interes'sante] interessant
interessato, -a [interes'sato] interessiert
interno, -a [in'tɛrno] innere, Innen-
intero, -a [in'te:ro] ganz
intorno [in'torno] um, um ... herum
invalido, -a *m/f* [in'valido] Behinderter, Invalide
invece [in've:tʃe] dagegen
invernale [inver'na:le] winterlich; Winter-
inverno *m* [in'vɛrno] Winter
inviare [invi'a:re] verschicken, versenden
invisibile [invi'zi:bile] unsichtbar
invitare [invi'ta:re] einladen
invito *m* [in'vi:to] Einladung
io ['i:o] ich
ipersensibilità *f* [ipersensibili'ta] Überempfindlichkeit
irresponsabile [irrespon'sa:bile] unverantwortlich
iscriversi [is'kriversi] sich einschreiben
Italia *f* [i'ta:lia] Italien
italiano, -a [itali'a:no] italienisch; Italiener, -in

L

lago *m* ['la:go] See
lampada *f* ['lampada] Lampe
lana *f* ['la:na] Wolle
lasagne *fPl* [la'saɲɲe] Lasagne
lasciare [laʃ'ʃa:re] (hinter)lassen
latte *m* ['latte] Milch
lattina *f* [lat'ti:na] Dose
laurea *f* ['la:urea] Hochschulabschluss
laurearsi [laure'arsi] einen Studienabschluss machen
lavare [la'va:re] waschen
lavorare [lavo'ra:re] arbeiten
lavoro *m* [la'vo:ro] Arbeit
leggere ['lɛddʒere] lesen
leggibile [led'dʒibile] leserlich
lei [l'ɛ:i] sie
lentamente [lenta'mente] langsam
lettera *f* ['lɛttera] Brief
lettino *m* [let'ti:no] Liege
letto *m* ['lɛtto] Bett
lì [li] dort
liberazione *f* [libera'tsione] Befreiung; Freilassung
libero, -a ['li:bero] frei
libro *m* ['li:bro] Buch
liceo *m* [li'tʃɛ:o] Gymnasium
lieto, -a [li'ɛ:to] erfreut
Liguria *f* [li'gu:ria] Ligurien
limone *m* [li'mo:ne] Zitrone
linea *f* ['li:nea] Leitung, Linie
lingua *f* ['liŋgua] Sprache
Lipsia ['lipsia] Leipzig
litro *m* ['li:tro] Liter
locale *m* [lo'ka:le] Lokal
Lombardia *f* [lom'bar'di:a] Lombardei
lontano [lon'ta:no] fern, weit
loro ['lo:ro] sie; ihnen
Lubecca [lu'bekka] Lübeck
luglio *m* ['lu:ʎo] Juli
lui [lu:i] er; ihn
lunedì *m* [lune'di] Montag
lungo il/la ['luŋgo il/la] dem/der ... entlang
luogo *m* **di nascita** [lu'ɔ:go di 'naʃʃita] Geburtsort
luogo *m* **di residenza** [lu'ɔ:go di resi'dɛntsa] Wohnort
lupo *m* ['lu:po] Wolf

M

ma ['ma] aber
maccheroni *mPl* [makke'rɔni] Makkaroni
macchina *f* ['makkina] Auto
macedonia *f* [matʃe'dɔ:nia] Fruchtsalat
magazzino *m* [magad'dzino] Warenlager, Kaufhaus
maggio *m* ['maddʒo] Mai
maglietta *f* [ma'ʎetta] T-Shirt
maglione *m* [ma'ʎo:ne] Pullover
magro, -a ['ma:gro] dünn, mager
mai [m'a:i] nie
malato, -a [ma'la:to] krank
male ['ma:le] schlecht
malocchio *m* [ma'lɔkkio] der böse Blick
mamma *f* ['mamma] Mama
mandare [man'da:re] schicken
mangiare [man'dʒa:re] essen
mano *f* ['ma:no] Hand
mare *m* ['ma:re] Meer

marito *m* [ma'ri:to] Ehemann
marrone [mar'ro:ne] braun
martedì *m* [marte'di] Dienstag
marzo *m* ['martso] März
maschile [mas'ki:le] männlich
massimo, -a ['massimo] größte, höchste
materiale *m* [materi'a:le] Material
matrimonio *m* [matri'mɔ:nio] Hochzeit
mattina *f* [mat'ti:na] Morgen
matto, -a ['matto] verrückt
maturità *f* [maturi'ta] Abitur
maturo, -a [ma'tu:ro] reif
medico *m* ['mɛ:diko] Arzt
medico *m* **di base** ['mɛdiko di 'ba:ze] Hausarzt
meglio ['mɛ:ʎo] besser
mela *f* ['mela] Apfel
meno ['me:no] weniger
meno un quarto ['me:no un 'kuarto] Viertel vor
mentre ['mentre] während
menù *m* [me'nu] Speisekarte
meraviglioso, -a [meravi'ʎo:zo] wunderbar, herrlich
mercato *m* [mer'ka:to] Markt
mercato *m* **rionale** [mer'ka:to rio'nale] Straßenmarkt
mercoledì *m* [merkole'di] Mittwoch
meridione *m* [meri'dione] Süden
mese *m* ['me:ze] Monat
messaggio *m* [mes'saddʒo] Nachricht
mestiere *m* [mesti'ɛ:re] Beruf, Handwerk
metà *f* [me'ta] Hälfte
meteo *m* ['metɛo] Wettervorhersage
metropolitana *f* [metropoli'ta:na] U-Bahn
mettere ['mettere] setzen, stellen, legen
mezz'ora *f* [med'dzora] eine halbe Stunde
mezzanotte *f* [meddza'nɔtte] Mitternacht
mezzo, -a ['mɛddzo] halb
mezzogiorno *m* [meddzo'dʒorno] Mittag
mi dispiace [mi dis'piatʃe] es tut mir leid
migliore [mi'ʎo:re] besser
Milano [mi'la:no] Mailand
milione *m* [mili'o:ne] Million
mille ['mille] tausend
minuto *m* [mi'nuto] Minute
mio, -a [m'i:o] mein, meine
moda *f* ['mɔ:da] Mode
modello *m* [mo'dɛllo] Modell
modulo *m* ['mɔ:dulo] Formular
moglie *f* ['mo:ʎe] (Ehe)frau
molto ['molto] viel, sehr
momentaneamente [momentanea'mente] in diesem Moment, momentan
Monaco (di Baviera) ['mɔ:nako] München
montagna *f* [mon'ta:ɲa] Gebirge, Berg
mostra *f* **d'arte** ['mostra d'arte] Kunstausstellung
moto *f* ['mɔ:to] Motorrad
motorino *m* [moto'ri:no] Moped

mozzarella *f* [mottsa'rɛlla] Mozzarella
multinazionale *f* [multinatsio'na:le] multinationales Unternehmen
museo *m* [mu'zɛ:o] Museum
musica *f* ['mu:zika] Musik

N

napoletano, -a [napole'ta:no] neapolitanisch, Neapolitaner
Napoli ['na:poli] Neapel
nascere ['naʃʃere] geboren werden
naso *m* ['na:zo] Nase
Natale *m* [na'ta:le] Weihnachten
nave *f* ['na:ve] Schiff
navigare (su Internet) [navi'gare su in'ternet] (im Internet) surfen
ne [ne] davon
nebbia *f* ['nebbia] Nebel
nebbioso, -a [nebbi'o:zo] neblig
negozio *m* [ne'gɔ:tsio] Geschäft
negozio *m* **di alimentari** [ne'gɔ:tsio di alimen'ta:ri] Lebensmittelgeschäft
nel frattempo [nel frat'tɛmpo] inzwischen
nero, -a ['ne:ro] schwarz
nessuno, -a [nes'suno] niemand
neve *f* ['ne:ve] Schnee
nevicare [nevi'ka:re] schneien
niente [ni'ɛnte] nichts
no [nɔ] nein
noi ['no:i] wir
nome *m* ['no:me] Name
non [non] nicht
nono, -a ['nono] neunte(r)
nord *m* [nɔrd] Norden
nostalgia *f* [nostal'dʒi:a] Heimweh, Nostalgie
nostro, -a ['nɔstro] unser, unsere
notte *f* ['nɔtte] Nacht
novanta [no'vanta] neunzig
nove ['nɔ:ve] neun
novembre *m* [no'vɛmbre] November
nulla ['nulla] nichts
numero *m* ['nu:mero] Nummer
nuotare [nuo'ta:re] schwimmen
nuovo, -a [nu'ɔ:vo] neu
nuvola *f* ['nu:vola] Wolke
nuvoloso, -a [nuvo'lo:zo] wolkig

O

obbligatorio, -a [obbliga'tɔrio] obligatorisch
occasione *f* [okkazi'o:ne] Gelegenheit
occhiali *mPl* [okki'a:li] Brille
occhio *m* ['ɔkkio] Auge
occorre [ok'korre] man braucht
occupato, -a [okku'pa:to] besetzt
oddio! [od'dio] mein Gott!
offerta *f* [of'fɛrta] Sonderangebot
offrire [of'frire] anbieten
oggetto *m* [od'dʒɛtto] Objekt, Betreff
oggi ['ɔddʒi] heute
ogni ['o:ɲi] jede, jeder

Ognissanti [oɲis'santi] Allerheiligen
ognuno, -a [o'ɲu:no] jede, jeder
olio *m* ['ɔ:lio] Öl
ombrellone *m* [ombrel'lo:ne] Sonnenschirm
onere *m* **fiscale** ['ɔnere fi'skale] Steuerbelastung
operatore *m* **turistico** [opera'to:re tu'ristiko] Reiseveranstalter
oppure [op'pu:re] oder
ora *f* ['o:ra] Stunde
orario *m* **di apertura** [o'rario di aper'tura] Öffnungszeiten
ordinare [ordi'na:re] bestellen
ordinato, -a [ordi'na:to] ordentlich
orecchio *m* [o'rekkio] Ohr
organizzare [organid'dza:re] organisieren
organizzatore *m* [organiddza'tore] Organisator, Veranstalter
ospedale *m* [ospe'da:le] Krankenhaus
osteria *f* [oste'ri:a] Wirtshaus
ottanta [ot'tanta] achtzig
ottavo, -a [ot'ta:vo] achte(r)
ottimo ['ɔttimo] hervorragend
otto ['ɔtto] acht
ottobre *m* [ot'to:bre] Oktober
ovest *m* ['ɔ:vest] Westen

P

pacco *m* ['pakko] Paket
Padova ['padova] Padua
padre *m* ['pa:dre] Vater
paese *m* [pa'e:ze] Land
pagare [pa'ga:re] zahlen
pancia *f* ['pantʃa] Bauch
pane *m* ['pa:ne] Brot
panetteria *f* [panette'ri:a] Bäckerei
panino *m* [pa'ni:no] Sandwich
paninoteca *f* [panino'tɛka] Snackbar
panorama *m* [pano'ra:ma] Aussicht
pantaloni *mPl* [panta'lo:ni] Hose
parcheggiare [parked'dʒa:re] parken
parcheggio *m* [par'keddʒo] Parkplatz
parlare [par'la:re] sprechen
parmigiano *m* [parmi'dʒa:no] Parmesankäse
parola *f* [pa'rɔ:la] Wort
parrucchiere, -a *m/f* [parrukki'ɛ:re] Frisör, -in
partenza *f* [par'tɛntsa] Abfahrt, Abflug
partire [par'ti:re] abfahren, abreisen
Pasqua *f* ['paskua] Ostern
Pasquetta *f* [pas'kuetta] Ostermontag
passare [pas'sa:re] verbringen
passeggiata *f* [passed'dʒa:ta] Spaziergang
passo *m* ['passo] Schritt
pasta *f* ['pasta] Nudeln
pastiglia *f* [pas'ti:ʎa] Tablette, Pastille
patata *f* [pa'ta:ta] Kartoffel
patente *f* [pa'tɛnte] Führerschein
paura *f* [pa'u:ra] Angst
pazienza *f* [pa'tsiɛntsa] Geduld

pecorino *m* [peko'ri:no] Schafskäse
peggio ['pɛddʒo] schlechter
pelle *f* ['pɛlle] Leder
pelletteria *f* [pellette'ri:a] Lederwarengeschäft
pendolare *m/f* [pendo'lare] Pendler, -in
pensare [pen'sa:re] denken
pensionato, -a [pensio'nato] Rentner
pensione *f* [pensi'o:ne] Ruhestand, Rente
pentola *f* ['pɛntola] Topf
per ['per] für
per esempio [per e'zempio] zum Beispiel
per favore [per fa'vo:re] bitte
per fortuna [per for'tu:na] zum Glück
perché [per'ke] weil
perdere ['pɛrdere] verlieren
perfetto, -a [per'fɛtto] perfekt
pericoloso, -a [periko'lo:zo] gefährlich
periodo *m* [pe'ri:odo] Zeit(raum)
permesso? [per'messo] Gestatten Sie?, Darf ich?
persona *f* [per'so:na] Person
pesce *m* ['peʃʃe] Fisch
pessimo ['pɛssimo] sehr schlecht
pezzo *m* ['pɛttso] Stück
piacere [pia'tʃere] Vergnügen, Gefallen
piano *m* [pi'a:no] Stockwerk
pianoforte *m* [piano'fɔrte] Klavier
piatto *m* [pi'atto] Gang
piazza *f* [pi'attsa] Platz
piazzale *m* [piat'tsale] großer Platz
piazzetta *f* [piat'tsetta] kleiner Platz
piccolo, -a ['pikkolo] klein
piede *m* [pi'ɛ:de] Fuß
Piemonte *m* [pie'monte] Piemont
pieno, -a [pi'ɛ:no] voll
pilota *m* [pi'lɔ:ta] Pilot
pioggia *f* [pi'ɔddʒa] Regen
piovere [pi'ɔ:vere] regnen
pisano, -a *m/f* [pi'zano] pisanisch; Pisaner, -in
più ['piu] mehr
piuttosto [piut'tɔsto] eher
pizza *f* ['pittsa] Pizza
pizzeria *f* [pittse'ri:a] Pizzeria
poco ['pɔ:ko] wenig
poi ['pɔ:i] dann
polizia *f* [poli'tsi:a] Polizei
poltrona *f* [pol'tro:na] Sessel
pomeriggio *m* [pome'riddʒo] Nachmittag
pomodoro *m* [pomo'dɔ:ro] Tomate
ponte *m* ['ponte] Brücke
porcile *m* [por'tʃile] Schweinestall
porgere ['pɔrdʒere] geben, reichen
portafoglio *m* [porta'fɔʎʎo] Brieftasche
portafortuna *m* [portafor'tu:na] Glücksbringer, Talisman
portare [por'ta:re] bringen
portatile *m* [por'ta:tile] Laptop

possibile [pos'si:bile] möglich
posta *f* ['pɔsta] Post
posto *m* ['posto] (Sitz)platz
potere [po'te:re] können
pranzo *m* ['prandzo] Mittagessen
pratico, -a ['pra:tiko] praktisch
precauzioni *fPl* [prekau'tsioni] Vorsichtsmaßregeln
precisamente [pretʃiza'mente] genau
preferire [prefe'ri:re] vorziehen
preferito, -a [prefe'ri:to] bevorzugt
pregare [pre'ga:re] bitten
prendere ['prɛndere] nehmen
prenotare [preno'ta:re] reservieren; buchen
prenotazione *f* [prenotatsi'o:ne] Platzreservierung
preoccuparsi [preokku'pa:re] sich Sorgen machen
preparare [prepa'ra:re] vorbereiten
presa *f* ['pre:za] Steckdose
presentare [prezen'ta:re] vorstellen
presto ['prɛsto] früh
previsione *f* [previzi'o:ne] Vorhersage
prezzo *m* ['prɛttso] Preis
prima ['prima] früher, vorher
prima colazione *f* [prima kolatsi'o:ne] Frühstück
primavera *f* [prima'vɛ:ra] Frühling
primo, -a ['pri:mo] erste(r)
principio *m* [prin'tʃi:pio] Prinzip
problema *m* [pro'blɛ:ma] Problem
prodotto *m* [pro'dotto] Produkt
professione *f* [profes'sione] Beruf
profumo *m* [pro'fu:mo] Geruch, Parfüm
progettare [prodʒet'tare] planen; entwerfen
progetto *m* [pro'dʒetto] Projekt
promozione *f* [promotsi'o:ne] Beförderung; Promotion
pronto soccorso *m* ['pronto sok'korso] Notaufnahme
pronto, -a ['pronto] fertig, bereit
proporre [pro'porre] vorschlagen
proprio ['prɔ:prio] wirklich
prosciutto *m* [proʃ'ʃutto] Schinken
prosecco *m* [pro'sekko] italienischer Schaumwein
prossimo, -a ['prɔssimo] nächster, nächste
protocollo *m* [proto'kɔllo] Protokoll
provare [pro'va:re] (an)probieren
psicologia *f* [psikolo'dʒi:a] Psychologie
pubblico, -a ['pubbliko] öffentlich
pulire [pu'li:re] sauber machen
puro, -a ['pu:ro] rein; pur
purtroppo [pur'trɔppo] leider

Q

quadro *m* [ku'a:dro] Bild, Gemälde

qualche [ku'alke] einige
qualcosa [kual'kɔ:za] etwas
qualcuno [kual'kuno] jemand
quale [ku'a:le] welcher, welches
qualità *f* [kuali'ta] Qualität
quando [ku'ando] wann
quanto ['kuanto] wie viel
quaranta [kua'ranta] vierzig
quartiere *m* [kuarti'ɛ:re] Stadtviertel
quarto *m* [ku'arto] Viertel; vierte(r)
quattordici [kuat'torditʃi] vierzehn
quattro [ku'attro] vier
quello, -a [ku'ello] jener, jene
questo, -a [ku'esto] diese, dieser
qui [ku'i] hier
quindi ['kuindi] also, demnach
quindici [ku'inditʃi] fünfzehn
quinto, -a [ku'into] fünfte(r)
quotidiano, -a [kuotidi'a:no] täglich, alltäglich

R

raccontare [rakkon'ta:re] erzählen
raffreddore *m* [raffred'dore] Erkältung
ragazzo *m* [ra'gattso] Junge
ragù *m* [ra'gu] Hackfleischsoße
reception *f* [ri'sepʃən] Empfang
regalo *m* [re'galo] Geschenk
regionale [redʒo'na:le] regional
repubblica *f* [re'pubblika] Republik
responsabile [respon'sa:bile] verantwortlich
restare [res'ta:re] bleiben
resto *m* ['rɛsto] Rest
ribasso *m* [ri'basso] Preissenkung
ricerca *f* [ri'tʃerka] Suche
ricetta *f* [ri'tʃɛtta] Rezept
ricevere [ri'tʃe:vere] bekommen, erhalten
ricevitore *m* [ritʃevi'tore] Hörer
ricordarsi [rikor'darsi] sich erinnern
ricordo *m* [ri'kɔrdo] Erinnerung
ridotto, -a [ri'dotto] ermäßigt, reduziert
rientrare [rien'tra:re] zurückkehren
rientro *m* [ri'entro] Rückkehr
rilassarsi [rilas'sarsi] sich entspannen
rimanere [rima'ne:re] bleiben
ringraziare [riŋgratsi'a:re] danken, sich bedanken
ripetere [ri'pɛ:tere] wiederholen
riposare [ripo'za:re] ausruhen
riprovare [ripro'va:re] wieder/nochmals versuchen
rischiare [riski'a:re] riskieren
risotto *m* [ri'zɔtto] Risotto
rispondere [ris'pondere] antworten
risposta *f* [ris'posta] Antwort
ristorante *m* [risto'rante] Restaurant
ritardo *m* [ri'tardo] Verspätung
ritorno *m* [ri'torno] Rückfahrt
ritrovare [ritro'va:re] wiederfinden
riuscire [riuʃ'ʃi:re] gelingen
rivedere [rive'de:re] wiedersehen
Roma ['ro:ma] Rom

romantico, -a [ro'mantiko] romantisch
romanzo *m* [ro'mandzo] Roman
rosa ['rɔ:za] rosa
rosso, -a ['rosso] rot
rotto, -a ['rotto] kaputt
roulotte *f* [ru'lɔt] Wohnwagen
rubare [ru'ba:re] stehlen, klauen
rumoroso, -a [rumo'ro:zo] laut

S

sabato *m* ['sa:bato] Samstag
sabbia *f* ['sabbia] Sand
saldo *m* ['saldo] Restposten, Schlussverkauf
sale *m* ['sa:le] Salz
saletta *f* [sa'letta] kleiner Saal
salire [sa'li:re] (hinauf)steigen
Salisburgo [saliz'burgo] Salzburg
salotto *m* [sa'lɔtto] Wohnzimmer
salutare [salu'ta:re] grüßen, begrüßen
saluto *m* [sa'lu:to] Gruß
salve ['salve] Grüß Gott! Guten Tag!
sandalo *m* ['sandalo] Sandale
sanguinare [saŋgui'na:re] bluten
sanità *f* **pubblica** [sani'ta 'pubblika] öffentliches Gesundheitswesen
santo, -a *m/f* ['santo] Heilige(r)
sapere [sa'pe:re] wissen, können
sbagliare [zba'ʎa:re] verwechseln, einen Fehler machen
scala *f* ['ska:la] Treppe
scaldare [skal'da:re] erwärmen
scalzo, -a ['skaltso] barfuß
scarpa *f* ['skarpa] Schuh
scegliere ['ʃɛ:ʎere] (aus)wählen
scendere ['ʃendere] aussteigen
schiena *f* [ski'ɛ:na] Rücken
sciare [ʃi'a:re] Ski fahren
sciopero *m* ['ʃɔ:pero] Streik
scontento, -a [skon'tɛnto] unzufrieden
scontrino *m* [skon'tri:no] Kassenzettel, Quittung
scooter *m* ['sku:ter] Motorroller
scoprire [sko'pri:re] entdecken
scorso, -a ['skorso] vergangen; vorig
scrittore, -trice *m/f* [skrit'to:re] Schriftsteller, -in
scrivania *f* [skriva'ni:a] Schreibtisch
scrivere ['skri:vere] schreiben
scuola *f* [sku'ɔ:la] Schule
scuro, -a ['sku:ro] dunkel
scusa! *f* ['sku:za] Entschuldige!
sdraiarsi [zdra'jarsi] sich hinlegen
se ['se] sich
secondo, -a [se'kondo] zweite(r)
sedersi [se'dersi] sich setzen
sedia *f* ['sɛ:dia] Stuhl
sedici ['se:ditʃi] sechzehn
segnale *m* **acustico** [se'ɲa:le a'kustiko] Signalton
segretario, -a *m/f* [segre'ta:rio] Sekretär, -in
segreteria *f* **telefonica** [segrete'ri:a te'lɛ:fonika] Anrufbeantworter
seguire [se'guire] folgen
sei ['sɛi] sechs
semaforo *m* [se'ma:foro] Ampel

sembrare [sem'bra:re] scheinen
semplice ['semplitʃe] einfach
sempre ['sɛmpre] immer
sentire [sen'ti:re] riechen, fühlen
senza ['sɛntsa] ohne
sera *f* ['se:ra] Abend
sereno, -a [se're:no] heiter
servire [ser'vi:re] dienen, brauchen
servizio *m* [ser'vi:tsio] Dienstleistung, Service
sessanta [ses'santa] sechzig
sesto, -a ['sɛsto] sechste(r)
seta *f* ['se:ta] Seide
sete *f* ['se:te] Durst
settanta [set'tanta] siebzig
sette ['sɛtte] sieben
settembre *m* [set'tɛmbre] September
settentrione *m* [settentri'o:ne] Nord(en)
settimana *f* [setti'ma:na] Woche
settimo, -a ['sɛttimo] siebte(r)
sfortunatamente [sfortunata'mente] leider, unglücklicherweise
sfortunato, -a [sfortu'na:to] unglücklich
sì ['si] ja
sicuro, -a [si'ku:ro] sicher
sigaretta *f* [siga'retta] Zigarette
significare [siɲifi'kare] bedeuten
signor(e) *m* [si'ɲore] Herr
signora *f* [si'ɲo:ra] Dame; Frau
simpatico, -a [sim'pa:tiko] sympathisch
sinistro, -a [si'nistro] linke(r)
sito *m* **web** ['si:to 'wɛb] Webseite
smarrimento *m* [zmarri'mento] Verlust
smettere ['zmettere] aufhören
soffrire di [sof'frire di] leiden an
soggiorno *m* [sod'dʒorno] Aufenthalt
sognare [so'ɲa:re] träumen
soldi *mPl* ['sɔldo] Geld
sole *m* ['so:le] Sonne
solo, -a ['so:lo] nur
soltanto [sol'tanto] nur, allein
sopra ['so:pra] auf, über
soprattutto [soprat'tutto] vor allem
sorella *f* [so'rɛlla] Schwester
sotto ['sotto] unter
spaghetti *mPl* [spa'getti] Spaghetti
spazioso, -a [spatsi'o:zo] geräumig
spedire [spe'di:re] schicken, senden
sperare [spe'ra:re] hoffen
spesso ['spesso] oft
spettacolo *m* [spet'ta:kolo] Veranstaltung
spiaggia *f* [spi'addʒa] Strand
splendido, -a ['splɛndido] strahlend, wunderbar
sport *m* [spɔrt] Sport
sportello *m* [spor'tɛllo] Bahnschalter
sportivo, -a [spor'ti:vo] sportlich
sposare [spo'za:re] heiraten
spostare [spos'ta:re] verschieben
stabilimento *m* [stabili'mento] Betrieb, Werk, Fabrik
stagione *f* [sta'dʒo:ne] Jahreszeit
stamattina [stamat'ti:na] heute Morgen
stampante *f* [stam'pante] Drucker

stampare [stam'pa:re] ausdrucken
stanco, -a ['staŋko] müde
stanza *f* ['stantsa] Raum, Zimmer
stare ['sta:re] sich befinden, bleiben
stare a riposo ['sta:re a ri'pɔ:zo] sich ausruhen
stasera [sta'se:ra] heute Abend
Stati *mPl* **Uniti** ['stati u'niti] Vereinigte Staaten
stato *m* **civile** ['stato tʃi'vi:le] Familienstand
stazione *f* [statsi'o:ne] Bahnhof
stimolante [stimo'lante] anregend, stimulierend
Stoccarda [stok'karda] Stuttgart
stomaco *m* ['stɔ:mako] Magen
storico, -a ['stɔ:riko] historisch
strada *f* ['stra:da] Straße
stretto, -a ['stretto] eng
studente, -essa *m/f* [stu'dɛnte] Schüler, -in; Student, -in
studiare [studi'a:re] lernen, studieren
su ['su] auf
subito ['subito] sofort
successo *m* [sut'tʃɛsso] Erfolg
succo *m* ['sukko] Saft
sud *m* ['sud] Süden
sugo *m* ['su:go] Soße
suo, -a ['su:o] sein; ihr
suonare [suo'na:re] spielen (Musik)
supermercato *m* [supermer'ka:to] Supermarkt
svegliarsi [zveʎ'ʎarsi] aufwachen
svendita *f* ['zvendita] Ausverkauf
svizzero, -a ['zvittsero] schweizerisch; Schweizer, -in
svolgersi ['zvɔldʒersi] sich abspielen, sich abwickeln

T

taglia *f* ['ta:ʎa] Kleidergröße
tanto, -a ['tanto] viel; so viel
tardi ['tardi] spät
tavola *f* **calda** ['ta:vola 'kalda] Schnellimbiss
tavolo *m* ['ta:volo] Tisch
tè *m* [tɛ] Tee
tedesco, -a [te'desko] deutsch, Deutsche(r)
telefonare [telefo'na:re] telefonieren
telefonata *f* [telefo'na:ta] Telefongespräch
telefono *m* [te'lɛ:fono] Telefon
televisione *f* [televizi'o:ne] Fernsehen
televisore *m* [televi'zo:re] Fernseher
telo *m* ['te:lo] (Bade-)Tuch
temperatura *f* [tempera'tu:ra] Temperatur
tempo *m* ['tɛmpo] Zeit, Wetter
temporale *f* [tempo'ra:le] Gewitter
terra *f* ['tɛrra] Erde; Boden
terribile [ter'ri:bile] schrecklich
terribilmente [terribil'mente] schrecklich
terzo, -a ['tɛrtso] dritte(r)
testa *f* ['tɛsta] Kopf

ticinese [titʃi'neze] tessinerisch; Tessiner, -in
Ticino *m* [ti'tʃino] Tessin
timido, -a ['tiːmido] schüchtern
tipicamente [tipika'mente] typisch
tipico, -a ['tiːpiko] typisch
tipo *m* ['tiːpo] Art, Typ
togliersi ['tɔʎʎersi] ausziehen, sich wegnehmen
Torino [to'riːno] Turin
tornare [tor'naːre] zurückkehren
Torre *f* **Pendente** ['torre pen'dɛnte] der schiefe Turm
torta *f* ['torta] Torte
Toscana *f* [tos'kaːna] Toskana
toscano, -a [tos'kaːno] toskanisch; Toskaner, -in
tosse *f* ['tosse] Husten
tra [tra] zwischen
tradizione *f* [traditsi'oːne] Tradition
traffico *m* ['traffiko] Verkehr
traghetto *m* [tra'getto] Fähre
tranquillamente [traŋkwil'lamente] ruhig
tranquillo, -a [traŋku'illo] ruhig
trasferire [trasfe'riːre] umziehen
trasloco *m* [trazlɔːko] Umzug
trasporto *m* **pubblico** [tras'pɔrto 'pubbliko] öffentlicher Verkehr
trattoria *f* [tratto'riːa] Gaststätte
tre [tre] drei
tredici ['treːditʃi] dreizehn
treno *m* ['trɛːno] Zug
treno *m* **diretto** [treno di'rɛtto] Schnellzug
trenta ['trenta] dreißig
triste ['triste] traurig
troppo ['trɔppo] allzu
trovare [tro'vaːre] finden
trovarsi [tro'vaːrsi] sich befinden
tu ['tu] du
tubino *m* [tu'bino] das kleine Schwarze
tuffo *m* ['tuffo] Sprung
tuo, -a ['tuːo] dein
turistico, -a [tu'ristiko] touristisch, Touristen-
tutto, -a ['tutto] alle(s), ganz
tv *f* **satellitare** [ti'vu satelli'tare] Satellitenfernsehen

U

ufficio *m* [uf'fitʃo] Büro
ufficio *m* **oggetti smarriti** [uf'fitʃo od'dʒɛtti zmar'riti] Fundbüro
ultimo, -a ['ultimo] letzte(r)
umano, -a [u'maːno] menschlich
undicesimo, -a [undi'tʃɛzimo] elfte(r)
undici ['unditʃi] elf
un, una ['uːn, 'uːna] ein, eine
uno ['uːno] eins
uomo *m* [u'ɔːmo] Mann, Mensch
urgente [ur'dʒɛnte] dringend
urgentemente [urdʒente'mente] dringend
usare [u'zaːre] (ge)brauchen
uscire [uʃ'ʃiːre] ausgehen
uva *f* ['uːva] Traube

V

vacanza *f* [va'kantsa] Urlaub
valigia *f* [va'liːdʒa] Koffer

vaporetto *m* [vapo'retto] kleines Motorschiff
vasca *f* **da bagno** ['vaska da 'baɲo] Badewanne
vecchio, -a ['vɛkkio] alt
vedere [ve'de:re] sehen
vegetariano, -a *m/f* [vedʒetari'a:no] Vegetarier, -in
vendere ['vendere] verkaufen
venditore *m* **ambulante** [vendi'tore ambu'lante] fliegender Händler
venerdì *m* [vener'di] Freitag
Veneto *f* ['vɛ:neto] Venetien
Venezia [ve'nɛttsia] Venedig
venire [ve'ni:re] kommen
venire al punto [ve'nire al 'punto] zur Sache kommen
venti ['venti] zwanzig
vento *m* ['vɛnto] Wind
ventoso, -a [ven'to:zo] windig
verde ['verde] grün
verdura *f* [ver'du:ra] Gemüse
verità *f* [veri'ta] Wahrheit
vero, -a ['ve:ro] richtig
verso ['vɛrso] in Richtung, gegen
vestirsi [ve'stirsi] sich anziehen
vestito *m* [ve'stito] Kleid, Anzug, Kleidung
vetrina *f* [ve'tri:na] Schaufenster
viaggiare [viad'dʒa:re] reisen
viaggio *m* [vi'addʒo] Reise
vicino a [vi'tʃi:no] nahe, in der Nähe von
Vienna ['viɛnna] Wien
vigili *mPl* **del fuoco** ['vidʒili del fu'ɔ:ko] Feuerwehr
vino *m* ['vi:no] Wein
viola [vi'ɔ:la] violett
visibile [vi'zi:bile] sichtbar
visita *f* **specialistica** ['vizita spetʃa'listika] fachärztliche Untersuchung
visitare [vizi'ta:re] besuchen
vista *f* ['vista] Aussicht
vita *f* ['vi:ta] Leben
vivace [vi'vatʃe] lebhaft
vivere ['vi:vere] leben
vivo, -a ['vi:vo] lebhaft, lebendig
voce *f* ['votʃe] Stimme
voi ['vo:i] ihr
volentieri [volenti'ɛ:ri] gern
volere [vo'le:re] möchten, wollen
volo *m* ['vo:lo] Flug
volta *f* ['vɔlta] Mal
vongola *f* ['voŋgola] Venusmuschel
vostro, -a ['vɔstro] euer

Y

yogurt *m* ['iɔ:gurt] Joghurt

Z

zaino *m* ['dza:ino] Rucksack
zero ['dzɛ:ro] null
Zurigo [tsu'rigo] Zürich

Bildnachweis

Getty Images, München: U1 (Image Source); 8 (Maridav); 17 (piola666); 18 (BrianAJackson); 20 (Zwolafasola); 21 (Ryan McVay); 22, 23 (BrianAJackson); 29 (Diego_cervo); 30 (Ignatiev); 37 (Shalom Ormsby Images Inc); 38, 39 (Habovka); 46 (Swisshippo); 53 (Ryan McVay); 63 (Creatas); 64 (AdamLongSculpture); 71 (Jupiterimages); 72, 73 (tupungato); 79 (GANCINO); 80 (GeorgeRudy); 87 (Timurpix); 88 (Gradyreese); 95 (vencavolrab); 96, 97 (milla1974); 103 (sugar0607); 104 (ChiccoDodiFC); 111 (Thomas Jackson); 112 (Peerayot); 130 (iSailorr); 137 (crifaga); 138, 139 (Hemera Technologies); 145 (anyaberkut); 153 (Medioimages/Photodisc); 154, 155 (DumitruDoru); 161 (VitalyEdush); 162 (erierika); 169 (carterdayne); 170 (Milan_Zokic); 177 (AdrianHancu); 178 (alfonso76); 185 (eresiak); 191 (Akarelias); 192 (1001nights); 195 (IPGGutenbergUKLtd); 196 (Shironosov); 204 (Hjalmeida); 212 (Petrograd99); 219 (Bepsimage); 220, 221 (jakkapan21); 227 (Dar1930); 228 (gl0ck); 244 (Rrrainbow); 251 (Minerva Studio)
Shutterstock, New York: U1 (HomeStudio); U1 (FooTToo); 45 (Andrei Molchan); 119 (D-VISIONS); 129 (Maridav); 146 (SBWorldphotography); 203 (photoschmidt); 235 (javarman); 236, 237 (DenisProduction.com); 243 (lindasky76)

Trackverzeichnis

CD 1

Track Nr.	Tag (Lektion)
1	Begrüßung
2	L 2/Dialog
3	L 2/" langs.
4	L 2/2
5	L 2/3
6	L 3/Dialog
7	L 3/" langs.
8	L 3/2
9	L 3/3
10	L 4/Dialog
11	L 4/" langs.
12	L 4/2
13	L 4/3
14	L 5/Dialog
15	L 5/" langs.
16	L 5/1
17	L 5/3
18	L 6/2
19	L 6/5
20	L 6/9
21	L 6/12
22	ZT 1/4
23	ZT 1/7
24	L 7/Dialog
25	L 7/" langs.
26	L 7/2
27	L 7/3
28	L 8/Dialog
29	L 8/" langs.
30	L 8/1
31	L 8/3
32	L 9/Dialog
33	L 9/" langs.
34	L 9/1
35	L 10/Dialog
36	L 10/" langs.
37	L 10/2
38	L 11/Dialog
39	L 11/" langs.
40	L 11/2
41	L 11/3
42	L 12/Dialog
43	L 12/" langs.
44	L 12/2
45	L 13/Dialog
46	L 13/" langs.
47	L 13/1
48	L 13/3
49	L 14/2
50	L 14/4
51	L 14/6
52	L 14/8
53	L 14/10
54	L 14/12
55	ZT 2/4
56	ZT 2/5
57	ZT 2/7

CD 2

Track Nr.	Tag (Lektion)
1	L 15/Dialog
2	L 15/2
3	L 15/3
4	L 16/Dialog
5	L 16/3
6	L 17/Dialog
7	L 17/1
8	L 17/3
9	L 18/Dialog
10	L 18/2
11	L 18/3
12	L 19/Dialog
13	L 19/2
14	L 20/Dialog
15	L 20/2
16	L 20/3
17	L 21/Dialog
18	L 21/1
19	L 21/3
20	L 22/2
21	L 22/4
22	L 22/7
23	L 22/8
24	L 22/11
25	L 22/13
26	ZT 3/3
27	ZT 3/6
28	ZT 3/7
29	L 23/Dialog
30	L 23/22
31	L 23/3
32	L 24/Dialog
33	L 24/2
34	L 25/Dialog
35	L 25/1
36	L 25/3
37	L 26/Dialog
38	L 26/2
39	L 27/Dialog
40	L 27/2
41	L 27/3
42	L 28/Dialog
43	L 28/1
44	L 28/3
45	L 29/Dialog
46	L 29/3
47	L 30/1
48	L 30/3
49	L 30/5
50	L 30/7
51	L 30/9
52	L 30/11
53	L 30/13
54	AT 3
55	AT 5
56	AT 7
57	AT 9
58	AT 12
59	AT 15

CD 3 Wortschatztrainer

Das moderne Wörterbuch
mit Wörterbuch-App

ISBN 978-3-12-514493-4

Rund 130.000 Stichwörter und Wendungen

- Hochaktueller Wortschatz aus den Bereichen Alltag, Medien, Wirtschaft und Politik
- Handlich, umfassend, übersichtlich
- Infofenster zu Sprache und Landeskunde
- Verbtabellen und Kommunikationstipps

Extra

- Inklusive Wörterbuch-App für 12 Monate
- Perfekte Ergänzung zum mobilen Nachschlagen
- Zu 100 % offline nutzbar und für iOS und Android geeignet